今天，你可以站在未来去创造历史

穿越周期

数字化转型
与动态能力

唐兴通 / 著

华龄出版社
HUALING PRESS

图书在版编目（CIP）数据

穿越周期：数字化转型与动态能力 / 唐兴通著. --北京：华龄出版社，2023.1
ISBN 978-7-5169-2443-3

Ⅰ. ①穿… Ⅱ. ①唐… Ⅲ. ①企业管理—数字化—研究 Ⅳ. ①F272.7

中国国家版本馆 CIP 数据核字 (2023) 第 015557 号

策划编辑 颉腾文化　　**责任印制** 李未圻
责任编辑 董　巍　郑建军　　**装帧设计** 卢峻嵘

书　名	穿越周期：数字化转型与动态能力	**作　者**	唐兴通
出版发行	华龄出版社 HUALING PRESS		
社　址	北京市东城区安定门外大街甲 57 号	**邮　编**	100011
发　行	（010）58122255	**传　真**	（010）84049572
承　印	文畅阁印刷有限公司		
版　次	2023 年 2 月第 1 版	**印　次**	2023 年 2 月第 1 次印刷
规　格	880mm × 1230mm	**开　本**	1/32
印　张	10.25	**字　数**	257 千字
书　号	978-7-5169-2443-3		
定　价	79.00 元		

Preface | 序言

做时间偏爱的人

最近几年，我明显感觉到有一种无形的黑云压城，不论是数字智能时代的来临，还是国际局势的风云诡谲，四周经常弥漫着焦虑的味道。**我总在想：我们除了焦虑，还能做些什么？**这本书就是对这个问题的回答：用动态能力思维来穿越周期，一次次优雅转型。

多年写作的经验，让我逐渐形成个人写书三原则：①不无病呻吟，从社会与企业的问题出发开始写作；②争取能卖 30 年，不写生命周期只有两三年的书；③尽量给出方法论或者模型，帮助读者更好地理解并完善世界。在每次构思新书选题时，我都按照这三原则来筛选。《穿越周期》也是在这个指导思想下叙事的，虽不能至，我已尽力。

应对不确定的未来，你的最佳策略是站在未来看当下，这样就有了落差，明确了应该做的事——学习新能力。从当下开始就积极地夯实自己未来的能力，那么待未来大幕徐徐开启后，你就会平添几分淡定从容。

解决的问题及价值点

动态能力的道理很朴素，但它是底层，近乎道，是穿越周期的铁律。正如一位友人评价本书：选题具有鲜明的现实指导意义，还会是经得起时间考验的一本常销书。企业与个人的转型变革，困惑与需求是周而复始的。动态能力角度是特别有价值的，也许我叙事不够优美，但它并不影响你从这个角度来看待世界，请相信我。

本书的意义与价值几何

1. 从大工业时代的范式切换到面向知识型、创新型数字化时代。业界更多停留在认知，就概念炒概念，并没有系统给出新旧范式切换的路径和方法。**本书尝试给出新旧范式转型的路径与方法，开启企业 2.0 时代。**

2. **数字化企业的腰部力量是数字化能力，业界一直没有人清晰给出未来核心能力的完整拼图与结构。**本书则给出了数字智能时代的 DAC 通用能力模型与产品、市场、组织、用户等功能层面核心能力，可以很好地帮助你面向未来构建持续竞争优势。

3. **给出如何有效改变自己能力的全过程管理。转型**变革很难，要改变企业的惯性能力更难，你必须从认知、心智、心理、行为、激励等多个角度下手才能见效、动态化地改变能力。

在此，我再强调一点：动态能力并非只能用来解决数字化转型问题。只是在写作过程中，我们身处从工业社会到数字社会切换的过程中，我以此作为案例展开解读。动态能力是个不断反复甚至重复、不断发生的常态性过程。我想在那遥远的未来，你依然能够用到动态能力方法论。

写作过程：一次有趣的冒险

写作过程中，我发现在全球有不少惺惺相惜的同行者，例如加里·哈默[1]、汤姆·彼得斯[2]，到国内的任正非、马云、马化腾等，都曾经从不同程度强调核心能力、动态能力的问题。这是一个前瞻者都会有共识和体察的重要领域。

法国思想家蒙田讲过：写书过程中，我只是将别人采撷的鲜花编成花环，我所做的贡献只是串起花朵的细绳。也如牛顿所言：如果说我比别人看得更远些，那是因为我站在了巨人的肩膀上。我在这本书的写作过程中，紧紧围绕动态能力的概念，将企业经营管理与新科技等领域的绚烂花草给串起来，以帮助你理解世界。没有过往那些巨人的加持，就不会有这本书的圆润。正如野中郁次郎[3]在《创造知识实践》一书中所说：概念与理论就犹如一束光，帮助黑夜里的人沿着一个角度来看待世界、完善世界。不同概念会有内容的交叉，但是不影响它们作为理解世界的拐杖与工具。我相信动态能力这个概念和理论具有极强的生命力，是穿越周期绕不开的话题，是我们适应与完善这个世界的重要抓手。

有一次与王璐编辑聊天，谈到哈默关于核心能力的问题，固然当年哈默创造性地提出了核心能力这一概念，并通过制造业、传统研发等案例来佐证与叙事，但时至今日这些素材显然已经老旧，读者就不买账。她就提了一句：唐老师，你可以写一本有关数字时代组织的核心能力的作品。说者有心，听者也有意，就这一句话，令随后三年的我深陷探究动态能力的旅程，也才有了今天这本书。

写作过程前后，我阅读了近百本关于生物进化相关主题的书，为此深受大自然智慧的启迪。**你可以把组织隐喻为自然界里的物种。物种想活得更久、活得更好，关键在于它是否具备了匹配环境**

1　加里·哈默（Gary Hamel），伦敦商学院战略及国际管理客座教授，著有《竞争大未来》，被《经济学人》誉为“世界一流的战略大师”。

2　汤姆·彼得斯（Tom Peters）被《财富》杂志评为“管理领袖中的领袖”。他著作颇丰，主要代表作为《追求卓越》。

3　野中郁次郎，日本管理学家，被誉为“知识创造理论之父”，对显性知识、隐性知识转化与分析有重大贡献。2017 年荣获加州大学伯克利分校哈斯商学院终身成就奖。

的核心能力以及能否刷新自己的动态能力。达尔文说："并不是当下最强壮的、最聪明的物种能够存活下去，而是对环境的变化有很强适应性的物种。"

人工智能、物联网、区块链等的深入影响，就是一次大的环境变化。环境变化带来物种的大暴发，也会带来物种大灭绝。移动互联网、人工智能、大数据的崛起犹如寒武纪生命大暴发，将催生一大批新公司，也会形成新的王者。数字化转型会像白垩纪末那样对企业进行筛选，最终与时代核心能力要求匹配，或者具有可塑性的企业会获得生存的权利与机会。这就是在不确定年代，新商业物种进化的路径与方法——基于未来核心能力来指导当下的工作。

大多数企业习惯在线性思维下开展改善工作，殊不知此身已在核心能力结构化变化的大时代中。生物进化可简分为人工选择和自然选择。数字化转型更多的是在人工选择层面上的进化。人工选择意味着以顾客价值创造为方向，这是企业家和个人站在未来去构建持续竞争优势的一次主动选择。

成功的公司，因抓住了"势"短暂腾飞，而伟大的公司则能穿越周期，实现持续性增长。令企业竞争力持久不衰的不是一家公司的禀赋，而是其能力。大部分企业都会因一款产品的死亡而谢幕，或者一个业务的终结而终结，而基业长青的企业能持续满足顾客需求，只因其具备穿越周期的动态能力。组织动态能力具备极强竞争性与现实意义感：①能够持续为顾客创造价值；②比竞争对手更好、更快、更优地创造价值。

传统上占主导地位的战略管理理论是迈克尔·波特（Michael E. Porter）的产业组织理论。随着核心能力理论的发展，核心能力的一些局限性也浮现了出来。但在一个动态变化的环境中，企业原有的核心能力有可能成为阻碍企业发展的一个包袱。核心能力理论遇到前所未有的自身发展桎梏，不能解释动态市场上企业如何获取竞争优势以及为什么某些企业具有持续竞争优势。

产业经济学家大卫·蒂斯[1]等人提出了动态能力的概念，即改变能力的能力。大卫·蒂斯把动态能力定义为公司整合、构建、重新配置内部和外部能力以应对快速变化环境的能力。大卫·蒂斯等人的研究更多的是从经济学的角度提出动态能力的概念，没有给出企业经营尤其是数字化动态能力的实践体系，本书则在一定程度上填补了这个空缺。

关于组织核心能力转型的议题，我在研究中邂逅了哈佛商学院教授约翰·科特[2]。科特教授的研究成果突出，始终聚焦于企业变革方向。他的研究秉持了典型的跨界思路，将行为心理学应用到转型与变革场景，提出了变革八步走，即从认知到行为的改变，融入了领导力和组织的专业话语体系。科特教授的解读更多立足于企业宏观转型叙事，至于最后能不能转型成功的关键点——组织新核心能力变革问题，并没有展开讨论。为此，我尝试结合行为心理学、管理学、人力资源管理、企业文化与沟通等多个角度的研究，聚焦在如何有效改变组织核心能力、刷新组织能力、推动能力变革的实际操作方法上。

内容逻辑与结构

本书的内容框架很简洁，从动态能力的 why、what 和 how 几个层面展开，即为什么要讨论动态能力，动态能力是什么，动态能力往什么方向动，如何实现动态能力管理过程。

第一部分讲明白为什么必须重视动态能力，或者怎样更好地来看待这个问题。第二部分本来是动态能力往哪里转的问题。在这

---

1 大卫·蒂斯（David J. Teece）是加利福尼亚大学伯克利分校 Haas 商学院教授，管理创新与组织研究所所长。

2 约翰·P. 科特（John P. Kotter），著名的领导力专家，先后就读于麻省理工学院及哈佛大学，1972 年开始执教于哈佛商学院，1980 年 33 岁时成为哈佛商学院的终身教授。

个问题上，关于未来动态能力的拼图是纷繁复杂的，我将之归纳而抽象出在未来几十年或者相当长的时间内的若干种能力：**数据智能力、敏捷力、连接力、知识力、意义力、客户力、内容力、激励力**——它们将成为组织竞争中关键的能力。这八个动态的核心能力之间的逻辑关系、分类、重要性会呈现一些不同，为此我将它们分为两个部分，数字智能时代的**通用能力**和**专业能力**（各个功能层面的能力，如营销、市场、管理等方面），以形成一个清爽的逻辑框架，便于读者理解吸收或者交流。

每家企业都有自己天生的独特性，但是如果从几十万家企业的统计层面抽象出能力簇，你就会发现动态能力这八个方向是相当有代表性的。**也许企业描述自己的核心能力时用的名头不一样，但内核是相通的。**例如在商学院讲学时，我经常会问苹果公司的核心能力有哪些。懂行的高手会说：①工业设计及美学设计能力；②强大的供应链管理体系；③创新与颠覆的能力。其实，在苹果公司内部有一个秘而不宣的核心能力，就是开放式创新能力和高科技整合能力。苹果能够从全世界的各种实验室里面去寻找新的科技、发明，然后整合起来为顾客解决问题、创造价值。类似苹果这样的高科技整合能力，其实就是八个动态能力中的"知识力"中对组织外知识运用的能力，但是苹果内部称之为"新科技整合能力"。

具体而言，第二部分数字智能时代通用能力 DAC 模型，用三个章节对数据智能力、敏捷力、连接力展开叙述。第三部分用五个章节，从功能层面的核心能力展开叙述：知识力、意义力、客户力、内容力、激励力。

第四部分着力解决如何开展动态能力变革，这是关于路径与步骤的问题。书里通过七个章节，给出如何改变组织能力、能力结构化变革的步骤等，关注点紧紧落在如何实现动态能力变革，获取未来能力之上。

本书作为数字化动态能力议题的开创之作，期待能为后来者尤

其是企业家、面向未来的你带去些启发。穿越周期的动态能力思维可以去除企业与个人的焦虑，给这个躁动不安的世界一丝平静。我虽有朴实写作的初心，但碍于才疏学浅，写作中对动态能力的剖析和叙事风格存在诸多不足，请读者多批评指正。谢谢！

致谢

写作期间参考、借鉴了众多学科领域多位专家的研究成果，尤其是在案例采集部分，在此对相关企业和专家一并表示感谢。如果涉及您的权益，请与我联系。

我要特别感谢父亲唐兆明，一个朴实有趣的人，一个给我无尽爱的人！谢谢您与妈妈为这个大家庭的付出，对您的爱永存！

感谢沈跃珍、杨升、张惜芬、杨阚波、唐兴娟、唐婷婷、唐玉、张明亮、朱香顺、程恩凯、唐一然、张倬嘉、张嫄、朱俊宇、朱语涵、程景瑞、程伟荣、袁沐滢等在本书写作过程中给我直接、间接的帮助。谢谢各位！

本书是我多年来与朋友、网友进行对话交流之后取得的成果。我对所有提供过帮助的人都心存感激，在此表示衷心感谢。谢谢糖葫芦社群的小伙伴，因为你们的陪伴，我写作的过程才不孤独。

感谢出版人周中华先生、欧俊先生在本书策划过程中给予的支持和帮助。

感谢邀我提供顾问咨询、培训交流合作的企业，以及商学院选我课程的学生，正是你们的实践和反思才赋予动态能力这个理论源源不断的生命力！未来可期！

唐兴通

2023 年 2 月于北京

如何联系、发生连接？

通过阅读本书，希望触发你的一些思考，一起探索基于动态能力思维与方法的转型之道。如果你有话要说、项目合作或者任何建议，请发送邮件至 along5418@gmail.com，或者扫描二维码联系我。

Contents | 目录

第一部分　数字化能力与企业进化

第二部分 数字时代，DAC 三大通用能力

第 3 章 Data Intelligence ——数据智能力

第 4 章 Agility——敏捷力

第四部分 刷新能力，持续穿越周期

第 11 章 感知环境变化

第 12 章 组建变革领导团队

第一部分

数字化能力与企业进化

第 1 章
大断裂时代，企业如何增长

1.1 除了焦虑，还能做些什么

企业的经营犹如物种在生态环境中的生存与发展，每一次的环境变化都会带来竞争游戏规则的改变和新优势物种。人类正在完成一次大的空间新迁徙，即从物理空间走向网络空间。

随着人工智能、区块链、物联网等新科技的影响，以及新的商业理念、新的组织生态的影响，**传统商业正在从大工业时代的范式切换到面向知识型、创新型的商业组织，但更多停留在认知层面，只是针对概念炒概念，并没有给出新旧范式切换的路径和抓手。**

在创新变革和转型的情况下，商业组织都非常焦虑，**我于是思考一个问题：“我们除了焦虑以外，还能做些什么来化解焦虑呢？”亚马逊的贝佐斯说：“我们应该把时间和精力放在未来十年不变的领域中去。”那么，试问：在未来什么是相对不变的？塑造组织动态能力才是这个不确定年代的唯一抓手。**

化解焦虑的唯一抓手是：从现在开始构建未来核心能力。

《物种起源》对商业新物种演化具有相通性和可借鉴性。从组织生命体角度来看，在物种对抗和竞争的环境下，是如何能够获得阳光、水分和生存的权利，而新商业物种竞争的着力点就是满足未来环境的核心能力。

恐龙的消失，是被环境选择的结果。环境带来变化，存活的物种要能够适应新环境，要具备新的物种竞争的核心能力。之前掌握的物种核心能力往往被淘汰或演化。

数字化转型在如火如荼地开展着，大工业时代所养成的传统核心能力范式，亟待转向人工智能、区块链时代的新能力，并做结构化的改变。企业如果想赢在未来，唯一的抓手就是从当下开始构建未来环境竞争下商业组织所必备的核心竞争能力。只有具备未来所要求的核心能力才可获得生存机会，在更为广阔的时间维度上获得持续竞争优势。

刷新组织动态能力，或者从核心能力的角度来看待数字化转型，都将成为企业在相当长的一段时间内所必须应对的现实问题，这个时间将持续 10 年，甚至 20 年。

腾讯 CEO 马化腾在世界智能网联汽车大会上发表演讲，提出未来汽车产业需要传统车企和互联网公司一起，重塑未来新商业的核心能力，即网络连接能力、数据处理能力和安全能力。

张瑞敏在内部讲话时称："不确定年代企业的核心能力，更重要的是动态能力，也就是更新你的核心竞争力的能力。核心竞争力应随着时代的变化而改变，如果不能自我颠覆就会被时代颠覆。"

组织作为一个生命体，应借鉴人工智能、区块链、生物学思想、产业经济学等领域的研究，面向未来构建新的核心能力思考及路径。我们可以从环境洞察力、市场能力、产品能力、用户能力、组织进化能力等新核心能力重塑认知。达尔文说："并不是现在最强壮的、最聪明的物种能够存活下来，而是对于环境的变化具有很强适应性的物种。"这就是在不确定年代，新商业物种进化的路径方法——基于未来核心能力来指导当下工作。

案例：人工智能带来医疗行业动态能力改变

人工智能进入临床应用是一个热门领域。美国的一份数据显示，美国有84%的放射诊所已经使用或正在准备使用人工智能算法检查医疗影像。硅谷知名的技术领域投资家维诺德·科斯拉（Vinod Khosla）甚至预测说，算法将会取代80%的医生。

《环球科学》解读在临床领域，人工智能的初期应用集中在分析患者的医学影像，评估患者是否得病时，特别讲述了一个有趣的故事：麻省理工学院教授巴尔齐莱做了一次乳房X光检查。影像显示，她的乳房组织里有一些白色斑点，医生也说不清到底是什么，但让她不用担心。两年后，巴尔齐莱又做了检查，被确诊为乳腺癌。可以推断的是巴尔齐莱两年前就得了癌症，只是医生没看出来。

巴尔齐莱自己就是一名计算机科学家，她组建了团队开发人工智能算法，通过女性的乳房影像来判断是否患上乳腺癌。5年后，算法开发成功。实验结果显示，算法预测癌症的准确率大大超越了临床通用的方法。为此，巴尔齐莱把自己之前拍的那张乳房影像也输入了程序。程序给出的诊断是：她在5年内患乳腺癌的风险高达98%。这充分显示分析医学影像的算法完美地战胜了人类医生。

试想一下：随着人工智能算法的不断迭代，未来有关影像分析这一个功能就可能被替代或弱化。那么目前以这个核心能力谋生的岗位与人员就面临着集体的转型与升级。

人工智能在临床领域的价值，不仅在于它的诊断准确率有多高，还在于它能更合理地分配和调用医疗资源。人工智能的优势是诊断准确率高，提高诊疗效率。未来可能会出现这么几个变化：

第一个变化出现在医疗系统内部。人工智能或许不会完全取代人类医生，但那些使用人工智能辅助的医生可能会取代不使用人工智能辅助的医生。为此，医生的核心能力结构拼图势必发生结构性的变化与调适。

第二个变化是人工智能会在发展中国家找到巨大的市场。企业正在开发人工智能辅助诊断程序，在手机上就能运行。医疗资源落后地区的医生如果能用上这类AI程序，可明显提升自身的诊疗能力。

第三个变化出现在医患之间。不光医生能用人工智能，患者也能用。谷歌正在和美国政府合作创立一个人工智能网站，用户可以上传病历，让算法先做诊断，再决定是否需要进一步寻医问药。这可减少过度检查和过度医疗的情况。

简而言之，人工智能会让整个医疗体系的游戏规则改变，上下游相关的从业者的核心能力与认知也必须随之改变，这将比单纯会“看病”更有冲击力。这就是变化中的医疗行业。

关于未来核心能力，需要你有战略认知能力。战略认知能力骨子里是关于这个世界的，是你的底层或者内心深处的看法，例如，你是谁？你跟世界是什么关系？人与企业以及企业与企业之间是什么关系？在智能新商业时代，我们迫切需要改变的就是脑海中关于过往商业逻辑的范式，需要改变的是我们对待商业以及与世界关系的世界观。

人与人之间的差别就是认知的差别。企业经营者世界观的差异会直接带来在一线执行过程中的不同或扭曲。在智能新商业时代，随着竞争以及整个环境的变化，我们应该如何去坚守自己底层的核心世界观呢？MIT媒体实验室的伊藤穰一在《爆裂》一书中总结了新世界观的各个角度：涌现优于权威、拉力优于推力、指南针优于地图、风险优于安全、违抗优于服从、多样性优于能力、韧性优于力量、系统优于个体。

在不确定的年代，企业经营者必须拥有概率思维等世界观。如果能够贯穿到企业的领导层或者相关的商业经营过程中，秉承概率不确定性、迭代、拥抱变化，我们的经营逻辑方式才能切换到新范式，才能重塑新的核心能力。

1.2 科技大颠覆、能力大断裂的年代

人工智能的时代正在颠覆各行各业。随着公司开始认真使用智能技术，许多低头干活的员工猛然发现被替代风险，陷入迷茫与困惑。埃森哲对未来劳动力的调查表明：超过 60%的员工对人工智能对其工作的影响持肯定态度，2/3 的人承认他们必须发展自己的技能才能使用智能机器。

麦肯锡人工智能时代人才问题报告指出：新的技能再培训变得更加重要。**至少有 54% 的雇员需要学会新的技能来提升自己。**批判性思维、创新能力、想象力以及服务导向意识会变得更加重要。精心构建公司内部的终身学习体系，也将变成企业的重要任务。

德国政府正式发布了其人工智能战略，口号是 AI Made in Germany，国家拨出专门资金用以解决**“AI 时代国民职业技能结构化改变、迁移”。大公司与员工不在同一个层面上。**领导层认为，只有大约 25% 的员工为人工智能的采用做好了准备。埃森哲调查报告发现，只有 3%的企业高层计划大幅增加培训预算，以应对人工智能带来的技能挑战。

新科技时代，中国的地区竞争能力也面临极大的结构性变革，从传统的劳动力密集型的体力劳动管理能力与优势，被迫走向低碳、创新发展的技术驱动的新能力模型。面对数字化与全球产业格局新竞争，国民有必要向着新的方向前进，尊重知识、重视科技、激发国民想象力与创造力。我国核心能力的转变迫在眉睫，并且不可逆转，必须亮剑。

美国著名管理学家汤姆·彼得斯有许多代表作，包括《追求卓越》等。在《向 50 位顶尖管理大师学领导》（*Dear CEO：50 Personal Letters from the World's Leading Business Thinkers*）一书中，汤姆·彼得斯强调工作的是人，创造成长与利润的也是人，真正重要的还是人。对人工智能将给白领带来的失业风险，汤姆·彼得斯

主张，企业领导者要明确企业的道义责任。他提出：**“作为领导者，你最大的道义责任就是竭尽所能帮助麾下每一名员工发展未来核心能力，包含‘软性’与‘硬性’能力。这也是最高明的中期至长期的利润最大化策略！”**

1.2.1 人工智能时代，未来能力趋势

未来的员工将花更多的时间在人工智能能力欠缺的活动上，比如管理人员、应用专业知识和与他人交流。人所需的技能和能力正在改变，需要更多的社交和情感技能以及更高级的认知能力，比如逻辑推理和创造力。**需求将转向更高的认知技能**，从仅需要基本认知技能的活动转向使用更高认知技能的活动。对创造力、批判性思维、决策制定和复杂信息处理等高级认知技能的需求将突飞猛进。然而，基本认知技能（如基本识字和算术）、基础数据输入和处理技能的相关工作活动将会减少。

专家通过美国劳工部数据库分析了美国职业要求的一百多种能力图谱**发现：创造力、解决复杂问题的能力、人际关系能力的重要性都急剧上升。**除了学习未来工作场景所需要的新技术，员工在新的职业技能中尤其要加强“人机”交互、协同工作的能力。

每个有头脑的员工应根据人工智能新环境的要求调整自己的技能。只有当公司和员工在新的工作场景达成共同愿望时，在组织内推行新技能才是可行的。确定新任务和执行这些任务所需的技能将公司现有的内部能力映射到新角色上，并确定培训新技能的必要性。

不只是个体层面的能力结构发生大断裂，企业组织层面的改变也非常明显。例如汽车行业：传统车企的能力结构是**以动力总成和底盘为基础的技术竞争力。有规模的车企具备平台和模块化能力。**车企可以通过更低成本和更短周期开发并管理其庞杂的产品组合。**平台和模块化能力是传统车企对造车经验作充分总结后的一个非常**

伟大的发明，以预开发作为基础逻辑，但如今行业变革太快，预开发反而成了约束条件。以重资产模式构筑的研发、生产、销售和服务网络模式使得汽车行业直接具备了资金密集型和人才 / 人力密集型两大特征。但是互联网、大数据等技术和商业模式突破，让重资产模式显得越来越笨拙了。这些原本的核心能力已不再具有获取市场份额及盈利的优势。而随着新科技与新商业模式的发展，车企正在构筑下一阶段的新能力拼图。例如，从产品制造商向服务运营商转变需要流程和新能力。在数据链条上形成核心能力，让自己成为整个价值链中的重要一环。通过服务用户的过程采集消费者需求，将数据分发给上游供应商，再通过循环强化自己在数据链条中这个主节点的地位。

1.2.2 学习力，再培训是应对挑战的关键

根据麦肯锡最近的一项调查，高管们越来越多地将重新培训投资和“提升”现有员工作为紧急业务优先事项。66%的人认为“解决与自动化 / 数字化相关的潜在技能差距”至少是“十大优先事项”，近 30%的人将其列入前五名。这种紧迫感背后的驱动力是企业数字化转型的加速步伐。

麦肯锡调查的约 80%的美国和欧洲首席执行官表示，确保他们的公司拥有合适的技能组合，以便在人工智能和自动化时代茁壮成长。重新部署可以帮助公司发挥员工的优势，但技能差距是一个不可避免的存在。因此，在人工智能时代，公司应该加倍培训所拥有的人力，重点是终身学习和适应性。

重新学习技能（教新员工或定性不同的技能）和提高技能（提高现有的技能水平）已经成为热门话题。实施路径分为：为公司量身定制的内部培训资源和计划，或者与教育机构合作，为员工提供外部学习机会。终身学习可以在任何阶段打开新职业的大门。埃森哲一直在使用未来人才平台，在全球范围内培训超过 16.5 万名最

新数字技术人员，通过公司内部的新兴技术专家及其合作伙伴策划了 3 500 多个学习课程，以培养数字、云、安全和人工智能等关键领域的技能。

公司未来成功的关键在于提供持续的学习，并在整个组织中灌输终身学习的文化。基本的组织设置将发生变化，转向跨职能和基于团队的工作，并强调敏捷性。与传统的科层制结构不同，传统层次结构主要是为稳定性而设计的，新时代敏捷性组织将既有稳定性，也有动态性。企业将由团队网络组成，以快速学习和快速决策的形式存在。

人们需要时间来适应和应对新的工作形式，公司必须认识到个人的需求。员工需要自由地追求与他们的工作热情和目的相一致的技能发展，公司应对培训计划给予补贴。**工作未来的成功意味着对不断变化的适应性，因此终身学习对员工变得至关重要。**

Salesforce 通过学习平台 Trailhead 帮助员工获得 5G 和人工智能时代新工作角色所需的技能。员工在 Trailhead 学会编码，然后从招聘或销售转变为工程角色。Salesforce 通过鼓励和激发员工更为有效地在组织内部分享新的职业技能，让员工了解最新的技术技能来推动企业数字化转型。**考虑到新的职业技能培训的工作量大、时间紧、财务预算高等问题，**采用数字化虚拟培训可有效解决燃眉之急，然后再辅以传统的线下培训。基于 AI 的自适应学习系统引导员工完成基于数字化的课程，监控他们的进度、个性化课程指导和提供反馈。

使用技术来增强人类技能并重塑运营模式。那些超越劳动力替代和成本节约的公司将获得更大的回报。自适应机器人可以与工人一起安全地运作，并且可以承担艰难而烦琐的工作。工人对新机器人有更积极的看法，他们认为这是有用的帮手。在工厂之外，公司正在使用 AI 来减轻员工的日常工作，并为他们提供新的分析工具，以改善客户体验，并发现推动增长的产品、服务和业务模式的新可能性。

1.2.3 政府与社会一起努力才可以应对这次大断裂

面对未来新科技的冲击，我们需要不断构思未来的工作和支撑变化的技能结构化改变。为了达成员工职业技能结构化的改变，只通过公司内部运营的方式往往很难做到，需要和内外的合作伙伴共同发挥才可以。新加坡提供赞助个人学习的机会以满足国民新技能结构化改变的需求。25 岁以上的新加坡公民可以到 500 家培训机构中选择自己想学习的课程，课程花费可以获得税收抵免，已有超过 30 万名新加坡人享受到这个政策的福利。在美国，阿斯彭研究所的未来工作计划也提出从税收抵扣角度支撑终身学习和新技能培训，这些账户由雇主、雇员和政府共同资助。

即使新科技创造了足够的新工作来抵消因技术而流离失所的人员，这种范式转变也会给个人带来许多痛苦。历史上，在工业革命期间，即使生产率提高，平均实际工资也停滞了数十年，之后工资增长才赶上并超过了生产率增长。过渡期对被冲击个体来说是非常困难的。

为工人提供保障性收入和职业过渡期支持。使用收入支持和其他形式的过渡性支援来帮助失业工人找到有收入的工作是非常必要的。除了再培训，一系列的政策也可以提供帮助，包括失业保险、公共支援以及可在工作之间追踪的便携福利。其中可能需要更长期的政策来补充工作收入，以支持总需求并确保社会公平。更全面的最低工资政策、普遍的基本收入，或者与生产率增长挂钩的工资增长都是可能的解决办法。

1.3 生物学思想与企业进化

接下来之所以特意用一个小节来讲解生物学思想与企业的经

营，源自我在整个写作过程中深受达尔文进化论、自然界生物智慧的影响，虽然没有更多地体现在篇幅上面，但是生物学思想史及其隐喻就是这本书的基石。

1.3.1 达尔文的进化论

生物学演化与企业的转型变革从本质上来说有相同的逻辑与道理，跳出企业经营管理看数字化转型，其脉络是很清晰的。数字化、新消费文化、国际局势下的企业就如自然环境变化下的物种，适应的留下，不适应的将被淘汰。两者的关键都是适应环境的能力到底如何。

在人类的历史上有三次文明启蒙，对人的尊严产生了重大的打击，让人类开始对自己有了真实的认知。

第一次打击，是尼古拉·哥白尼提出的日心说。也就是说，我们人类所生活的地球并不是宇宙的中心，太阳才是宇宙的中心。面对这一次打击，信众自我安慰："没有关系，虽然我们居住的只是宇宙的一角，但至少，我们是上帝创造出来的。"

达尔文说："人类不是上帝创造的，我们其实是从猴子进化而来的。"这是对人类尊严的第二次打击。人类自我安慰道："没有关系，虽然我们的身体和猴子一样，但是我们还有高贵的灵魂，有道德和理想。"

弗洛伊德对人类的尊严实施了第三次打击。人类其实和动物一样，心中充满了野蛮的、兽性的想法，道德、理想和高贵的灵魂其实只是掩盖这些兽性想法的伪装。

"物竞天择，适者生存。"这是达尔文描写自然界生存法则的进化论，同样也是商业社会中企业生存的真实写照。事实上，企业就如同自然界中生长的物种，一旦发现适合生长的特定环境，它们会自然而然地生生繁衍，直到受到资源稀缺或者天敌的威胁而无法继续增长为止。物种数量的增长将不可避免地引发生存竞争，而竞争是无情、冷酷和严峻的。

自然界必须容忍个别植物和动物物种的失败，才能够让整个生态系统成功。大自然对自己的错误、弱点以及无法适应的动植物毫不留情。她知道让弱者死掉，才能释放出更多的资源和能量给强者。市场有破产法，而大自然有森林火灾。

《牛津通识读本：进化》一书谈进化的过程就是适应环境的过程，并没有什么特殊的力量指引着它们，一定向着所谓“高级”的方向前进。从适应环境的角度来讲，并没有什么“高级”与“低级”之分，不管人类也好，细菌也好，都是在适应各自的环境。进化论里所提到的“适应性”是生物尽可能地把自己的遗传信息传递给下一代的能力，或者说是生存和繁殖能力的总和。

组织能力的变异建立在外部刺激（如竞争对手的创新、基础科学的进步、法律制度的改变等）与企业原有惯例所产生的信息联合的基础之上。

在组织能力产生变异的阶段，环境发挥了提供刺激和物质支持的作用。在变异的过程中，组织战略、对刺激的反应力、对外部知识的吸收力和创造力起着重要的作用。一个崇尚创新的战略会为企业能力的发展指明方向。未来能力的建立需要对企业战略方向进行明确说明。

对外界刺激和内部反馈的反应力对企业及时产生新方法来说具有决定性作用。如果企业不能感受到外部环境的变化和内部反馈，那么能力的改变根本不会被提上议事日程。即使企业能感知到变化，但若不能对变化及时作出反应，那能力的改变也会被拖延，从而使企业通过动态能力不断创新而抢先于竞争对手获得竞争优势的战略在执行上受阻。

企业要改变其现有能力就必须不断吸收外部知识。吸收外部知识的能力即吸收能力，它是构成企业动态能力的一个关键因素。在企业知识产生变异的阶段，新知识的获得为变异提供了基础，也限制了企业能力改变的方向和维度。

在人类出现之前，自然选择和性选择就是进化的全部内容了，但是在人类开始驯化动物和植物之后，人工选择出现了，这也是达尔文的伟大发现之一。当人类想主动得到生物的某种特性时，就可以对生物进行有规律的改变，这样做的结果是，对这些生物而言，人类代替了自然。例如，雪橇犬就是人类把狼驯化之后得到的新物种。一窝小狗之中，总是毛最厚实、身体最强健的那只被养大，其余的则被抛弃，一代代地进行筛选，自然可以产生最适合拉雪橇的品种。

进化最重要的内容其实是"适应性"，指的是生物生存和繁殖能力的总和。至于什么物种可以存活，物种中的哪些个体可以存活，则取决于三个方面，分别是自然选择、性选择和人工选择。进化从地球上生物刚出现的时候就已经开始了，而且只要有生物存在，进化就永远不会停止。

适应性强的变异就被保留了下来，随着时间的推移，这些变异逐渐积累，使不同的生物走上了不同的进化道路，并彻底成为不同的物种。不同的物种之间存在的生殖隔离便成了区别物种的方法。

企业的进化问题无外乎会涉及进化的方向、如何以及为什么要进化。进化当然是为了生存，为了有利的竞争位置。进化的方向也是比较容易确定的，就是始终以顾客价值为目标，其他则更多是一种手段。不能因为手段而忘记了我们的目标。

那么在如何进化这个方面，你可以看到不同的企业有不同的选择，有的是主动进化，自我革命，有的则是被动进化。站在未来看当下，就能从未来情景规划反过来指导企业当下的运营，构建面向未来竞争环境并能为顾客创造价值的核心能力，为此可以不断地穿越周期。你会发现具有这种特质的企业家都有几分淡定与从容。

自然界中的生物进化缺乏主动性或者主观意愿，更多的是因为环境变化带来了物种的选择，不适应环境变化的物种就会被淘汰掉，而适应环境变化的物种才会被保留下来，变成了优势物种。这样的物种遗传信息一代一代地传了下去，这就是达尔文的“物竞天择”理念——在千万年的物种选择过程中周而复始的规律。

1.3.2　自然选择与人工选择

生存不是标准，生物是不是具备了能适应环境的特征才是标准。养鸽子的人首先想清楚自己想要的特性，然后才根据这些特性筛选出鸽子来，并且一代代繁衍下去，把这些特性一代代加强。有些鸽子之所以能繁衍下一代，是因为它们具备了养鸽人想要的特性，而不具备这些特性的鸽子则不允许繁衍下一代。因此，生存的核心在于是否拥有了某些特征，这就是人工选择。无论是养鸽子还是养狗，是种花还是培育蔬菜，人们都是这么干的。

达尔文所认为的自然选择，和人工选择是相似的。只不过，人工选择有预先的目的和方向，而自然选择没有。自然选择提供的只是生存环境而已，有些生物拥有更能适应环境的能力和结构，它们就会生存下来。

生物的形态、生理和行为特征，会适应它们的生存环境，从局外人的观点来看，就像是为了这种环境设计好的一样，但其实并不是这样。我们可以说，自然选择像一只无形的大手，塑造了生物的特征，创造了这些生物。就像古尔德所说的：“多毛的哺乳动物在进化出有绒毛的外表以前，天气就已经变冷了。”

生物的进化分为人工选择、自然选择和性选择。数字化转型更多的是在人工选择层面上的演化。人工选择这个“上帝之手”，就是在以顾客价值创造为中心后，我们的组织者、企业家和经营者站在未来看当下，刷新核心能力，构建持续竞争优势的一次主动选择。数字化转型和其他东西没有关系，只关乎生存。

面对数字化转型与变革，有以下两种状态：

（1）企业家主动求变，对自己组织所存在的问题作出及时性调整和进化的能力，这也能够保证组织存活下去，能够穿越周期，能够续命。

（2）随波逐流型，就如自然选择，顺其自然，这样也有可能巧遇偶然的因素存活下来。但常常等到被逼到墙角再想改变是非常难的，最终要么是断臂求生，要么就是灰飞烟灭。

创办企业在一定程度上就像是养猪，养好了以后就把它卖掉。这样的经营哲学和创业思想，从本质上说带有投机意味，并不是真正以事业心为导向的一种行为。但从经济学的供给和需求的角度来说，也未尝没有其特定阶段的历史价值。

大部分的企业都是在追求一种持续的利他，为顾客创造价值，虽然可能在创建的初期偶然发现了某个短时的需求，但是在经营的过程中会不断进化以找到适合自己生存的空间，这就是一个非常典型的企业进化的过程。

创业者王兴刚刚开始创业时念念不忘的是社交网络，先后做了校内网、饭否等，但是当他发现美国以 Groupon 为代表的团购网站崛起的时候，就借鉴此模式创办了美团。在"百团大战"中通过不满意就退款、短期消费可以退等策略性努力奠定了胜利的基础。在一系列的经营过程中，他发现团购商业模型的天花板非常明显。不久，美团就借鉴饿了么，将饿了么送外卖的模式深度融合到企业发展的新方向上。而在此之前，互联网创业者是不会轻易触碰这种重运营、重人力的商业模式。美团为了增长效益、为了进化生存，经营团队作出史上最艰难的决策，或者可以说是被逼无奈，先后招募了超过十万名外卖小哥。美团创业团队擅长的互联网产品经营能力，也逐步转变为服务管理能力，构建的重运营的方式也为其奠定了很好的发展基础，然后在此基础上进化出美团买菜等许多业态。

美团的进化是典型的人工选择，以为顾客创造价值为指引而

主动求变，持续进化。“百团大战”中大部分企业都被自然选择（淘汰）了，主要是由于没有为顾客创造出价值，缺乏持续经营的核心能力。

1.4 转型从改变心智模式开始

在过去两百年的大工业生产的范式中，关于效率和标准化体系所要求的组织以及个人逐渐形成了特定的核心能力拼图。在这个范式下，天生具有匹配时代核心能力的组织，或者经后天努力构建起核心能力的组织和个人就获得了丰厚的回报，反之就被社会边缘化。

大工业时代的商业运营规则迭代出以科层制、掌控等惯性思维为特点的组织方式及管理方式。汽车工业是其典型代表，构建的组织围绕汽车设计、研发、生产、市场广告、分销渠道、售后服务等方向。固化的流程、冗余的科层制正在成为数字化转型首先要打破的禁锢。汽车工业经数字化转型后，可以围绕用户需求变化，通过让用户参与设计制造，集聚社群需求表达，实现 C2B 的反向供应链及生产机制。通过新的组织方式，汽车制造的浪费、库存将大大降低，而在传统汽车生产流程下，库存是其组织方式天生携带的 DNA，不可避免。

我们生活在一个标准化效率为主导的时代，需要进行逻辑推演，常见的是确定问题寻找答案，这是工业化规模分配效率模型所指导的，但是人工智能的来临，对想象力、基于知识和创意等能力都提出了新的要求。

在传统的工业社会中，企业加工主要是以特定的钢铁、煤炭等为工业元素开展的重新排列组合生产与大规模的分销。在知识社会的新时代，我们的组织核心能力将围绕以知识经验为原材料的加工处理、呈现以及应用过程。

组织核心能力是与生俱来加上后天刻意锻炼后的结果。在不同的环境中，我们会选择加强某些能力，或者抑制某些能力。我们看到的一个趋势是，腾讯与阿里巴巴都在积极加强自己的科技能力。在发展初期，阿里巴巴更多的是强化运营管理和市场的能力，而腾讯的核心能力聚焦在产品方面。但是随着人工智能时代的来临，科技的力量在商业中的价值凸显，使得组织必须加强和夯实在科技方面的核心能力。

幸运的组织是自身掌握的核心能力集合正好匹配特定市场竞争环境。当然这是一种理想状态下的组织有机体，更多的组织和企业核心能力不是这里缺一小块，就是那里需要补齐一点。企业要以未来情境规划下的行业竞争游戏规则，面向未来塑造核心能力拼图。

环境的变化不停调整着不同个人以及组织的地位。

《京华时报》当年停刊，引来社会一片热议。在我看来，互联网冲击的并不是新闻本身及新闻内容，而是新闻采编、发行等传统大工业时代的组织方式。在互联网时代，我们依然渴求新闻及有价值的内容，只不过生产、编辑、传送的方式需要再造，以此构建新商业组织业态。

在银行的互联网转型中，许多一线员工更多围绕当下流程及KPI来指导工作，殊不知正在失去面向未来的竞争力。银行组织及运行的游戏规则，主要通过给每个支行下达拆解的各项指标，如吸纳存款、手机银行的装机量、活跃度等，分配指标成为习惯性动作，根本不区分产品属性及其本身规律。手机银行作为银行的战略性机遇，可以说如果失去移动端的市场，银行网点就很难再有春天。碍于组织管理体系，下发指标到每个支行已成为惯例，这样银行网点通过大堂经理推介，围绕手机银行的 KPI 做工作，带来一堆假数据、不活跃用户，错失未来。

一家企业最终走向消亡，很重要的是它的核心能力结构，或者

说培育组织核心能力的机制消失殆尽。不具备时代核心能力后，组织内部交易成本、运营成本太高，在整个业态竞争中处于下风，更无从谈起为消费者创造价值了。在这样的情况下，组织的最佳策略就是有策略地重塑自身核心能力，积极寻找机会，或者主动体面地结束组织的生命，重新创业。

第 2 章

动态能力与数字化转型

2.1 企业本质上是能力的集合体

核心能力作为经济学和管理学交叉融合的理论成果，涉及战略管理学、经济学、知识管理、创新理论等重要研究领域。核心能力是企业创造竞争优势的源泉。优秀企业无一不在产品开发、技术创新、管理方式、市场营销、品牌形象、顾客服务等若干方面具有独特专长，从而形成了核心能力，取得了业界竞争优势。

2.1.1 识别和发展公司的核心能力有助于维持长期竞争优势

在确定公司的核心能力时，请先确定你的公司能够提供独特的产品或服务集的基本技能、能力、知识、经验、技术或流程，确定如何利用公司的核心能力来发展战略响应能力以获得竞争优势。高绩效的公司将开发新的核心能力，并将现有的竞争力扩展到新的、未来的市场。拥有动态能力的公司会认识到新市场和未来市场中客户的需求，并发展满足这些需求的必要能力。

美国学者加里·哈默提出核心能力（Core Competence）的概念，成为组织能力议题的重要开创者。哈默认为核心能力具有独特性，难以被竞争对手复制和模仿，故造就和增强企业核心能力在企业竞争优势中起着决定性作用。

- 麦当劳已经标准化。它每天供应1 000万磅的炸薯条，而且每根的口味和质地都完全一样。
- 苹果设计美学。苹果设备及其接口的优美之处使其在众多竞争对手中脱颖而出。
- 沃尔玛供应链管理能力。购买业务的绝对规模使沃尔玛能够收购便宜的和低价出售的零售竞争对手。

麦肯锡管理顾问公司认为核心能力是某一组织内部一系列的技能和知识的结合，它具有使组织的一项或多项业务达到一流水平的能力。具有动态性质的核心能力是企业追求的长期战略目标，是企业持续竞争优势的源泉。核心能力是企业内部的知识集合，如员工的知识和技能、产品技术系统、市场管理系统和客户管理等。

吴敬琏认为核心能力是企业获得长期稳定的竞争优势的基础，是将技能、资产和运作机制有机融合的企业自组织能力，是企业推行内部管理性战略和外部交易性战略的结果。张维迎教授强调企业核心能力是企业独有的，是别人偷不走、模仿不来、复制不了的；也是买不来、带不走的，它深植于企业组织中，与企业难以分割；更不是某一个人所有的能力。

关于核心能力，我的观点是：核心能力是在特定的时空背景下，个人和组织持续创造用户价值所必需的关键能力。核心能力强调的是适应特定时空背景的能力。核心能力是被筛选的能力。

核心能力有两个关键点：第一，是否能够有效地创造用户价值？第二，是否可以适应特定时空下的竞争与环境。这两点是本书展开叙事以及考核核心能力的关键标准，如果离开这两点，就谈不上核心能力一说。

因为环境的变化，自然界会在特定的时空中将某些能力凸显，使之得以加强、得以夯实。当然，从经营者或者个人的角度来看，核心能力具有一定的先天性，也具有可塑性即动态的能力。

企业核心能力的识别标准有四个（VRIN）：有价值的（valuable）、稀缺的（rare）、难以模仿的（inimitable）和不可替代的（nonsubstitutable）。

（1）有价值的。这种能力首先能很好地实现顾客所看重的价值，例如，能显著地降低成本，提高产品质量，提高服务效率，增加顾客的效用，从而给企业带来竞争优势。

（2）稀缺的。这种能力必须是稀缺的，只有少数的企业拥有它。

（3）难以模仿的。核心能力还必须是企业所特有的，并且是竞争对手难以模仿的；也就是说，它不像材料、机器设备那样能在市场上购买到，而是难以转移或复制的。这种难以模仿的能力能为企业带来超过平均水平的利润。

（4）不可替代的。竞争对手无法通过其他能力来替代它，它在为顾客创造价值的过程中具有不可替代的作用。

2.1.2 企业本质上是一个能力的集合体

企业本质上是一个能力的集合体，但不是所有的能力都能形成企业的竞争优势。只有核心能力才是企业竞争优势的源泉，积累、保持和运用核心能力才是企业的长期根本性战略。核心能力是组织内集体学习的能力，尤其是如何协调各种生产技能并把多种技能整合在一起的核心能力，不仅是整合技能，还意味着协调工作和提供价值。如表 2–1 所列，企业能力都各有所侧重。

表 2–1 知名企业核心能力清单

能力 公司	核心能力
苹果	设计美学力、整合技术发明能力、供应链
谷歌	技术研发、创新管理
特斯拉	创新力、产品力

续表

公司 \ 能力	核心能力
微软	销售力、跨国管理能力
华为	产品研发体系、销售管理体系、人才激励组织力
阿里巴巴	企业文化力、运营力、战略力
腾讯	产品开发力、灰度管理力
百度	技术研发力
今日头条	算法力、组织管理创新力、产品管理力
美团	运维力、产品模仿力
小米	设计力、营销力
红杉资本	知识管理能力、资源整合能力
ZARA	供应链管理能力、时尚设计模仿力

总之，核心能力是企业长期积累的，能够通过对企业资源进行有机整合，从而不断形成核心技术，并通过核心产品不断扩散核心技术，从而产生持续竞争优势的特殊性组织能力。企业的持续竞争优势来源于其培育的核心能力，从而孵化出竞争对手难以预料的新产品，而且这个过程要比竞争对手做得更快且成本更低。

2.1.3 非核心能力

存在核心能力的同时也会存在非核心能力。在本书的叙述过程中，核心能力更多是指在特定的时空背景下去为用户创造价值，离不开或者无法外包的关键型的能力。之所以要突出核心能力，是因为在数字化转型以及特定时空企业中的能力价值存在差异。能力在不同的时空背景下，它们的贡献以及它们对创造用户的价值是有轻重缓急的。本书叙述中的动态能力指的是改变企业的能力，但是为了更好地抓住主次，突出重点，更多指的是核心能力。但是我们也应该清楚，能力与核心能力只是称呼不同，或者说特定时空重要性有差异，其本质都是一样的。

核心能力就像木桶理论的那块板，如果说关键能力支撑不到基准点，那么我们就谈不上为用户创造了价值。至于非核心能力，我们可以通过社会的资源、通过外包或者通过其他的一系列方式有效地补充以满足用户价值。

非核心能力并不是可有可无的。只是组织的资源、注意力、人员有限，因此基于稀缺性的原则，核心能力成为企业创造用户价值的关键抓手。当然，这与非核心能力可以为用户创造价值并不矛盾。

从时空背景的角度来看，随着环境与竞争的变化，组织的核心能力是动态变化的。也就是说，之前非核心能力有可能会走到能力**拼图的中心去。例如，在大工业时代，企业的核心能力是效率，是生产，是大的分销体系，在那个范式下，与客户进行情感交流的连接力明显处于非核心地位。而在人工智能、社交网络时代，迅速地与用户建立情感的联结并实时互动，成为核心能力拼图中关键的一部分。**

从生物学的角度来看，环境的变化也带来了物种生存权的选择。物种的选择背后就是适应环境的能力的选择，只有适应环境，或者说你拥有了竞争的关键能力，你才能获得生存空间与优先权。生物学中经常举的例子是，长颈鹿的脖子长度是生存下来的核心能力。

在人工智能时代，经常讲的一句话就是，人类竞争正在进入右脑竞争的时代。在过去的大工业时代中，碍于技术的限制，很多工作都是单调、重复、基于逻辑推演的。在这种背景下，符合范式的能力就变成了社会和时代所推崇的能力。但是人工智能正在逐步替代我们完成简单、单调、重复以及数理逻辑运算方面的工作，在这样的职场以及商业未来的竞争中，有关创意、有关共情力等符合时代的核心能力正在被推崇。

核心能力与非核心能力结构性的变化在时间维度上有可能是单向的，也有可能是周期性的。从目前的角度来看，核心能力与非核心能力切换的周期跨度较长，和一个人或者一个组织的生命周期是相对而言的。

2.2 动态能力的核心逻辑与 SST 模型

动态能力的核心逻辑是：**时刻感知环境（政治、经济、社会、科技、文化等）的变化，理解变化意味着什么。为了更有效地为顾客创造持续的价值，为了获取有利竞争位置，企业与个人需要刷新自己的能力模型以实现利他的目的。**动态能力模型可以分为三个阶段：感知环境的变化；理解游戏规则，确立方向；动态刷新的改变能力。

通过动态能力过程的 SST 模型（见表 2–2），我们可以更好地知道我们在不同阶段的关键问题与挑战。模型的顺序也是确定的，即感知环境、确立方向、改变能力。

表 2–2 动态能力的 SST 模型

阶段	关键问题与挑战
感知环境（Sensing）	感知政治、经济、社会、人文、科技、文化、消费等变化
确立方向（Seizing）	理解变化对企业意味着什么，确立能力方向与变化趋势
改变能力（Transforming）	系统开启动态能力转型管理，刷新组织能力，构建竞争优势

动态能力就是改变组织能力的能力。我们处在一个具有不确定性的年代，如何才能持续保持组织的竞争优势是值得关注的问题。在快速变化的年代，组织动态刷新自己的能力，以求得生存，在过程中需要整合内部现有的能力，积极地向一切标杆学习，以敏捷力来应对不确定的风险。

学习型组织能够抓住机会，更好地为客户创造价值，也能够获得有利的竞争位置。强调组织的学习力时，眼睛少盯着竞争对手，更多地从组织的外面出发（即以社会与顾客的需求为导向），反过来分析和刷新组织内部的能力与资源，最终实现利他。

动态能力是企业通过整合、构建和重置内外部资源才能够适应快速多变的外部环境的能力。竞争实际上是一个企业发展、积聚、组合和保护独特的技艺与能力的过程。技能获取、知识与技巧管理和学习就是数字化转型的关键战略问题。动态能力背后的假设是续命、是长期主义者、追求在一定时间内的竞争优势的战略。动态能力就要刻意进化，刻意练习。

动态能力是穿越周期的通用规则和规律，而不仅仅适用于数字化转型。每一次的转型，其逻辑和游戏规则都是类似的，只不过从工业型企业到数字化企业转型属于较大的范式转移。本书以数字化转型为例展开叙事，剖析动态能力与转型的规律。

基于动态能力的战略目标是不断创造新优势。因为在瞬息万变、不可预测的环境下，所有的竞争优势都是短暂的，若固守原有的优势将导致更大的灾难。只有认真地、不断地、出其不意地打破现有平衡，快速响应机会和企业内外资源的重构，形成一系列暂时的、不相容的新优势，才能保证企业持续的竞争优势。因此，动态能力战略实际上是一个创新战略。

2.3 趋势 > 优势，适时与旧能力说“拜拜”

麦肯锡做过一个研究，统计了从 1957 年到 1997 年之间的上市公司——都是标准普尔 500 指数榜上有名的公司。40 年后还有多少家在榜单上？答案是只有 74 家。也就是说另外的 426 家都随风而逝了。它们要么被市场淘汰，要么被收购。而剩下的 74 家中又有几家的业绩高于标准普尔 500 指数的水平？答案是只有 12 家。

那怎么解释这种现象呢？这就是市场的规律。企业就和人一样，是有生命周期的。企业的生命周期往下挖是核心能力与时代匹配度的生命周期。表面上看起来是组织能不能更为有效地为客户创造价值，背后其实是核心能力的演化与生命周期的终结与重启。

核心能力的生命周期，需要我们时刻以用户的需求为出发点，关注科技与社会环境的变化并做出评估。当变化来临时，我们就必须作出适应性的改变与调整，并且要将这样的动作常态化。

固守核心能力的局限性

导致许多企业失败的罪魁祸首是它们对现有技能与能力的执着，即对它们所认定的核心能力的执着。

投资人认为只要投入资金并应用合适的商业模式，企业便能经营任何业务。在这种幻想下，投资人的盲目扩张问题能够通过聚焦核心能力得到有效解决。核心能力帮助企业确定自身的优势，将许多表现不佳的大型集团与多元化企业从破产的边缘拯救回来，如富士胶片。

核心能力的概念不是将目光聚焦于组织内部，然后从组织的核心能力往外去寻找机会。恰恰相反，核心能力需要人们从大的环境、用户的需求以及市场竞争出发，反过来指导规划组织核心能力的建设、再造以及补缺的行为。如果核心能力被强化为自内向外的思维方式，而这对许多公司来说是致命的。高管对其组织核心能力的定义往往过于狭隘。如果企业能够自外向内地评估其核心能力，它们将会发现满足甚至创造新的顾客需求的种种途径。

企业真正意义上的核心能力必须来自对其知识、经验资本的彻底盘查，即企业所积累的技术、经验、技能和管理流程的总和。企业核心能力是动态而非静态的，必须根据企业的知识基础与外部环境的变化对其进行持续的重新定义。任何试图实现突飞猛进的增长轨迹的企业几乎都必须发展或找到新的核心能力，并且放弃或不再强调原有的核心能力，无论它们曾经多么重要。

过去的20年，互联网对商业的冲击主要集中在效率和成本等方面。经常有人会比较中美互联网业态，发出的疑问有："互联网金融在美国都没有发展起来，中国想发展起来，不太可能""在美国，线下商场购物依旧是主流，网络购物只是补充，为什么在中国网购对线下的冲击如此恐怖呢？"……对类似的问题，都可以从"去除中介，回归本源"的角度予以解析。**互联网对商业冲击最大的部分就是具有中介属性的组织或者商业行为。互联网让商业新世界回归本源，落脚点是服务或者产品，绕开冗余及高成本"中介"。**

银行的网点，我们可以理解为具有中介属性，是金融产品到用户之间的中介。碍于中国信任体系及评估的缺乏，银行网点的黄金十年（2002—2012）也是渠道及中介属性红利的十年，通过充当销售基金、保险、贵金属等的中介获得颇丰利润。**互联网让基金、保险、贵金属等金融产品可以去中介化，直接对接用户，加上用户年轻化等因素的综合影响，不久，中介属性的银行网点或关门或向金融服务方向转型。**

商业世界中，车险推销员这样的岗位也将走向没落。驾驶员的年纪走向年轻化、数字化、购买方式互联网化。个人车险产品的属性更多是标准化、系统自动化生成报价，这样车险推销员更多地充当中介属性的角色，即车险产品到用户之间的中介，其商业价值被互联网新销售渠道替代（百度、微信）。具有类似商业属性的银行个人金融客户经理等也将面临巨大挑战及转型。

地方电视台，可以简单理解为电视剧和新闻的播出渠道，而年轻人通过互联网看电视剧及新闻正在绕开电视台这个中介。国家电网本是服务机构，却将发电厂到用户之间的中介属性发挥到了极致，国家正在力推的改革让发电厂可以直接对接企业，去中介化以降低成本。

在面对个人职业生涯选择、个人发展时，要时刻提醒自己不要成为简单中介，适度远离那些只是停留在中介属性的结构与组织。最好的选择是回归本源，即为社会或行业创造价值，提供产品或服务，成为专业人士。

2.4 能力变革而非企业革命

在经历转型或变化时会发生巨变：经营逻辑、商业模式、用户、价值链网络坍塌殆尽，企业往往会被摧毁，这称之为企业的革命。这场巨变是在推倒重来，是一场残酷的物种淘汰赛，行业也可能会全军覆灭。

能力的变革，类似生物器官的演化。从达尔文进化论的角度来看，在面临环境变化时，更多的是核心能力或者相关器官演化以匹配对环境的要求，而不是将整个物种的所有的功能来一场完全革命。

在类人猿从树上下来，开始直立行走的演化中，其大脑、盆骨、脊柱等很多组织在面对新环境下的核心能力诉求时，开始慢慢演化，最终成为人。企业在面临人工智能、区块链、物联网，甚至说知识经济到来之际，不必将公司所有的能力、所有的流程推倒重来。

鹰是世界上寿命最长的鸟类，它的年龄可达70岁。为了活那么长的时间，它在40岁时必须作出困难却重要的决定。此时的鹰只有两种选择：要么等死，要么经历一个十分痛苦的更新过程——150天漫长的蜕变。

鹰首先用它的喙击打岩石，直到其完全脱落，然后静静地等待新的喙长出来。鹰会用新长出的喙把爪子上老化的趾甲一根一根拔掉，任鲜血一滴滴洒落。五个月以后，新的羽毛长出来了，鹰重新开始飞翔，然后再度过30年的岁月。

面对新的环境变化，要理解游戏规则，确认新的核心能力。我们可以通过打补丁的方式来获取新的能力，在兼顾既有躯干的前提下，再经过一定时间维度的进化，最后我们就变成了可以适应新环境的新物种。

市场情况不会长时间一成不变，总是随着条件的变化而发生相应的变化。因此，公司战略的前提假设都随之改变。市场条件出其不意的改变，新技术的出现，常常会破坏设计好的战略与企业计划。管理团队待在自己设计的框架中，在很大程度上对外界的环境的反应力不够敏捷，他们更多地倚重过往的信息去关心世界，而不是对未来的预测。团队总是倾向于不重视甚至刻意忽视那些与现有体系不一致的新信息。

选择擅长的能力作为核心能力还是选择社会分工？这是一个非常有趣的话题，在我们个人和组织进行选择时经常被搞混。理想主义者认为，选择自己感兴趣的或者擅长的能力才是正道。如果从理性的角度来看，人类社会是一个大的分工体系，我们在整个社会中的地位以及收益更多的是源于协助与推动社会进步中扮演的角色。

选择社会分工所需要的能力作为核心能力是务实的选择。一个人的生命是3万多天，对人类社会来说，它是非常短暂的。也就是说，在社会分工体系中，我们一定要考虑自身能力是否与社会分工以及主旋律的能力相匹配。当然，如果我们掌握的有别于他人的核心能力正是所生活的那个世界必备的核心能力，那确实是人生一大幸事。**我们人类社会有几十亿人，很难让每个人的核心能力都在特定的社会环境中得以展示，或者说能够与社会分工完美地适配，完美地让核心能力得以彰显，这就是社会大系统分工中难以避免的摩擦与阻力。**

爱因斯坦是位大科学家，但他最感兴趣的并不是数学、物理，而是音乐，尤其是拉小提琴。爱因斯坦最大的梦想是当一名伟大的小提琴手，但他天生不具备拉小提琴所必需的协调性，无论他付出多少努力，终其一生只能达到二流水平。有个小提琴家嘲笑爱因斯坦，说他拉小提琴的姿势像是在锯木头。爱因斯坦成名后，有人安排他和一位著名的钢琴家一起演奏，结果演奏到一半，钢琴家不干了，嫌爱因斯坦的水平太次，实在没法合作。你看，幸好爱因斯坦没选择当职业小提琴手，否则，这个世界便多了一个二流小提琴手，却少了一个顶级物理学家。

务实的努力就是尽可能地将自己的核心能力在社会的主旋律分工体系中寻找适用的场景或行业，如果找不到与之匹配的领域，就需要我们积极规划去学习社会所需要的核心能力。核心能力是天生和后天共同形成的，不断调整、适应才可在大分工体系中找到自己应有的位置，从而活得精彩。

对企业来说，它就是一个社会分工的有机体，它更应该选择的是特定时空背景下为用户创造价值的核心能力。正如吉姆·柯林斯（Jim Collins）在《基业长青》中所探讨的那些能够跨越产业生命周期、为用户不断创造价值的企业，它的背后就是源源不断的动态变化的核心能力，并以此为客户持续地创造价值。**对于百年企业**

而言，核心能力就是随着社会竞争环境与用户需求的不断变化而变化，以此创造社会价值而获得生存权利，别无其他。

近年来富士胶片已默默在更多领域站稳了脚跟。这家企业创立于 1934 年，在告别传统胶片业务后，延伸自己的核心技术能力，获得新赛道生存权，成为新物种。

当年胶片行业，柯达、富士胶片无疑是巨头，但是随着数字化时代的到来，民用胶片的需求急速下降。富士胶片基于准确战略认知、核心技术能力、敢于创新而成功转型，但曾为竞争对手的柯达，因为恪守传统而轰然倒塌，这就反映出不同企业应对变革的不同经营哲学与结果。

随着环境的快速变迁以及核心业务的消失，富士胶片并没有垮掉，反而通过整合核心技术不断地转型发展。由于对技术的推崇以及将技术进行了前瞻式的延展，现在的富士胶片业务更加多元化，并且在新的领域取得了不俗的成绩。

富士胶片在确定公司战略增长时，主要的判断是以技术运用及提升为基础。富士胶片认为战略增长领域主要考虑到三方面：第一，在新领域，公司的技术能力是否有竞争力；第二，新领域的市场是否有高成长性潜力；第三，富士胶片是否具有新领域核心能力并有能力持续投入资源，获得竞争优势。

通过战略分析，富士胶片判断**医药品（化妆品）、医疗设备系统、光电、数码影像、印刷以及高性能材料六个方向都是成长潜力巨大的市场。同时，这些新市场能很好地融合富士胶片现有技术的核心能力，以及现有市场和运营能力。**

我们可以把多元化公司比喻成一棵树：树干和大树枝是核心产品，较纤细的树枝是业务单元，树叶、花与果实则是最终产品，而为大树提供养分和起支撑稳定作用的根系才是公司的核心能力。

核心能力是企业转型发展的根本，而核心能力的基础就源自一家公司拥有和整合的核心技术。**富士胶片的核心技术实体是胶片，**

胶片的主要成分是明胶（胶原蛋白提纯产物），胶片片基是 TAC 膜，胶片厚度约为 20 微米，其中包含 20 多层感光层、100 多种化合物和各种功能性粒子。转型前富士胶片所做的一切，其实就是不断利用尖端材料技术来支持照片感光材料。钻研过程中，富士胶片形成的核心技术（见图 2–1）包括粒子形成、成膜、高精度涂层、功能聚合物、功能分子、微电子机械系统、影像、高精度成型、系统设计、生物工程、纳米分散和还原技术等。而这些核心技术能力最终都被整合优化到新的市场。

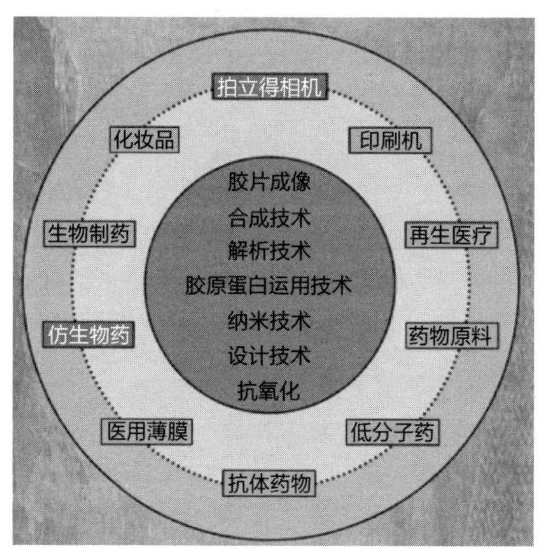

图 2–1 富士胶片的核心技术

资料来源：《21 世纪商业评论》，2018 年 11 月 15 日。

富士胶片曾经寄希望于数码相机业务，可是当它从技术的角度对数码相机进行反思和预判之后，很快就放弃了这个想法。富士胶片产品团队很早就推出了针对商用的数码相机。但富士胶片逐渐发现，数码相机业界的技术“黑匣子”其实很少，以至于大家从外部购买零部件就能组装数码相机，这让企业很难形成独有的核心竞争力，也很难取得错位的差异化发展。

富士胶片认为，走出危机的关键是要确认公司所拥有的核心技术，以及在什么领域能够进一步应用这些技术。在传统胶片业务逐渐退出市场之际，胶片背后（见图 2–2）成像、制膜、高精密薄膜涂布技术、高性能高分子化合、纳米分散、氧化还原等关键技术被保留运用，令富士胶片组织得以续命生存。

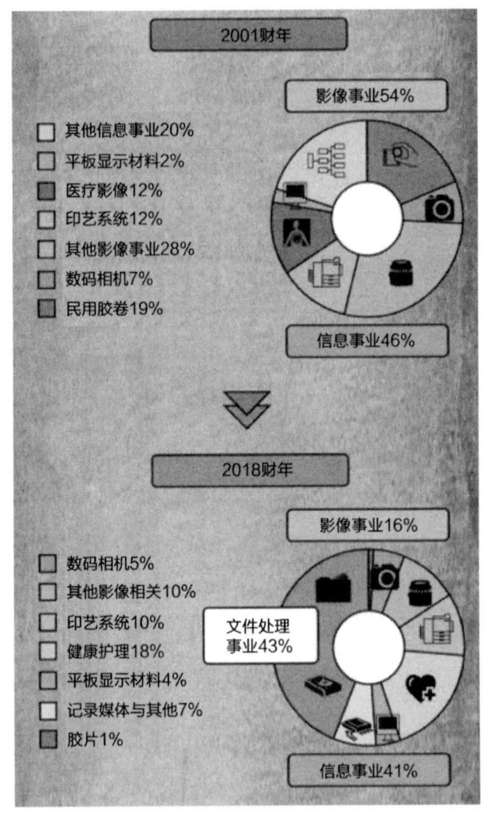

图 2–2 富士胶片业务结构占比变化

资料来源：《21 世纪商业评论》，2018 年 11 月 15 日。

优秀的企业都是跨越周期的，我们看到富士胶片还在奔跑的路上，**不仅仅有清晰的战略，更有持续奔跑的动态核心能力。**

选择热爱且擅长的能力不放弃，可以创造更多的心流状态，更容易获得事业发展与竞争的优势。每个人只是从自我的角度或者自私的角度去选择，我想这与社会分工的冲突注定是激烈的。

跳出自我，追求无我，站在人类社会进步和大分工的体系的高度去刻意练习自己的核心能力，这是一个更科学、更有效的选择路径。

2.5 动态能力与战略管理

战略就是定方向，以用户需求、市场变化为导向，盘点企业的资源与能力后给出战略计划。战略确定后，就是实现路径，关键是如何刷新自身的能力来获取持续的竞争优势。企业数字化转型就是要确定在数字智能时代转向何处，成为什么样的组织，然后就是战略匹配刷新组织的数字化能力以保证战略落地。

传统战略管理可以简单分为能力学派、资源学派。战略管理话术虽然与我们进化视角的动态能力有部分偏差，但是动态能力与核心能力的要义是基本一致的（见图 2-3）。

能力学派的起源可以追溯到经济学家阿尔弗雷德·马歇尔[1]在其著作《经济学原理》中所提倡的企业内部成长论。马歇尔认为，由于专业化分工导致技能、知识和协调不断增加，从而推动企业不

1　阿尔弗雷德·马歇尔（Alfred Marshall，1842—1924）：近代英国最著名的经济学家，新古典学派的创始人，剑桥大学经济学教授，19 世纪末和 20 世纪初英国经济学界最重要的人物。在马歇尔的努力下，经济学从仅仅是人文科学和历史学科的一门必修课发展成为一门独立的学科，具有与物理学相似的科学性。剑桥大学在他的影响下建立了世界上第一个经济学系。

断进化。同时他认为每个行业是由一系列生产规模、企业寿命、专业知识、组织结构、生产成本、市场份额等不同的异质企业组成的，单个企业的成长、衰落是经常性的，但一个行业则可以经受长期的波动，甚至出现长期平稳向前发展的态势。

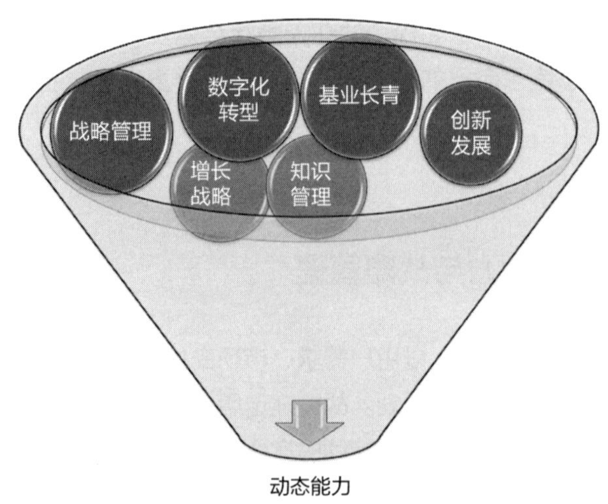

图 2-3　动态能力与企业发展

能力学派强调以企业生产、经营能力和过程中的特有能力为出发点，从而制定和实施企业竞争战略的理论思想。能力学派的主要观点如下：

- 能力是企业拥有的关键技能和隐性知识，是企业拥有的一种智力资本，它是企业决策和创新的源泉。
- 能力是分析企业的恰当切入点。就本质而言，企业是一个能力体系或集合。
- 能力决定了企业的规模和边界，也决定了企业多元化战略和持续经营战略的广度和深度。

- 现代市场竞争是基本能力的竞争。
- 企业战略的核心不在于产品、市场的结构，而在于行动反应能力。
- 战略的目标是识别和开发竞争对手难以模仿的核心能力，在顾客眼中，这种能力是将一个企业与其竞争对手区别开来的标志。
- 企业能力最终决定企业的竞争优势和经营绩效。积累、开发和运用能力以进行产品和服务创新决定了企业的持续竞争优势。

企业要想获得和保持竞争优势，就必须在动态能力、最终产品、组织等层面上良性互动。核心能力是企业竞争优势的源泉，最终产品是核心能力的市场表现，组织是核心能力的实施主体，也是联结核心能力与最终产品的根本途径。在核心能力层面上，企业的目标应是在产品性能设计与价值传递方面建立起领导地位，以保证企业在产品制造、销售和服务方面的独特优势。

能力学派的战略管理思想可以归结为以下几个方面：

- 环境分析。
- 了解组织能力结构。
- 制定竞争战略。
- 实施战略。
- 建立和刷新核心能力。
- 赢得竞争优势。
- 获得业绩。

资源不等于能力。虽然资源有重要价值，但仍然不是能力。资源是不具有生产能力的，能力是随着生产活动要求资源进行组合和协调而产生的。我们可以看到，现实中不少企业的资金、人才充足，技术设备一流，但经营业绩不佳，其原因不在于资源而在于企业缺乏运作资源的能力。虽然资源本身不是能力，但优势资源的确能够给企业带来较强的市场竞争优势，如企业独占产品的专利或拥有从事某项业务的特许权等。

资源学派强调有价值、稀缺的战略资源是持续竞争优势之源，而能力学派则认为企业的核心能力是竞争优势的源泉。**传统能力学派主要从企业的角度和层面研究竞争优势问题，而且以企业内部的能力分析为主，但是本书倡导的动态能力强调由外而内，以用户需求、社会需求、科技变化为标准反向刷新组织的能力。**资源学派则从产业分析、产业经济学、产业环境和企业内部相结合的角度来研究资源和持续竞争优势的问题。

20 世纪 80 年代初期，占主导地位的战略管理理论是迈克尔·波特[1]的产业组织资源理论，随着加里·哈默提出的核心能力理论的快速发展，核心能力的一些局限性也浮现了出来。在一个动态变化的环境中，企业原有的核心能力有可能成为一个阻碍企业发展的包袱。能力理论遇到前所未有的自身发展障碍，不能解释动态市场上企业如何获取竞争优势以及为什么某些企业具有持续竞争优势。在此背景下，大卫·蒂斯等最初提出了改变能力的能力（即动态能力），并把动态能力定义为公司整合、构建、重新配置内部和外部资源以应对快速变化环境的能力。

"动态"一词是指为了与动态变化的外部环境保持一致，企业延续或重构自身胜任力的能力；而"能力"一词则强调了战略管理在正确处理、整合和重构企业内外部组织知识、资源和技能以适应环境变化方面的关键作用。

为了保持动态能力的竞争力，公司必须对其进行持续强化和培育，有时为了抓住新兴市场的机会，可能还要对其进行扩展。组织

---

1 迈克尔·波特（Michael E.Porter）：哈佛商学院终身教授，当今世界竞争战略与竞争力领域公认的权威，提出了"五力模型""三大战略"等理论，被誉为"竞争战略之父"。

核心能力的老化会削弱公司的竞争力，故需要对它们进行更新、修改甚至是淘汰或替换，这样才能应对当前市场的变化和公司战略变革。管理层在培养动态能力时会面临两方面的挑战：一是对环境变化的感知与理解；二是密切关注开发全新能力的机会。

基于动态能力理论的战略，重要的是企业动态能力的培养，不断创造新的核心能力。这种战略是一种动态战略，整个战略的实施过程就是按照灵活性、敏捷性的原则动态设计组织结构和系统，动态重构企业内外部资源，形成有自身风格的系统，用自己的战略行为创造一个发展和盈利潜力大的空间。在图 2-4 中，根据以往咨询经验，我给出了企业战略与能力匹配度之间的关系模型，从中可以清晰地看出战略与能力的不同匹配策略选择。最佳状态是完美协同，次之是学习刷新、涌现。

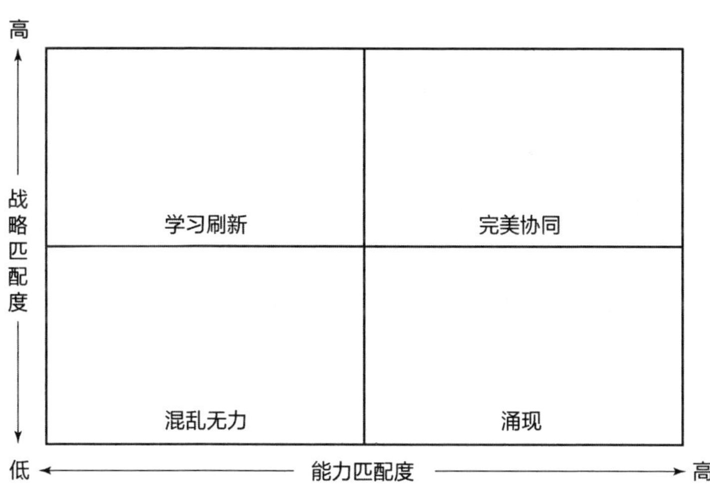

图 2-4　企业战略与能力匹配度之间的关系模型

2.6 穿越周期就是要动态地改变能力

企业能力呈现出一种动态的非均衡状态。随着外部经营环境和内部企业目标的变化，核心能力不断地积累、培养、开发、运用、维护和扬弃，如此循环往复，永无止境，形成正反馈的增强回路。

百年基业的基础是源源不断地为客户持续创造价值，是社会需要你，而不是你想苟且。在百年的时空背景中，组织根据环境的变化不断地更新核心能力，只有这样，才能够支撑创造客户价值的历程。在物种大暴发的年代，百年基业这个话题已不再是热点，或者说许多企业已经放弃追逐这个目标。但是我们从生命体的角度来看企业求生的过程，很重要的抓手就是要将核心能力进行动态的培育规划，以符合历史周期中不同阶段的要求，只有这样才能保证这个游戏能够运转下去。

在硅谷创业团队中，有很多企业犹如绚烂的流星划过长空，绽放一下便消失。硅谷创新企业的范式是：通过技术或者产品创新迅速获得市场和用户，在这个阶段，创业企业的核心能力集中在产品能力、增长获客的能力、公关炒作的能力。当企业达到一定规模以后，很多创业团队碍于缺乏有效的供应链管理能力、组织建设能力、经营管理能力、行业生态建设能力导致后来成长中的阵痛。

创新创业企业在不同阶段其核心能力是不同的。在 0 到 1 阶段，很重要的能力是有关产品的能力、用户获取的能力、营销的能力。从 1 到 N，则要求企业具有组织管理能力、融资资本能力、客户管理能力、供应链以及相关售后服务等方面的能力。

一家创业企业成长的过程就是一路“打怪”、刻意练习腰部核心能力的过程。

能够在不同阶段认清这样的能力诉求，通过人才招募或咨询顾问的帮助，达成完美蜕变的创业企业才是我们看得到的（活下来的）企业。过去的数据显示，更多的创业企业在完成初期的光荣绽放之后就走向了与日俱增的内耗。

美团在发展过程中，王兴团队为互联网产品核心能力组建团队模型。随着战略向纵深发展，在进入相关的本地化生活服务经营过程中，对团队认知以及能力的拼图提出极大的挑战。在这样的情况下，美团千方百计从阿里巴巴中国供应商团队里挖来了经验丰富的干嘉伟，负责公司地推团队管理和本地化业务开展。

通过团队刻意练习，美团获取新的核心能力即基于本地化的市场地推管理能力。应该说这个过程就是美团续命的过程，这个物种就是自己构建符合环境的核心能力。美团的创始团队完成人员调整，相关职业经理人加入以稳定组织新流程。

进入规模以后，从工业时代的管理企业或者已经成熟的互联网公司挖取人才，有利于完成自己某些能力的加强部分。Meta 当年挖来桑德伯格；乔布斯从百事可乐公司挖来具有市场核心能力的约翰·斯卡利，还留下一段佳话："你是想卖一辈子糖水，还是想要改变世界"。

很多企业家的焦虑不安不是缺乏大战略、大资源，而是源自以组织过去的核心能力来应对迅速变化的环境，从而在现实挑战过程中出现的乏力。用传统的既有的组织核心能力，来解决新环境的挑战，问题不可能被有效地解决，将导致整个团队、组织对其充满怀疑，滋生出焦虑的气氛。面对这样的问题，就需要我们的领导者**清晰界定**什么样的核心能力是我们所必需的，这就需要专门花时间来重点关注。组织需要扪心自问：我们的能力能不能支撑愿景、使命、价值观？能不能有效解决客户的价值诉求？

不论在什么年代，我们都需要有用哲学去思考问题的态度，组织和个人要持续不断地盘点核心能力。如果你一边飞行，一边更换发动机，这个难度可想而知，但是话说回来，难度不大的话，为什么是你笑到最后呢？

动态能力的概念为你理解和看待变革、数字化转型以及很好

地应对这个不断变化的世界提供了一个非常有价值的角度。当然这个角度不能解决一切问题，但是你可以从生物学获得启发：活下来的，一直活下来的就是那些能够与环境和谐匹配的物种。我希望你能够和我一起拥抱未来，也能够将我们的能力塑造成为环境需要的以及自己享受的一个状态。

中化集团原董事长宁高宁总结了企业在成长过程中要经历的七道分水岭。如果把企业的发展过程拉长，企业每往前走一步，都要作出选择，这个选择就像是把企业分开的分水岭。分水岭是一个个叠加上去的，未来的分水岭是以过去为基础的。那些百年老店，就是顺利跨过很多道分水岭的企业。

第一道分水岭是行业选择能力，也就是不能入错行。企业要自问一下，所选行业是否符合经济大势，是否有成长性，以及企业能否应对竞争格局，是否有竞争优势。

第二道分水岭是竞争战略能力，也就是在同样的行业中，企业应该怎样做好。很多企业会在这一步不断摸索调整，能顺利跨过这道分水岭不是一件容易的事情，因为这道分水岭区分了企业的基本生存能力和管理水平。

第三道分水岭是企业能否基于对行业规律的深刻认识，有意识地建立并持续优化运营系统能力。企业要加强管理上的自觉性和主动性。这时的企业，不能被动地应对市场环境，而要采用科学的运营系统去提高效率。

第四道分水岭是企业让团队成员从关注物质、金钱，转变成关注理念、价值观和使命感的能力。这道分水岭不是企业成长到某个阶段才出现的，而是根植于企业的经营中。企业在从小组织走向大组织的过程中，能否平衡好个体与组织、理想与现实、精神与物质，能否形成组织成员都认同的文化，是企业能否保持动力的核心。

第五道分水岭是看企业有没有持续探索、创新、创造的能力。这种能力也是企业刚开始创立时就需要具备的基本功能。前面四道分水岭已经把企业分流了很多，但企业的创新优化能力会把企业在竞争中彻底分开。

第六道分水岭是企业有效解决问题的能力。企业的组织架构越来越复杂，这时候就需要企业有解决问题的能力。例如，很多企业资产增加了不少，然而市场竞争力并没有提高，成本也没有因为规模效应而降低。

第七道分水岭是企业与社会的关系定位能力。如果一家企业被认为从事的是很崇高的事业，在经营上也比较容易成功。企业从事的事业要和社会发展的趋势相吻合，和公众的渴求相吻合，从而让公众得益，公司也将一并得到发展。

企业的核心能力，更重要的是动态核心能力，也就是更新你的核心竞争力的能力。企业核心能力应随着时代的变化而改变，如果不能自我颠覆就会被时代颠覆。

我们也可以从汽车行业百年演化过程来看动态能力的演变。从汽车行业案例可以看到一代又一代的枭雄或者著名公司，在特定时空和一定尺度的背景下，如何通过核心能力在赛道上玩出心流状态，获得阶段性竞争优势。

1. 手工打磨阶段的汽车业

手工打磨阶段的汽车业更多停留在了发明创造阶段。这个阶段，汽车行业的主要矛盾是如何制造能动的车，核心能力是机械及相关发明科研能力。从蒸汽机、内燃机、采油机等技术进化路径可以看出这个时代的玩家都是小批量、手工作坊式。

2. 大批量流水线生产阶段

1908 年，亨利·福特及其伙伴开展组合式创新，将前人的设计和制造思想结合成为一种新型汽车——T 型车，这是一种不加装饰、结实耐用、容易驾驶和维修、可行驶于乡间道路、大众市场需要的低价位车。1909 年开始，T 型车单一品种投入生产，当年售价 950 美元，产量达万辆。1914 年，他将泰勒的流水生产线技术运用到汽车上，这种技术被后人称为装配线。装配线不仅有助于在装配过程中通过生产设备使零部件连续流动，而且便于对制造技能进行分工，把复杂技术简化、程序化。组装一辆汽车由原 750 分钟缩短为 93 分钟，这就是后来全世界汽车厂标杆大批量生产方式的原型。

这个阶段的汽车行业的主要矛盾是如何低成本且快速地生产汽车，动态核心能力包括从研发与工匠技巧到车间生产能力、车间管理能力等。

3. 汽车产品多样化阶段

亨利·福特曾经说过一句很傲慢的话：“不管顾客对汽车有什么要求，我只生产黑色 T 型车。”1923 年，阿尔弗雷德·斯隆任通用汽车公司总裁，他洞察顾客需求的变化，整合公司内部资源，改变福特单一廉价车大量生产模式，按轿车售价高低分成从凯迪拉克到雪佛兰五个系列，由五个独立事业部分别生产，涵盖了不同收入的现实与潜在用户需求，同时组成集中生产五个车型配套零部件的事业部，开启多品种大量生产的斯隆模式，解决了为降低生产成本而希望产品单一化和满足用户需求多样化的矛盾。

20 世纪 70 年代是世界汽车发展的黄金时段。美国汽车业界形成“通用”“福特”“克莱斯勒”三大公司鼎立的局面，并且以压倒性优势雄踞世界汽车市场。同时期的欧洲厂商也开始实行“量产化”，欧洲厂商具有卓越的产品设计性能，从而出现了欧美两霸并存的局面。

这个阶段的汽车行业的主要矛盾是如何满足顾客对汽车多样化的需求，动态核心能力从流水线能力走向多样化产品生产研发能力。随着生产能力的充裕，汽车销售、品牌营销能力也成为核心动态能力。

4. 汽车产品低价、精益生产阶段

20 世纪 70 年代，石油危机极大地促进了汽车节能技术的发展，如发展小型车、减轻汽车自重、提高汽车传动效率、降低汽车风阻等技术。日本的石油完全依赖进口，促进其发展了省油的小型车。日本车以省油耐用的低价格赢得当时消费者的青睐，至此，世界汽车业形成了美、日、欧并存的格局。

日本引进欧美先进产品和制造技术，把美国管理技术融合为日本方式，推行全面质量管理，整合零部件和材料供应商，构造独具特色的丰田精益生产协作体系，推行大量生产和装备持续现代化。丰田汽车公司把工件号、数量、时间、工程和用途等指令计入看板，塑造精益生产方式，这是组织汽车生产的又一重要技术进步。

日本生产的小型车耐用、便宜、性价比高，符合国外排放、安全标准，尤其是省油的特点，深受国际市场欢迎。

这个阶段汽车行业的主要矛盾是如何让车节能省油且更便宜，动态核心能力从多样化产品能力走向提供耐用、性价比高的汽车产品。主旋律是低价与耐用。

5. 新能源汽车、智能汽车阶段

20 世纪 90 年代以后，出现了智能化的发动机、5G 传感、自动变速、电子稳定程序、巡航行驶等智能化系统。为此，可通过车载传感系统和信息终端实现与人、车、路等智能信息交换，使车辆具备智能的环境感知能力，能够自动分析车辆行驶的安全状态及危险状态，并使车辆走向智能化。

以锂电池为代表的储能单元能量密度加速提升，解决了困扰新能源汽车续航难题，以特斯拉为代表的新兴电动汽车品牌崛起。按照动力来源分类，又分成纯电动汽车（BEV）、混合动力电动汽车（HEV）和燃料电池电动汽车（FCEV）等。

这个阶段的汽车行业的主要矛盾是如何让车更智能、更节约能源，动态核心能力从物理产品能力走向智能化、数字化、新能源。

主旋律是智能化与数字化。

案例复盘与再思考

随着5G、无人驾驶汽车的发展，汽车行业的核心能力已经从传统工业机械方面的操控制造和生产，逐渐走向软件化、智能化以及典型的物理产品软件化。在这样的范式转移过程中，汽车行业就需要动态的变化，改变自己的核心能力，以满足这个时代，再也不能按照传统意义所定义的汽车行业概念与认知来开展竞争。当然不排除传统汽车在物理制动以及相关的销售网络体系上，其核心能力依然可以发挥竞争优势，但是在新时代，更为有效地将这样的能力进行整合以更好地服务于顾客，才是生存之道。

物理产品软件化，考虑你是潜心做物理锁的工厂，过去掌握的核心能力在这个时代被迅速肢解，如何迅速获取当下的游戏规则下的动态能力？锁具中关于物理锁的核心能力被智能化，剩下金属加工更多的是一种通用能力，新玩家可以像积木一样嫁接利用或者直接绕开。智能锁重新定义了锁这个行业，物理锁之间的竞争已经失去意义，物理锁、智能锁是两种不同的物种，降维打击无法阻挡。

汽车行业的焦虑与转型，还没有上升到大时空背景下从理解竞争及新动态能力的角度来看待自己应该努力的方向，更为清晰地构建自己新的动态能力，占据有利的位置，更好地服务于顾客，这个才是汽车行业的转型与生存之道。我在一线的咨询和顾问项目中看到很多汽车集团病急乱投医，一本正经地谈转型，但是都没有抓到游戏规则的核心逻辑，沦为悲剧的可能性很大。

第二部分

数字时代，DAC 三大通用能力

在以数据、算法驱动的未来，将不再有科技企业与传统企业之分，只有一种企业，那就是数字企业。

这次深刻的产业调整和升级，将随着人工智能等产业的发展演变为一场以行业为“底数”、以科技为“指数”的“幂次方”革命。人工智能的算法，以尊重、洞察和还原不同产业规律为基础，全面开启与各行各业的连接，将产生无限放大的可能性，形成持续的创新。

内燃机等“通用技术”是250年以来驱动经济增长的根本动力。人工智能（AI）是我们这个时代最重要的通用技术。在接下来的10年中，基本上所有行业都将改革关键流程和商业模式，从而搭上数据智能的顺风车。海量数据、算法进步和不断提升的计算机硬件性能，这三大因素成就了AI时代。

正如之前所述，动态能力指的是组织能力的变化，为了更有效率地探讨问题，默认为核心能力的变化。探讨点落脚于核心能力，也便于抓住主要矛盾和关键问题点。

能力的进化指的是有人主动介入进化的过程。动态能力管理的过程往往就是能力的进化，如果不加以刻意选择与管理，那就变成能力的演化。

整个社会正面临核心能力的结构化改变：从大工业范式下的核心能力逐步走向知识社会、数据智能社会的核心能力。

那么企业核心能力转变的趋势与方向是什么呢？

这就是我们的动态能力要向哪里动的问题。

在数字智能的环境下，考虑到新竞争游戏规则，尤其是能持续为顾客创造价值的初心，每个企业应该具备的核心能力的主趋势是什么？

我在研究的过程中发现不同企业有不同的说法，每个部门在不同的层面也会有不同的概念和说法。那么未来的核心能力到底是什么？

在完成对大量企业数字化转型顾问和指导过程中，正在涌现出的核心能力模型是 DAC 模型（见图Ⅱ-1），即数据智能力（Data Intelligence）、敏捷力（Agility）、连接力（Connection）。

这个 DAC 模型是基于我过去多年的实践和思考的总结，它从不同的维度分类归纳，给出企业数字智能时代的通用能力模型。

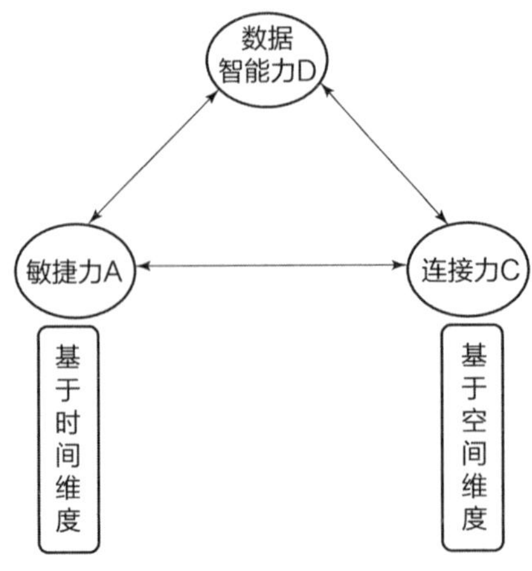

图Ⅱ-1　DAC 通用能力模型

DAC 模型更多的是从通用能力（借用通用技术即 General Technology 的说法），或者说是在企业各个功能型能力属性（如市场能力、产品能力等）的基础上，提示你需要具备 DAC 属性。不恰当的比喻就是通过长、宽、高来形容一个柱形。DAC 能力是数字智能时代的通用核心能力，但是每个企业又可以在不同角度和组合上形成自己独特的能力体系。DAC 能力也可以从 VRIN 角度（见表Ⅱ-1）进一步拆解子能力属性。

表Ⅱ-1 能力的 VRIN 属性

	子能力（示例）	有价值性（valuable）	稀缺性（rare）	难以模仿性（inimitable）	不可替代性（nonsubstitutable）
数据智能力	数据采集				
	数据处理				
	智能算法				
敏捷力	敏捷文化				
	敏捷反应				
	敏捷处理				
连接力	连接广度				
	连接深度				
	连接密度				

数据智能力、敏捷力、连接力三者的关系

在 DAC 模型中，数据智能力处于王冠位置。在万物皆数的年代中，一个企业如何收集、整理、处理数据，并能够应用好数据智能来为顾客创造价值，将成为竞争的最为关键的核心能力。如果不具备数据智能力，在未来肯定会出局。数据智能力背后更多的是科技的推动，即大数据、人工智能、物联网等。在过往的时代，因为数据的收集、整理和处理的能力有限，没有办法更为有效地处理，数据智能力在竞争战略中并不明显。

数据智能力的实现需要连接力与敏捷力的加持。数据智能力需要跨部门、跨设备、跨时间的数据及反馈，这就是企业敏捷力与连接力的体现。也就是说，数据智能力离不开敏捷力和连接力。

敏捷力更多的是基于时间维度（见图Ⅱ-1）的一种竞争能力体现。敏捷的反馈能力、敏捷的处理能力、敏捷的应对能力等都强调了企业如何在一定时间内整合内外资源的核心能力。

如果想获得敏捷力，显然要倚重于连接能力，应该说没有连

接力，那就根本谈不上敏捷处理的信号。敏捷力如果不具备快速响应处理的能力即数据智能力范畴，那么最为关键的决策就敏捷不起来。

连接力是一种基础能力，更多的是站在空间维度来看的能力。跨越时间空间、线上线下、虚拟现实，尤其是随着物联网 VR/AR 等技术的流行，连接力将成为压缩空间，利用新空间连接的核心能力。

为了更好地让连接力变得通畅或者响应即时，需要数据智能力。例如，当 VR 和 AR 的眼镜连接完成后，需要云端处理能力、数据处理能力。如果数据智能跟不上，那么即使连接上也是没有用的，或者说连接的效果是很糟糕的。

连接了就需要实时反馈。不然的话，你的 VR 和 AR 连接完成后，不能及时有效地互动，这就根本谈不上连接力。从这个意义上来说，连接力需要敏捷的组织、敏捷的产业链之间的融合。这个部分就是敏捷力的体现。

DAC 模型可以清晰地表达结构核心能力与趋势，但不要忘记核心能力是由以下几个元素驱动的：

- 新技术的发展与推动。
- 消费者的变化。
- 竞争的变化。
- 社会的变化。

其背后的主逻辑线条是：持续有效地为顾客创造价值，有效率，也有竞争优势。

康德说："这个世界上唯有两样东西能让我们的心灵感到深深的震撼，一是我们头上灿烂的星空，二是我们内心崇高的道德法则。"数字智能作为一场计算能力的革命，就像前两次科技革命中的蒸汽和电一样，是一种可以驱动所有行业的新动能，拥有与各个产业、领域对话的可能。在这场数字智能与未来的对话中，我们要相信科技的力量，更要相信人类的力量，相信人类有足够的智慧和能力，在拥抱技术变革的同时，去做创造性思索，以第一性原理去提出建设性问题，以人类最可贵的理性和乐观，去创造美好的未来。

企业核心能力组成问题非常复杂，有各式各样的分类。为了精简与便于理解，我在叙述时采用简单四象限从功能层面来解构企业的能力拼图。**我们的企业可以分为四象限，从内到外即产品、组织、顾客、市场。这四象限围绕的是从为顾客创造价值的角度做的一个划分。当然可能也会存在一些模糊化、指代不清晰等问题，如组织能力在这四象限处默认企业的内部的管理、人力资源、激励、财务等能力。简要四分法（见表Ⅱ-2）是为了更清晰地探讨核心能力簇。表Ⅱ-3 描述的是企业 DAC 能力在功能层面的表现（100 分制）。**

表Ⅱ-2　4 大功能模块

顾客	产品
组织	市场

表Ⅱ-3　企业 DAC 能力在功能层面的表现

	产品	市场	顾客	组织	合计分数
数据智能力					
敏捷力					
连接力					

数字智能时代四大功能模块的核心能力除了DAC属性层面，在各自功能满足层面也面临着新趋势与新核心能力。例如，组织正在从管理型走向赋能型，从KPI走向OKR；产品正在从功能层面走向文化、设计美学等新层面。

第 3 章

Data Intelligence ——数据智能力

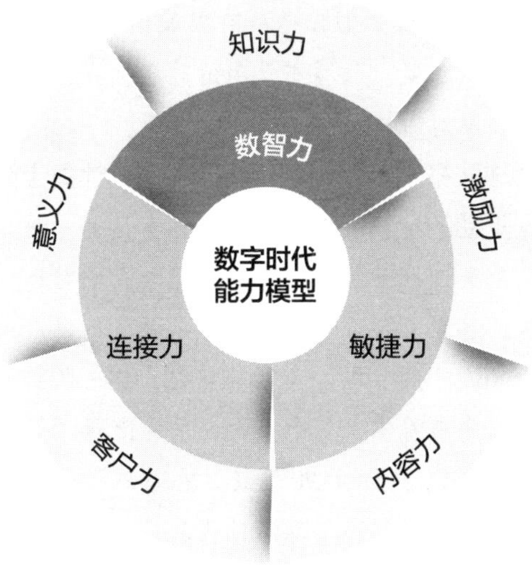

3.1 勇士队数据智能力大冒险

没有转型前的勇士队，战绩一直排在联盟垫底的位置。不但战斗力差，球队内部也存在各种问题，球队老板接连决策失误，教练与球员之间也是矛盾不断。NBA 游戏规则是：一个 NBA 弱队想要崛起，往往是靠着球队老板花大价钱，买来大牌球星和出色的教练，围绕一两个明星球员来组建阵容。

勇士队的转型，是通过技术改变认知，通过数据智能力来完成的。硅谷的风险投资人乔·拉科布成了勇士队的新老板，开始了一次大胆的实验。战略认知假设是：可以像运营一家硅谷公司那样，打造一支新时代的球队。拉科布认为的硅谷模式，指的就是自由开放的团队氛围以及对新技术和大数据的重视。

新团队为球队打造出了一套全新的系统，让勇士队成了一个由科技和大数据驱动的全新能力的团队。靠着这套系统，勇士队在五年内拿到了三个美国职业篮球联赛的总冠军，同时还创下了各种难以超越的纪录，甚至直接改变了篮球这项运动的发展趋势。勇士队也因此被称为 NBA 中的谷歌。奥巴马曾说，勇士队打破了这项运动的游戏规则，以此来看似乎是个不太公平的比赛。

勇士队率先引进了 SportVU 系统，在篮球场的四周装上智能摄像头，可以识别、跟踪每一名球员的表现。有了它，勇士队的球员们可以清楚地看到每一次运球、传球、跑动的速度和距离等全面的数据。他们可以任意调出几个回合来分析球队的临场效率，甚至通过观察球员的投篮弧度是不是降低，来判断他在场上的体力情况。团队辅助大数据处理和智能决策系统 MOCAP，根据海量的数据制定出合理的战术，还能模拟各种情况下的阵容搭配。这也就是为什么勇士队的替补队员的实力虽然不如主力队员，但在大多数情况下也能表现得很好，把战术执行到位。

球队引入了一款叫作 Catapult Sports 的无线 GPS 装置。这个装置又轻又小，放置在球员的运动衣内，贴在靠近肩胛骨的位置。它会实时追踪球员的细微动作，对球员跑动时的速度、心率以及膝盖和脚踝压力等指标给出及时的反馈。这项技术直接把球员的“疲惫程度”量化了。在以前，教练判断谁该休息，谁该加大训练强度，并没有很好的方法，也许只能说：“他看起来很疲惫，应该是需要休息了。”但是，有了这些数据，就能够很科学地安排哪些球员可以上场打球，打多久；也能够清楚地看到，球员是身体透支还在咬牙坚持，还是想偷懒。

团队夯实分析数据智能核心能力，成立了勇士大数据团队。经过系统数据分析，最终确定了勇士队的核心竞争力，那就是球队的进攻，要以三分球为主，并且要注重三分球的效率和数量。他们发现，长距离的两分球和三分球的投篮命中率几乎相同，所以，如果你刻意地练习三分球，每次投篮的回报率就会出现质的增长。

通过技术数据给勇士队画了一个核心能力拼图，只需要找到每一小块拼图，然后把它放在合适的位置就可以了。例如，最适合投三分球的球员，就是队中的库里。于是，库里对勇士发展的重要性达到了前所未有的高度。勇士队制定战术的重点，就是让库里和队里其他出色的投手，在队友的帮助下，跑到最佳的投篮位置，在没有人盯防的情况下出手投篮。依靠这套体系，勇士队的三分球成了让联盟其他球队闻风丧胆的致命武器，库里也成了单个赛季投中三分球最多的球员。

靠着这套科学的进攻和防守体系，勇士队很难碰到对手，顺利地拿到了NBA总冠军。硅谷的管理模式、先进的科学技术，缔造出了一支飞速崛起的伟大球队。勇士队的胜利也让篮球这个传统行业发生了巨大的转变。一方面，更多球队开始高度重视新技术和数据分析；另一方面，篮球不再是由高大强壮的球员统治的运动，越来越多的人开始重视投篮、速度和团队配合。更多关于金州勇士如何通过嫁接数字智能力后一步步崛起的故事，推荐阅读《勇士王朝》一书。

3.2 数据智能革命

数据智能之所以能据有未来企业的核心能力的王冠位置，主要源于我们进入了一个数字社会，在从农业社会、工业社会进入数字社会以后，整个社会的主旋律都是围绕数字与数据展开的。在此基础上，基于数据分工的位置不同带来了阶层、社会地位、权利的差异。越远离数据主轴线的职业和技能越被边缘化，那些占据数据主轴线有利位置的势必成为未来社会的精英。在人工智能时代，算法工程师大概率将获取更高的收入，占据更有利的社会地位，当然也更抢手。数字社会的主旋律导致了对数据智能的渴望。

万物皆数。在数字化时代，除了常规意义的物理产品的软件化和数字化，例如，一个做锁具的企业将被数字化所代替，生产流行的智能锁，其他如音乐、人的购物、身体运行数据、人的行为心理等都可以数字化。在这样的情况下，我们各行各业更多的功能将被数字化。那么当万物都被数字化以后，你应该怎么应对呢？这就是数据智能。

数字成为石油。在不同年代的经济学研究中，都有对资源的界定。在农业时代是占有土地资源；在工业时代是拥有石油和钢铁；那么在数字时代，数字将成为整个社会的核心能源与生产资料。我经常开玩笑讲，在工业时代，企业组织生产加工的是钢铁、石油等原材料，吐出来的是汽车等相关工业制品。在数字时代，每个企业处理的东西就是数据与知识。如果你不能有效地处理数据与知识，就会被时代所抛弃。

数据产生的量很大。物联网传感器时代来临，万物互联将产生大量数据。社交网络时代，产生大量音视频、文字、VR 数据，数据背后的商业与社会价值涌现。顾客在变，你的技能也要随之改变。

GE 航空在飞机引擎上安装了数百个传感器，基于收集的数据，公司可以分析引擎实际表现与预期的差距，进一步优化其性能。有了 GE 提供的燃油消耗数据，航空公司可以辨别襟翼在降落时的位置，从而进行调整，降低油耗。GE 航空现在能直接为用户提供多种服务，这提高了它对直接客户的议价能力。GE 与航空公司的密切合作加强了产品的差异性，同时加强了对机身制造商的黏性。一旦了解了产品的真正性能，购买者也能在不同供应商之间寻求平衡，提高自身的议价能力。拥有产品使用数据，购买者还可以减少对制造商信息和支持的依赖。与原先单纯的购买模式不同，通过 PaaS（产品即服务）和产品共享等新商业模式，购买者可以降低转投新制造商的转换成本，从而提高自身的议价能力。

处理数据的能力变得强大。尤其在量子计算机时代，这样看来就是万事俱备，只欠东风。每个组织要有效收集、整理、处理与上下游相关的数据，并以数据为基础更好地服务于客户，为客户创造价值，从而获得竞争优势。

数据智能重塑行业。例如，数据智能可嵌入药物研发过程，加速创新。Insilico Medicine 的“药物发现引擎”并不是在某个奇异的地方开始其研究过程的，其起点是对数百万数据样本进行筛选，以确定特定疾病的生物学特征，然后再利用这个引擎确定最有希望的治疗靶点，并运用生成式对抗网络去生成完全适合这些靶点的分子。团队发现了潜在药物靶点的爆炸性增长和一个更有效的测试过程。Insilico Medicine 的团队在不到 46 天的时间里就得到了一系列新分子，而且他们的成果不仅包括最初的发现，还包括药物的合成和计算机模拟的验证实验。他们正在利用这个系统去寻找治疗癌症、衰老症、纤维化综合征、帕金森综合征、阿尔茨海默病、肌萎缩侧索硬化（渐冻症）、糖尿病等疾病的新药。这项技术将帮助研究人员从传统的临床试验过程中节省大量的时间和金钱。

数据智能力可以分为以下三个部分：

（1）数据智能的思维。企业要养成靠数据决策、智能化的思维，理解数据智能的游戏规则。人工智能更多的是通过逻辑化思维将一切能够程序化的动作变为程序化的。

在日常经营过程中，要养成数据智能决策的思维。企业经营各个功能层面如产品运营、营销获客、客户维护都能够运用数据智能。

（2）数据智能力的基础。一个企业的数据智能力需要软件、硬件、系统平台的支撑。德国工业自动化解决方案制造商 Phoenix Contact 通过使用无线射频识别（RFID）标签最大限度地实现数据连接，确保内部流程中所有步骤的数据都透明和可获得。最终，其绩效提高了 40%，生产时间缩短了 30%。施耐德电气（Schneider Electric）设立了一个单一的通信门户平台，所有供应商都可以通过该平台交流运营能力，施耐德电气因此可更好地规划供应链，使总体管理时间减少了 85%。该公司采用工业物联网系统监视并向供应商传输实时数据，及时通知供应商生产中的变化情况，使其对供应商的服务率提高了 70%。最后，该公司还采用基于二维码的智能跟踪系统，高效地跟踪整个价值链中的库存，使准时交货率提高了 40%。

（3）数据智能力的产出。数据智能需要产出服务，创造顾客价值，优化组织效率，支撑创造顾客价值。

在滔搏运动的数字化转型路径中，有一项重要的设计就是智慧门店方案，核心是对门店“人、货、场”的数据采集，包括对进店客流量、客户店内移动路线和属性进行数据搜集，形成“店铺热力图”和“参观动线图”，帮助门店了解进店客户的产品偏好，改进货品的陈列、摆放，优化销售策略，提升单店产出。滔搏运动门店安装了智能门店系统后，在观察期内，门店发现女性客户占进店人数的 50%，但收入贡献只有 33%，并且系统提示，70% 的客户从来没有逛过门店后部的购物区。数据清晰地显示了女性客户的转化率偏低，且店面后部没有被有效利用。于是，店长将店面的布局重新调整，增加了更多女性鞋服展示，陈列更多暖色系产品，并调整客户的动线和流向，提高后部购物区的可视度。很快，店后部购物区月销售额增长了80%，全店销售额增长了17%，店面商业潜力被进一步释放。

通过社群运营、门店数据采集等方式，滔搏运动积累了一笔宝贵的数据资产。滔搏运动在研究了2000万份买鞋数据后发现：山东人和广东人最爱“剁手”买鞋；上海人最偏爱限量款球鞋；耐克和阿迪达斯的“迷弟迷妹”们对两大品牌的购买力不相上下；男性仍然最爱买也最舍得买运动鞋，但女性在潮流人群中的占比要超过男性。

全流程的数字化和店员创造的人性化UI/UE界面，可以进一步分析门店模型，根据店铺运营基础数据，了解不同季节、不同时期、不同周边环境对销售的影响，根据线上零售和用户数据，进行用户行为的全过程跟踪和用户画像的精细化描摹，实现门店的动态调整，提升每家店的运营潜力。以用户需求为中心，就是基于人、货、场每时每刻的交互，将数据变成串联各项业务的“活水”，持续分析与迭代，不产生多一分钱的浪费，不制造多一秒钟的迟疑，打造更有效率的零售新模式。数据是生产资料，有流程才能运营，有算法才能升华。数据、算法和流程，应形成相互促进的正向循环，对业务产生价值。

3.3 数据智能三步走：数据化、在线化、智能化

奈飞（Netflix）通过数据智能力，迅速改变了影片租赁行业的游戏规则。奈飞收集所有信息，从客户所在地理位置到观众停止观影的时间，之后公司能够深刻了解用户的偏好。奈飞利用所获

数据，适时向用户推荐影片，同时寻找（甚至创造）用户喜爱的内容。奈飞与客户保持亲密关系的能力，创造了巨大的机会，让公司能捕捉市场数据、提供新产品和服务、形成坚不可摧的网络效应和反馈机制。但转变客户关系并不简单，往往需要改变价值链上下的商业模式。

沃尔玛是美国最早运用高科技，将计算机、数据引入零售业的公司之一。早在 1987 年，沃尔玛就做了全美最大的私有卫星通信系统（即商务情报系统，简称 BI）。这个商务情报系统能够使沃尔玛每家店的理论成本比周边竞争对手的都要低。店长没有涨价权，只有降价权。提供同质且价低的商品，就是以消费者为中心。沃尔玛当时的竞争对手是凯马特，通过数据智能带来竞争优势：凯马特搞活动式促销，消费者在促销时大量购物，在非促销时延迟购物，这导致供应链扭曲，库存奇高，令供应商苦不堪言。沃尔玛通过数据驱动的物流配送、仓储、产品定价获取竞争优势。

新零售的结果就是用数据把前端智能化，把后台中枢化，用后台的算法指导前端的场景，减少时间、空间和属性的错配。新零售的实现方式，就是用更加细分的场景满足不断变化的需求，好的消费场景是打造品牌力的关键。在这种逻辑下，许多零售企业已经不把自己定义为零售商。比如，盒马鲜生把一个超级门店变成了线下购买的消费店和线上配送的前置仓，扮演着超市中心、餐饮中心、物流中心、体验中心以及用户运营中心的多重角色。未来的零售，不再是单一环节的物理交换，也不再靠规模驱动、功能驱动、供给驱动，而是靠个性驱动、服务驱动和需求驱动。价值链通过将传感、数据和用户运营等技术平台融为一体，在消费者捕捉上化被动为主动，把科技元素、社交元素、文化元素和消费者体验结合起来，重塑多场景、全渠道、全链路的购物方式，把体验推向极致。实际上，实体零售的多维立体空间，创造了商家与消费者互动的无限可能。

张磊在《价值》一书中分享高瓴资本投资百丽、格力、良品铺子、公牛等传统企业的逻辑，即通过导入数据智能、精益管理等标杆案例及经验来激活传统企业的价值。通过嫁接导入新能力，助力传统企业成为新物种，或者说进化版的企业 2.0。

良品铺子的店面从第一代店开始，就运用数字化能力不断升级，从街边店、社区店升级为商圈店，到现在已经是第五代店了。升级后的第五代店淡化商业感，营造出沉浸式的体验，打造一座“美食图书馆”。所有的店铺既能做到高效统一，又能实现因地制宜。

高瓴在投资以后，对良品铺子也提供了一些建议和支持，帮助公司持续进化。一方面，在线上红利期逐渐消退的背景下，高瓴建议良品铺子秉承“高端零食”的路线，提升消费者的整体体验；另一方面，引入大数据团队，把线上与线下积累的消费者数据进一步收集加工，并通过线上电商数据、地图数据，建立线下选址模型，选择最具潜力、最有活力的门店地址和销售策略，提升门店拓展效率。作为一家零食店铺，良品铺子从上游的原料采购、供应链管理、产品研发，到门店销售、品牌营销，不断吃透整个价值链条，从而像互联网企业一样，做到零售领域的“千人千面”。这背后不仅需要超强的大数据、供应链管理能力，更需要对新零售本质的理解。

数据智能将重新定义行业边界。传统企业刷新自己的数据智能力，注入产品不但会影响个体的竞争，还会扩展行业的边界。竞争的焦点会从独立的产品到包含相关产品的系统，再到连接各个子系统的数据智能体系。例如，一家拖拉机制造商可能要在整个农业机械领域内竞争（见图 3-1）。

科技赋能、数字化转型不是颠覆再造，也不是简单地新增渠道或者市场，而是从工业化逻辑转变为数字化逻辑，回归到在创造价值的“一笔一画”中寻找痛点，利用大数据、智能化系统重新组合产业链，拉近生产制造和消费者的距离，创造最高的效率。

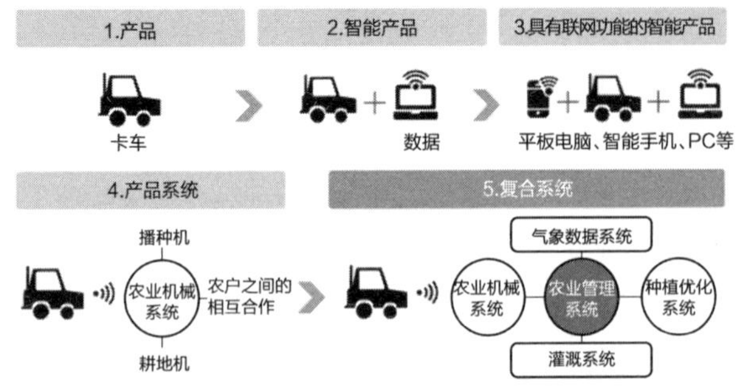

图 3-1　农业机械的数据智能体系

资料来源：迈克尔·波特，《物联网时代企业竞争战略》【J】. 哈佛商业评论，2018。

3.4　走向数据智能型组织

数据智能发展前景虽好，许多公司却未做好充分准备。一家公司的数据智能力转型要花费 18 到 36 个月，甚至长达 5 年。

那么转型数据智能型组织需要做些什么？

1. 选对数据

过去几年，数据和建模领域出现了翻天覆地的变化，信息量增长迅猛，特别是来自社交媒体和传感器这类新源头的信息。通过合并数据来扩展认知的机会也越来越多，因为功能更强大、价格更低廉的软件可选择余地越来越多，人们几乎可以随时随地地获取信息。更多、更完善的数据可以让企业以更全局、更具体的视角看待其商业环境，进而改善运营、客户体验及战略。但是，企业要想掌控商业环境，需要调整其游戏规则，通过审慎且有创意的方式从现有数据中发现有用数据，并尝试非常规的信息来源。

寻找数据源也要有创造性。通常，企业已经拥有应对商业问题所需的各种数据，但是管理者不知道如何用这些信息作出关键决策。例如，一个银行团队希望改善客服运营效率，他们以一种 360

度的视野，将来自 ATM 交易、网上询问、客户投诉等方面的信息整合起来。这样一来，他们可以发现那些冗余的互动模式，进而降低成本并优化客户体验。

其实在整个汽车产业链里，二手车是相对难做的，因为不标准。新车该定什么价是标准的，消费者预期稳定，因此也好卖，做金融的贷款工具也会比较容易。二手车因为都不标准，所以比较复杂。**二手车行业过去的核心能力就是收车和定价，所以重度依赖老师傅来做它的核心业务：**

一是收车、验车；二是通过对车的检查和行情的评估，来定出一个价格。车行就根据价格来促成交易，获得交易的提成。这就是二手车的 1.0。2.0 就是把销售信息搬到网上，收车和定价还是要线下来做。

瓜子二手车通过数据智能力获取竞争优势。

（1）瓜子建立车的数据智能模型，用 300 个数据点来完成对一辆车的描述。

（2）在收车和验车环节，过去，收车、验车可能需要有 10 年经验的老师傅，而现在只需要培训两个月的小伙子对着表格 300 个数据点一项一项核实打钩，就能够完成一辆车的数字化，这在很大程度上消除了对老师傅的依赖。

（3）交易环节，瓜子在用算法代替人，就是用机器去计算这辆车多长时间内，在什么价位上可以成交。

关于一辆车，可能会有很多种交易策略。**有的客户希望成交时间短，有的客户希望成交价格高，等等。因此，对一辆车是有很多种偏好和交易策略的。**二手车的人类定价师在此之前需要熟练掌握一种或者几种交易策略。**而算法能同时计算很多种交易策略，这就超过了人类的能力。**

瓜子二手车一年花 10 亿元的广告费。[1] 很多人都觉得瓜子疯了。花这么多钱，是为了在供给和需求的两端都拉升流量，形成更多交易握手的机会，用真实的交易数据（成交还是不成交）去支撑它的中央算法引擎。

瓜子只用了七个月的时间，其机器的几项策略能力就已经超过了市面上许多人类定价师了。你以为瓜子砸广告只是为了抢市场吗？抢市场肯定是真的，但更是为了获得数据和验证模型，优化它的算法，这就是智能时代的二手车交易方法。

2. 构建算法智能模型

谷歌引以为傲的是 Pagerank 网页排名算法。它分析超链接之间的关系：一个网页的重要性，会随着其他网页链接的数量增加而增加。用超链接来评估网页的权重，正是谷歌搜索的优点，也是谷歌击败其他搜索公司的秘诀。这个智能算法成为这家公司的核心竞争武器。谷歌凭借这个算法奠定了它不可撼动的商业地位。

字节跳动最核心的秘密就是数据智能引擎，这个引擎是由数十亿人次使用今日头条、抖音、西瓜视频的行为数据支撑的。今日头条能够在“5 秒钟算出你的兴趣”，并且“根据兴趣智能推荐新闻”。你输入自己的兴趣爱好，它输出匹配的新闻信息，这就形成了不需要人工编辑的新闻引擎。今日头条本身并不生产内容，但是这个新闻应用在 2 年内激活了 1.2 亿用户、4000 万月活跃用户，一跃成为传媒新贵。

字节跳动成立之初，张一鸣就惦记着推荐智能引擎，但是当时单薄年轻的队伍里，可能对这个想法并没有那么统一而深刻的认知。考虑到头条的队伍很年轻，那时候又没有进行任何自上而下的

1　瓜子一年 10 亿元的广告费源自新闻稿：https://news.yiche.com/hao/wenzhang/82172。

组织和价值观建设，部分人对未来感到困惑是非常正常的。张一鸣没有退缩，他告诉大家："如果不解决个性化、智能化推荐的问题，我们的产品只是做些微创新，也许能拿到一些移动互联网的红利，但不可能取得根本的突破，不能真正地创造价值。"张一鸣也给出了解决办法："推荐我们不会，但可以学啊。"说完之后，他自己先动手了。张一鸣深知如果不解决数据智能算法，将耽误今日头条推荐能力的进度，便自己上网找资料，然后自己凭想象写出了第一版推荐引擎。[1]

3. 数据智能工具应用

开发实用且与业务相关的分析工具，因为一旦它们与日常经营和决策规则冲突，那就推不动，没有实用价值。大数据和分析工具早期执行时屡屡失利，其原因便在于它们与公司日常的程序与决策规则不符。要将分析融入简单工具中，供一线人员在日常工作中应用这些新模型和运算法则。

银行可以从自身战略出发，划定几大评估维度，如金融资产（半年日均 AUM）、是否持有房贷、年龄等，从而识别出几大战略客群，如企业高管、房贷客户、安享退休者、中年女性等。对每一类顾客群，该银行可以从自身积累的客户数据出发，建立数十个用例模型。再结合客户洞见，建立起一套整体打法，包括大数据用例、产品方案、营销方案、渠道选择，并有针对性地设计考核指标，进行端到端的效果跟踪。实现数据闭环，迭代优化。

4. 培训学习数据智能

要实现数据智能力转变绝非易事，需要领导者帮助员工做好准备，提供动力和相应的培训。领导者自己必须先做好准备。很多企业由于高管对数据智能力缺乏基本认识而导致失败。为确保数据智

1　案例引自 https://new.qq.com/rain/a/20210112A04O3K00。

能力工具得以推广，公司必须自上而下对全体人员进行培训。

努力培训高管和业务部门领导者，让他们对数据智能力的工作原理有一个高层次的认识，学会识别数据智能力机遇并判断其重要程度。引领领导者讨论数据智能力对员工职能的影响、推广数据智能力的障碍以及人才培养，并为逐渐推进数据智能力组织所需的文化转型提供指导。

对一线员工，需要介绍新的数据智能力工具，之后提供在职培训，教他们如何使用。负责营销和财务等方面的战略决策者可能需要更高层次的培训课程，学习在真实商业场景中运用数据智能力工具辅助产品发布等决策。

5. 应对人才、文化的挑战

人才：随着数据越来越廉价，实现大数据应用的相关技术和人才也变得越来越昂贵。其中最紧迫的就是对数据科学家和智能算法等专业人士的需求，因为需要他们来处理海量的信息。数据智能很重要，但是传统的计算机及信息管理课程几乎不传授如何运用大数据、人工智能的技能。尤其需要的是将海量数据集清理并系统化的能力，因为各种类型的数据很少是以规整的形态出现的。智能算法工具和技术的价值也将因此凸显。随着数据智能的涌现，企业必须能够处理海量数据集。

人才缺口，等着大学培养是赶不上的，更多的是需要自己培养与猎头结合。当年字节跳动在面临智能引擎与信息分发技术人才缺口时，除了从谷歌、百度、360 等公司挖技术骨干外，更多的是自己来培训、培养数据智能人才。

对多数汽车制造商来说，招募数据智能顶级人才还不具备竞争优势。因此，福特智能移动联合微软和 Pivotal 为该公司带来新的数字技能。同时，福特将智能移动办公地点放在加利福尼亚的帕洛阿尔托（紧挨着斯坦福大学）以便更好地获取数据智能人才。通用集团为了招揽硅谷的软件工程师，也刻意将办公地点搬到硅谷，只为抢占人才资源。

文化：数据智能驱动的公司要问自己的第一个问题，不应该是“我们怎么想”，而应该是“数据智能引擎有什么洞察”。这要求企业不能再跟着感觉走。企业必须改掉一个坏习惯：名不副实的数据智能驱动。不难发现，有时候高层领导们明明还是按传统方式做决定，即领导拍板，却拿出一份一本正经的数据报告支撑他们的决定是多么英明。其实那不过是刻意挑选的用来做辩护的一堆数字。

数据智能驱动企业文化与行为特征如下：

- 公司重视持续的数据共享。
- 利用数据不断诊断现有系统和流程。
- 公司将数据搜集定为跨部门的主要活动，予以衡量并奖励。
- 实时观察数据智能算法可能需要何种修正或该如何把握新机遇。
- 高层领导者不仅支持数据驱动型文化建设，还能够有意识地自上而下加以宣扬。

数据智能技术和人才自然必不可少，但公司文化、结构和工作方式也要支持广泛应用数据智能力，这方面的调整与技术和人才同等重要。但在多数并非天生数字化的公司，传统思维方式和工作方式与数据智能力的要求相悖。

数据智能力在技术和商业领域的卓越表现势不可当。在各个领域中，企业只有找到将数据智能力与传统技能完美结合的方式，才能打败对手。不能简单一概而论，所有的赢家都会将数据智能力用于其决策制定。但经验告诉我们，这样确实胜算最大。

第 4 章

Agility——敏捷力

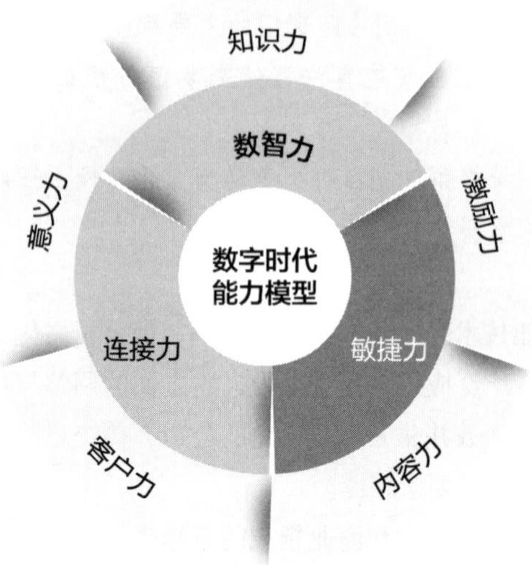

4.1 敏捷者的远见：复杂不确定时代的生存力

微信是腾讯第二曲线的关键一步，但谁又能想到微信、米聊以及 kik 之间的恩怨情仇。小米借鉴 kik 产品推出米聊的时候，雷军还是保持非常低调的态度，也曾经在内部分享说，最好能给米聊六个月的窗口期。小米是想抓住这个机会，大力发展基于移动互联网的信息沟通服务。小米的团队也深知，对这个领域，腾讯不会坐视不管。果不其然，腾讯内部具有很强的敏捷力，在雷达扫描到米聊的流行以后，通过内部产品赛马机制投入微信的开发与市场抢夺战中。后来，广州研究院张小龙团队做出微信的简版。

在高手过招的时候，雷军已经感觉到要应对众多竞争者的危险性。马化腾能够将市面上迅速流行的产品信息尽快收集，然后组织内部人员及相关的产品团队来探究，以防止被时代所抛弃。微信是移动互联网时代的第一张船票，腾讯公司因为有微信这一产品的加持，才顺利地开启了自己的第二个春天，在竞争中拥有了自己相对稳定的位置，并获得了竞争优势。[1]

正如《三体》中形容的黑暗森林，当你做出优秀的产品时务必要保持低调，因为你并不知道有哪些敌人正在打量和观察你，这是相当危险的。同样的道理，当你处于主导位置的时候，是否能够敏捷有效地发现潜在的进攻者，以便采取敏捷措施进行反击是非常重要的。

在社交网络与电子商务结合这一方面，阿里巴巴一直保持着高度警惕，一直积极尝试基于电子商务 2.0 版本的社交电商，但是都半途而废。当拼多多利用微信红利，基于社交关系与产品的连接后，阿里巴巴迅速地开展战略性的反击和报复行动，就如当年推出聚划算来敏捷对抗团购网站的流行一样。

---

1 案例引自 https://www.sohu.com/a/522334972_121305284。

在直播带货流行的年代，快手借鉴了之前的直播秀场（如映客、花椒、斗鱼）的模式，基于短视频的方式进行产品销售，小有所获。敏捷的抖音就重拳出击，通过刘德华、罗永浩等相关意见领袖的入驻，撬动基于信息流媒体属性的直播带货。淘宝的团队具有相当的敏捷性，积极推动淘宝直播，重构了以文字和图片形式呈现产品卖点的电商系统，积极推动全平台的视频化、直播化的趋势。这让我们又一次看到了企业快速敏捷响应的商战戏码。

这个时代创意、产品的独特性，窗口期越来越短。对于推动创新发展的团队来说，需要集中精力闪电式扩张，以求饱和式攻击及迅速获得垄断地位。同样，对竞争相关群体来说，他们就需要对情报信息能够进行即时雷达式扫描，以积极地拥抱趋势和变化，而不被这个时代所抛弃。

敏捷力不只存在于竞争战略层面，对用户、产品、组织等变化也需要敏捷。随着二次元文化的流行，企业需要积极地拥抱亚文化，你可以看到招商银行信用卡特意发行二次元卡面。故宫文创通过说唱音乐卖货。在脱口秀比较流行的年代，淘宝、京东等互联网平台积极通过脱口秀等方式与消费者沟通。这些都是敏捷力的体现。

在营销敏捷力上，最为经典的案例应该就是杜蕾斯雨天鞋套。有一天，北京下大雨，公交车站及地铁多有积水。暴雨集中在下午三四点钟，大家都在办公室里纠结下班以后如何回家。就在这时，杜蕾斯团队发布了一条微博，只是一条简短的文案，迅速地拉近了品牌和用户的距离，完美地解读了什么叫作营销敏捷力。晚上7：00前上班族要回家，给品牌以及营销服务商的时间窗口期就这么短，非常考验一个营销和服务人员的敏捷力。在未来相当长的一段时间，碎片化敏捷力将成为营销传播的关键能力之一。

小结：敏捷力的核心在于一切以“客户价值”为中心，一切不以“客户价值”为中心的工作都是浪费。

4.2 敏捷力的框架模型

为什么在 DAC 模型中要突出敏捷力？最主要的判断是在数字智能时代，不确定性加强，组织需要具备敏捷力才能游刃有余地应对。敏捷力更多的是基于时间维度来调用组织内外的资源，以创造顾客价值以及获取竞争优势。敏捷力概念相当复杂，在组织的方方面面都有所体现。

4.1.1 乌卡年代，敏捷力足应对之道

我们处在一个不确定的年代，即乌卡年代（VUCA，谐音乌卡），VUCA 是易变性（volatility）、不确定性（uncertainty）、复杂性（complexity）和模糊性（ambiguity）的英文首字母缩写。科技技术及商业竞争纷繁复杂，改变着社会的价值，改变着商业的价值，并快速地改变着人的价值。

外面的世界是一个充满不确定性的世界，过往的经验不灵验了，过往的常识失效了。如今，以物联网、新能源、人工智能、生物工程、航天工程等为代表的科技革命夜以继日地改变着世界，并剧烈地改变着人的价值。除了不确定，我们什么也不能确定。面向未来的世界观里面一个核心的支柱就是不确定性。

企业正在面临着消费者需求不可预测的复杂性，不确定性增加、信息超载增强以及资源缺乏的情况。这些趋势中许多元素的影响是充满不确定性的。这些元素共同作用，迫使许多企业重新思考未来的商业成功将从何而来，因为以往的成功并不能保证未来的繁荣。

最初敏捷理论与软件开发、精益生产、准时供应链和过程改进方法相联系，现在融合了复杂性科学，进而更广泛地涵盖了一个组织，在不断变化的环境中作出反应，迅速拥有了适应和发展的能力。

现代组织一直被认为是机器及过程的产出，能以可预见的方式加以控制。相比之下，一些敏捷软件开发人员的思维来源于对复杂适应性系统的研究，这些复杂适应性系统认识到软件开发带有固有的不可预测性，源自快速变化的竞争环境。从复杂性的角度来看，组织是一个复杂的适应性系统。**我们要关注的不仅仅是一个组织做了些什么，更要关注它是如何变得敏捷的。**

只有在企业自身能力与外部环境要求高度匹配的时候，企业才有可能实现卓越的绩效。为了确保持续成功，组织必须通过一种与环境变化始终保持一致的方式来进行变革，故组织必须具备敏捷力。进化论告诉我们，生命总是在自然地变化，通常以极微小的方式适应着环境。生命通过不断探索什么是有益的，寻找营养的来源和适宜的环境以求生存，不能适应的个体就不能存活下来。只有那些适应能力强的组织才能生存下来，并在未来得到发展。

在一个把持续的混乱视为常态的世界里，改变也可以视为一种生活方式，而不是一种例外。如果规划产品路线图花费的时间超过六周以上，那么产品和公司将面临快速过时的风险。YouTube 最初是一个视频约会网站，之后其创始人发现用户上传视频资料并不只是为了寻找约会对象，而是为了分享各式各样的生活，于是 YouTube 摇身一变成为大型视频网站。

敏捷力的北极星指标就是顾客价值。环境的变化、竞争的变化都是一种常态，但顾客关注的是自身价值。企业在部署和刻意练习敏捷力时，时刻都不忘问上一句："创造顾客价值了没有？是不是更为有效地创造了顾客价值？"

4.1.2 敏捷力框架模型（四个维度）

组织敏捷力框架有不同的角度与分析方式。从功能模块的角度解构组织的敏捷力，为此分为客户敏捷力、合作伙伴敏捷力和运营敏捷力的分析框架。

客户敏捷力是与客户合作来共同开发、探索创新和竞争行动的机会的能力。客户敏捷力描述了企业在利用客户的声音来获取市场情报信息并探测竞争活动机会方面的能力。

合作伙伴敏捷力是指企业通过战略联盟、伙伴关系和合资企业等形式来利用供应商、分销商、签约制造商以及物流提供商的资产、知识和竞争力的能力。合作伙伴敏捷力是企业可以构建战略性、延伸性或虚拟性的伙伴关系网络，从而探索创新和竞争行动的机会。

运营敏捷力反映了企业在开拓创新和竞争行动机会时，其业务流程在获得速度、准确性和成本经济方面的能力。运营敏捷力是企业可以快速地重新设计现有的流程，并且创造新的业务流程来开拓动态的市场状况的能力。

在一线的实践中，企业还需要从可量化角度评估整体的敏捷力与表现。在这个领域要以 Rick Dove[1] 组织敏捷力框架模型（见图4–1）为代表。该评价体系主要是基于时间维度、成本维度、鲁棒性维度和自适应范围维度形成的组织敏捷力四项评价指标。

1. 时间维度

对组织敏捷力来说，时间维度是最直接、最重要的衡量组织灵活性的指标之一，它主要用来描述企业发现机会、研发设计周期、客户服务响应、营销应对等时间长短的问题。

2. 成本维度

敏捷的组织在获取敏捷力的同时也会产生一定的成本，企业在运行过程中以较低的成本快速获取资源，迅速获取信息，并且能够在设计研发、生产销售等各个环节以较低的投入迅速对内外部环境的变化作出反应。

---

1 Rick Dove 是史蒂文斯理工学院系统与企业学院教授，他开发、教授敏捷系统的工程和设计、系统的自组织系统与企业系统的研究生课程——重点是弹性响应、创新响应、敏捷安全、系统互操作性和自组织。

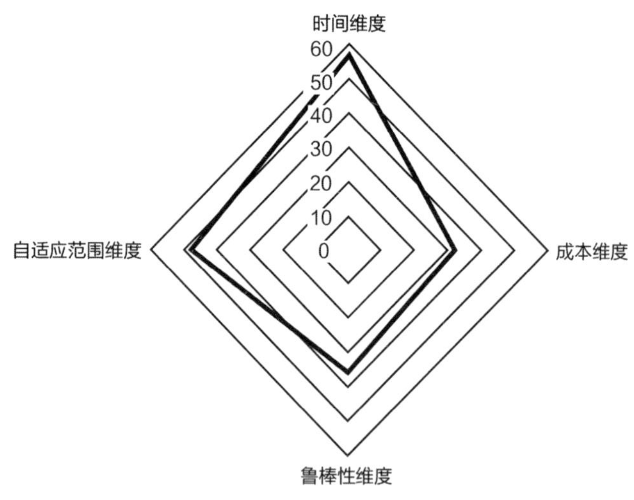

图 4-1 组织敏捷力框架模型

3. 鲁棒性维度

从统计决策的角度分析，**鲁棒性是指企业在面对动态变化时能够敏捷地作出决策的能力。**从系统角度分析，鲁棒性也是稳定性的体现，系统在一定的参数（结构和大小）摄动下，维持某些性能的特性，比如企业的业务流程在运行的过程中面对突发状况的快速反应能力。鲁棒性也表现在组织生产产品质量和数量等方面的稳定性，比如新研发的产品上市后是否能够保证产品的运营状况和质量。

4. 自适应范围维度

自适应范围指的是当企业应对不可预知的变化时，是否具备一定的适应性以及适应性范围的大小，当企业面对的市场需求发生变化时，企业的内部环境适应力的大小。在通常情况下，企业可以通过资源的重组优化、生产流程的变动等方面来提升企业的适应能力和范围。

组织敏捷力建设是一个漫长的过程，但它并不影响我们走向敏

捷力的决心。框架模型可以给我们更好的指引与方向，至于过程中面临的实际问题，需要我们“因地制宜”地解决。

4.3 热火朝天搭建中台，铺设敏捷力

阿里在搭建数据中台，腾讯在搭建技术中台，今日头条更是将各项业务都接入中台。前台和中台的概念并不稀奇，比如说你点菜时，前面接待你的人就叫前台，那什么是后台呢？后台就是炒菜的大厨与不让你看到的内幕。互联网圈活生生地造了一个词——中台。

4.3.1 什么是中台

简单来讲，前台就是给用户看的可视化界面，如网页、手机App，也包括商品查询、订单系统等。后台如采购、人力、财务和OA等系统。在传统的前台—后台架构中，各个项目相对独立，许多项目都在重复发明同样的轮子，让项目本身越来越臃肿，也让开发效率越来越低。在业务上，共通的东西包括支付系统、用户注册系统等；在技术上，共通的东西包括游戏引擎、内部开发工具等。而这些共通的部分，都可以由一个强大的“中台”来提供。

顾客需求更加个性、碎片和多变。传统标准化产品和服务应对新的市场需求时越来越力不从心。对顾客需求的“洞察力”和满足需求的“响应力”成为企业生存的核心能力。这就是中台系统建设被热炒的背后的驱动力。

前台需要每天去获取信息，与需求直接进行对接；中台是做大量的业务和流程、数据处理，追求有序化、高效化地运作和解决问题；后台是制定战略和决策的关键部门，依赖前台和中台的信息与结果，相应调整作战策略和后期战略。后台对数据的依赖非常之

大。用数据去做深度分析，是能够解决那些未知的问题的。

业务中台是抽象业务流程的共性以形成通用业务服务能力，而数据中台则是抽象数据能力的共性以形成通用数据服务能力。业务中台中沉淀的业务数据进入数据中台进行体系化的加工，再以服务化的方式支撑业务中台上的应用，而这些应用产生的新数据又流转到数据中台，形成循环不息的数据闭环。

前台是一个敏捷反应，中台负责流程的标准化，后台帮你做深度的数据分析和预测。中台系统能避免重复工作，减少浪费，另一方面也能同时给多个产品赋能。中台是一个能实现数据交换和增强的系统，这个系统能同时支撑多种形态的业务。

4.3.2 中台敏捷力企业案例

在国内，中台最早是由阿里巴巴提出来的。阿里巴巴团队去参观了一家芬兰的游戏公司 Supercell，公司代表作是《部落冲突》[1]。企业年利润有 15 亿美元，不过员工人数不到 200 个人，而且公司里每一个开发游戏的小团队都只有六七个人而已。

规模这么小的团队，怎么做成了这么大的业务呢？其中一个原因是他们把游戏开发过程中要用的一些通用的游戏素材和算法整理出来，把这些作为工具提供给所有的小团队。同一套工具可以支持好几个小团队研发游戏。这种管理方式就是一个“中台”模型。中台，是一个能同时支撑多个业务，让业务之间的信息形成交互和增强的机制。

学习了方法后，阿里巴巴确立了中台战略。阿里巴巴有一个数据中台团队。这个团队的主要作用就是把不同部门之间定义、计算

---

1 《部落冲突》（Clash of Clans，COC）是由芬兰游戏公司 Supercell 开发的一款塔防类的策略手游，于 2015 年 9 月 24 日正式公测。玩家可为自己的村庄建造训练营、兵营、城墙等建筑物，来壮大自己的军队实力，保护好自己的村庄，同时可以侵略其他部落，掠夺更多资源，使自己的军队变得更强。

和存储数据的方式都标准化，并且把这些数据放到一个统一的平台上去。这样，用一个大平台跟踪所有数据的变化，让一个业务的数据也可以指导其他业务（见图 4–2）。

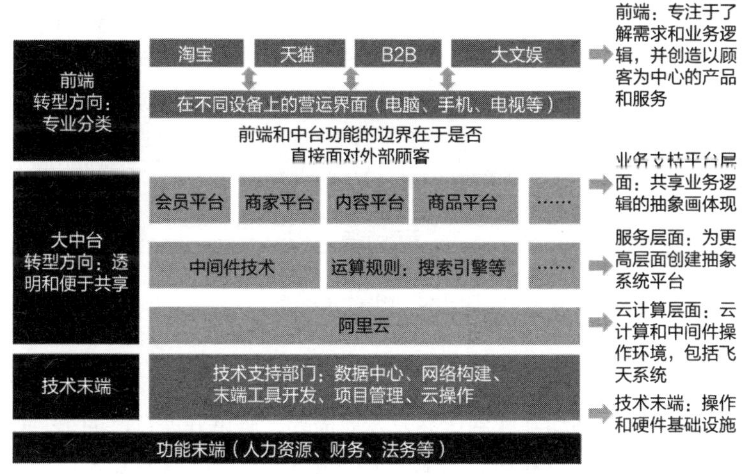

图 4–2　阿里巴巴中台战略架构图

资料来源：阿里巴巴研究中心报告。

那为什么在当下这个时间点，各大互联网公司都开始做中台了呢？因为随着它们的业务越来越多、越来越复杂，在业务的管理和功能上，出现了不少重合的环节。如果这些环节都要独立开发，就会造成很大的浪费。

淘宝、天猫、1688，虽然这几个业务的商户和面向的客户不同，但是它们都涉及商品信息、订单、库存、仓储、物流这样的基本系统（见图 4–3）。与其说每个业务有一个独立的系统，不如用统一的平台来完成这些基本流程，把那些共用的环节进行模块化处理。今日头条虽然有很多不同类型的产品，但是所有产品的增长涉及的核心步骤都是一样的，就是拉新、留存和变现。针对这些环节，今日头条分别搭建了中台——用户增长有一个中台，商业化也有一个中台。

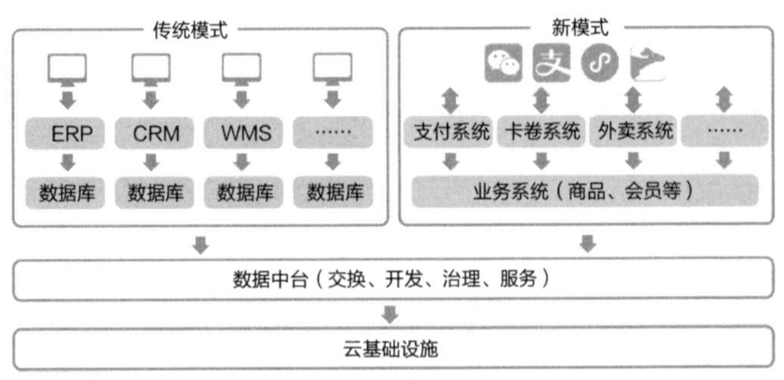

图 4-3　阿里巴巴中台

资料来源：阿里巴巴研究中心报告。

为了应对移动互联网产品及发展需要，腾讯开展自己的第二次组织结构调整。马化腾在解释结构调整时说："调整的基本出发点是按照各个业务的属性，形成一系列更专注的事业群，减少不必要的重叠，在事业群内能充分发挥'小公司'的精神，深刻理解并快速响应用户需求，打造优秀的产品和用户平台。"

这一次组织变革，帮助腾讯"从 PC 时代大踏步进入移动时代"。但是随着新技术的成熟，人工智能、大数据和云计算时代对腾讯的组织结构发起了新的冲击。腾讯各个部门都有自己的算法工程师，整个公司却缺乏一个强大的数据算法研究团队。而且，腾讯的数据分散在各个部门，没有实现内部打通。原有的组织架构是以部门和产品为单位的，一个产品，部门可以自主立项，快速实验，这种方式有利于快速试错。在数字智能时代，因为数据中台建设不足，除了在技术上会造成许多重复发明轮子的现象，在大数据的应用上，也会带来很重的数据墙和组织墙的问题。

为此，腾讯战略研讨会确定大力建设中台体系，给予中台长期的投入和耐心。中台虽然不会立竿见影地提升业务量或者公司营收，但它是 VUCA 时代敏捷力的关键支撑。

Meta 有一套工作流软件，它要求所有工程师对任何产品和技术的讨论，以及他们所写的任何代码，都必须被记录在平台上——只有这样做才被认为是在有效工作。任何没有被记录下来的信息，都不认为是他们的工作，也得不到认可。这样一个工作流体系，实际上相当于一个企业的知识库，也是中台建设的尝试。

强大的中后台同样简化和提升了复杂的创新协同的效率。产品经理和业务团队可以根据场景和设计来调用算法模型，配置参数，从而完成一个数据智能驱动的产品创新，甚至无须算法工程师或数据科学家的直接参与和帮助。

中台建设热火朝天，其实换个角度来看，就是从不同维度铺设敏捷力基础设施而已。

4.4 未来赢在组织弹性

4.4.1 不确定年代，通过弹性组织来探索业务

在过往企业经营管理实践过程中，有许多企业都从弹性组织中获得收益，只不过每家企业对这种行为的称呼有所不同（如臭鼬工厂、阿米巴、人单合一等）。

弹性组织应用频次变得越来越高，每家企业都需要在不同的应用场景吸取弹性组织的智慧，积极应对这个不确定年代的挑战。从一个案例讲起，2011 年的淘宝如日中天，2012 年就到了一万亿的规模。但是阿里巴巴把淘宝拆成了三家独立的子公司，即淘宝、天猫和一淘，找了三个最厉害的领导去带这三个团队。他们就照自己对未来的理解去拼命地往前闯，相互竞争没关系，目标就是把对方“干掉”。

背后内幕是在 2009 年到 2011 年之间，领导层对于未来的产业终局形成不了统一的判断。当时有三个选项：B2C、淘宝型的 C2C 以及搜索引擎指向的无数个小 B2C（美国的格局：谷歌把流量导给无数个小的 B2C 网站）。[1]

阿里巴巴领导层无法确定淘宝会不会往美国的方向去发展。由于没有办法对未来的判断形成共识，内部资源的分配就很困难，组织内天天在打架。最后领导层下了一个决心，大家别争了，都到市场上去试，看未来的趋势到底怎么样。尝试的过程中得到的真实感受才代表未来，所以就让这三个公司自己去尝试。

干了一年很快就清楚了，所谓的购物搜索这条路不存在。因为那个时候淘宝、天猫的基础设施已经非常强大了，大部分人发现开独立 B2C 的成本太高。在淘宝、天猫这个基础上做生意，其实是把绝大部分的成本都分摊掉了，所以它才能够快速地、低成本地运营。由于没有独立 B2C 的存在，搜索的流量入口也就失去了价值。一年以后一淘就变成了一个部门，折回了阿里巴巴。

阿里巴巴通过构建弹性组织来进行探索，以挖掘机会，其实这并不是他们第一次通过弹性组织获得竞争优势，当年在 B2B 如日中天的时候，阿里巴巴就通过这样的弹性组织实验来探索 B2C 市场机会点。

大自然的组织方式是弹性的。大自然是一个整体大于所有部分之和的弹性架构，无数的小规模网络，编织成了整个生态系统。在这样一个组织架构下，大自然的整个体系很难瓦解，也就形成了我们所说的韧性。

组织弹性体现在跨职能部门必须通畅合作，集思广益，协同原型设计，随时开展 A / B 测试，并纳入用户反馈。企业也需要一种

---

1 引用公开发表内容“曾鸣：‘大淘宝’战略转变为‘大阿里’战略背后的秘密”，https://www.iyiou.com/analysis/2017112260520。

新的治理形式，使团队得到更多的自主权。在兼顾企业宏观战略的前提下，需调动本地化团队、小团队的自由力量，确保其保持最佳速度并为战略目标作出贡献。新型管理方式涌现，将伙伴关系、客户、员工等融合起来，启动数字化转型。例如，海尔集团推动人单合一、全员创客化、用户社群参与研发等措施，积极拥抱数字化转型（见图 4–4）。

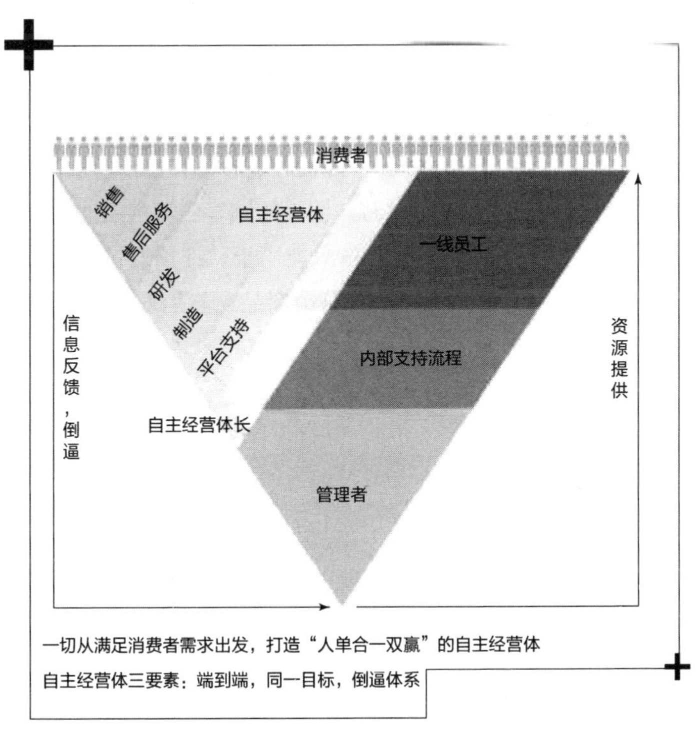

图 4–4　海尔倒三角组织结构

4.4.2　弹性自治组织

军队是最早的大规模协作组织，企业组织理论发展之初常从军队的管理经验中学习借鉴。到今天为止，很多管理学家和公司也还在观察军队的组织变化，并从中学习。在弹性组织实践运行过程中，某些军种已经积极推动弹性组织的实践，并取得很好的反馈效果。

弹性自治模式下，7–11 便利店构建出其核心能力。 7–11 便利店允许每个分店的负责人根据各地的天气、特殊状况以及以往的销售情况等自行判断，调整订货。7–11 设立了订货小组，让每个店的工作人员对第二天的畅销商品进行预测和订货，然后用 POS（销售时点信息系统）的数据对结果进行验证，从而决定第二天的订货，这就是典型自治模式的行为。

铃木敏文指出，POS 系统最容易被人误用的地方就是，在订货的时候根据 POS 显示的销售排行。明天的顾客的需求要通过对明天的畅销商品进行预测来决定，POS 只能用于验证预测，而不能成为订货的根据。7–11 先预测未来的畅销商品，然后对结果实施自治弹性策略。

阿米巴经营是稻盛和夫创立的一套**弹性自治组织**模式。阿米巴最初是指一种单细胞虫子，也叫变形虫。稻盛和夫用阿米巴来指代一个核算单位，也就是指在企业里拥有明确的志向和目标、持续自主成长的独立组织。说白了，稻盛和夫之所以把这种经营模式取名为阿米巴，含义就是这样的模式能随着市场的变化而发生变化，就跟变形虫似的，弹性自治。

4.4.3 围绕客户需求动态调整组织

华为是电信设备、路由器、交换机和智能手机的大型制造商，其灵活性却比其他以产品为中心的公司要高。

为了实现公司提供的服务与市场需求顺利对接，华为发展出一套让自己区别于竞争对手的管理实践——只要客户需求改变，就相应地调整内部组织，结果是建立了高度灵活流动且以客户需求为中心并可以快速调整的组织架构。

华为采取了被称为“拧麻花”的混合架构，即将事业部组织的某些特点与职能平台以及区域销售支持结合起来。**其组织架构不是围绕特定产品设计，而是创建了三个综合业务集团，每个集团针对特定的竞争对手争夺市场。**电信运营商业务集团专门负责电信设备市场，与爱立信和高通等竞争；企业集团紧盯路由器和交换机，与思科竞争；最后，负责智能手机和其他设备的消费者集团与苹果、三星等公司展开竞争。

成立三个服务集团提供支持，主要目标是提升应变速度、敏捷性和灵活性。第一个服务集团由数个共享功能平台组成，包括财务、人力资源、采购、物流和质量控制，为三大业务集团提供必要的支持服务；第二个服务集团是区域销售组织，协助三大业务集团与世界各地的客户建立联系；第三个服务集团名为“产品和客户解决方案”，其功能是整合内部研发资源，为三大业务集团的客户提供产品、整合信息与通信技术（ICT）的解决方案。

随着客户需求变化，华为多次大幅调整组织架构。逻辑很简单：只要客户需求改变，产品供应就要改变，提供产品的组织当然也要改变。2002 年之前，华为的组织架构是集中控制、功能驱动，基于产品线运作，而且层级分明。2003 年，华为意识到这种架构反应太慢，随着业务扩展到越来越多的国家和地区，华为转型为一个更加基于国家的组织架构。

后来，华为发现客户的新需求是定制网络解决方案，但要想抓住机会，就要整合不同产品线、职能部门甚至不同区域的资源和能力。华为毫不犹豫地拆散了原有架构，再一次进行调整。华为设立了 7 个地区办事处，覆盖全球市场。后来华为认识到，市场覆盖范围过大会影响办事处的响应速度，于是又将地区办事处迅速调整为 16 个更为灵活的分区办事处。

在协同项目成功完成后，团队就会解散。在过去，个人通常回到本职工作和原部门，等待下一个项目。华为正计划进一步取消各个职能部门的设置。除专职行政和生产人员以外，所有员工都会成为共同资源或人才库的一部分。个人仅根据专业知识和能力进行区分，如研发、设计、工程、市场营销和销售等，时刻准备进入有技能需求的项目团队。

4.4.4 组织连通性与黑客马拉松

通过中层和高管的轮岗，可以消除建设企业帝国时常见的组织僵化问题。通过轮岗，高管在内部建立“小地盘”的难度大大加强。如果高管心里清楚，手头上的工作不久就要转交给别人，那么他在某个部门或子公司积攒资源和权力的动力就会降低。轮岗可以让管理者更了解不同部门可能提供的更大价值以及面临的压力和取舍，因而会在整个组织内实现更强的团队合作。

脸书的人才灵活性理念在季度或更频繁的黑客马拉松中表现得最为明显。在此过程中，工程师们自由组队，用 48 小时的工作时限对所面临的新挑战进行集中性攻坚，目标非常明确：提出突破性理念。脸书的大量成功产品都源自这一流程：即时通信、视频、移动开发架构、HipHop 编译器和动态时报。脸书首席执行官扎克伯格亲自对优胜产品和想法进行审查。

Meta 的黑客马拉松还有一个变体叫作“黑客月”（Hack-a-Month）。项目允许工程师花一个月的时间参与其他团队的项目。月末，双方团队的工程师和领导者可以就是否变更工作进行协商，看工程师是回到本来的项目团队还是留在新项目团队。这一模式对工程师的个人成长和企业创新意义重大，以至于每个领导者都要帮助下属找寻这类机会，并将支持这一行动视为领导者的部分职责。

组织连通性与黑客马拉松是组织创新，更是知识与经验在组织内部流动及解决问题的过程。

第 5 章

Connection——连接力

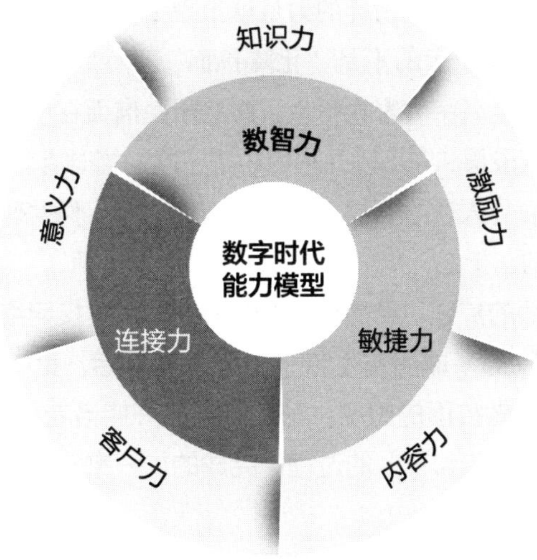

5.1 兰州拉面背后的人际连接力

风靡全国的兰州拉面究竟是哪个地方的人开的呢？

你可能会说，那还用问，当然是兰州人开的了。市场上大部分的兰州拉面，其实都不是兰州人开的，而是化隆人开的。

化隆县是青海的一个县，居民主要是回族。化隆县第一个走出去做面条的人是农民韩录。1989 年，韩录揣着 7 000 元到厦门开了一家拉面馆。当时拉面并不被人们接受，韩录只好在拉面馆门口展示拉面技艺，逐渐吸引到顾客，开始赚钱。第一年，他的纯收入就达到了 5 万元。

韩录赚到钱以后，榜样的力量就出现了，化隆人拖家带口出来做拉面店。但他们卖的不是“化隆拉面”，而是“兰州拉面”。因为“化隆”这个名字大家太陌生，而兰州牛肉面在中国一直都很有名气，是跟全聚德和狗不理并列的中华小吃。当时有一则电视新闻，兰州的牛肉面传人还给领导人煮过牛肉面。在人们的印象里，拉面就该是兰州的。于是，化隆人就卖起了“兰州拉面”。

兰州拉面的扩张，靠的是一个紧密的同乡连接网络。一个人赚到钱以后，就把亲戚朋友也带了出来。出来后，第一年做跑堂的伙计，第二年做拉面的厨子，第三年自己开店当老板。知识传递，是在这样一个“传帮带”的过程中完成的。一家一家拉面店就这么扩张出去。

在影视圈，同样有这类有趣的网络连接现象。中国影视行业里，大部分灯光师都来自河南省许昌市鄢陵县。不管你是拍电影、电视剧还是广告，剧组里的灯光师大概率都来自这个地方。光线传媒的总裁王长田曾经说过，河南的灯光师，一个村一个村的，控制了整个中国的影视灯光行业。如果没有连接网络思维，你很难理解这个现象。

刚开始，鄢陵县有几个农民来北京讨生活。他们特别能吃苦，当时，老式的灯光器材特别重，灯光师是个体力活，再加上北京的第一批灯光师正好要退休，本地的很多年轻人不愿意接这个苦差事。于是，这个机会就被鄢陵县来的师傅给抓住了。最初的种子用户节点就出现了，然后，这批灯光师又找来老乡，连接其他的人。一批鄢陵人被带出来了。

鄢陵的灯光师们彼此连接，就组成了一张网。一旦网络连接形成，别人再想进这个行业，就没那么容易了。因为这张网，不仅连接着中国最大的灯光师群体，它还连接着这个产业的上下游。你要想进入这个行业，首先得能接到订单吧？假如你是导演，你会把订单给谁？肯定是合作过的、信得过的灯光师。那么，谁最信得过？显然，是已经合作过很多次的鄢陵灯光师。上游的入口，基本被鄢陵的灯光师占据。再看下游，也就是劳动力。要知道，一个剧组，动不动就要用几十个灯，灯光这个活，一两个人根本干不了，必须得人多。那么，谁能保证，能马上找来这么多人？显然，还得是鄢陵人。因为附近十里八村都在从事这个行业，你找我，我找他，多少人都能给你叫来。就这样，这张网越来越大，最终就占据了整个行业。

在中国大学校园及周围的复（打）印店，你可能会发现一个秘密，就是不管是哪儿的复印店，店主常常来自湖南省新化县。

为什么新化人能把复印店开到全国各地呢？在新化人开复印店之前，打印、复印的成本是很高的，一台复印机的成本是十几万元，平摊到每次复印的成本就非常贵。新化人进来以后，居然能够把复印的价格降到一张一角钱，怎么做到的呢？

门道就在于新化人开复印店，用的不是新复印机，而是日本、美国淘汰的二手复印机。这些复印机被日本人、美国人当废品卖，价格非常便宜。当时只有新化人知道怎么弄到这些二手复印机，知道怎么维修复印机。这样，新化人开复印店就能赚钱。你看到的只是明处的复印店，暗处还有二手复印机国际贸易、复印机维修翻新这样一个完整的连接网络。

我们可以在身边看到大量这样的例子，黄桥小提琴、嵊州小笼包、桐庐快递、许昌假发、丹阳眼镜、邵东打火机、澄海玩具、仙游加油站，等等，既是一个连接网络，也是一个资源流动的系统。相关案例详细报道可以找《兰州拉面凭什么能火遍中国》《新化复印产业的生命史》等来研读。

你想要做什么样的生意，必须先加入到网络中来，这就是连接的魅力！

5.2 连接力是数字智能时代的底层能力

连接力就是如何创造连接的机会，获取有利位置，通过连接为顾客创造价值，获取竞争优势的能力。

连接就如流水不腐，户枢不蠹。连接产生生产力。**我之所以要在数字智能时代强调连接力，其中很大一部分原因来自传感器、AR 和 VR 大规模的渗透与采用。连接力的背后是传统意义的空间被压缩，在此基础上重构了商业的逻辑与竞争的游戏规则。**大工业时代的时间和空间，尤其是空间，受到种种限制，我们所探讨的一切商业竞争与逻辑都是基于特定的空间约束，很难跨越空间探讨相关命题。

在数字智能时代，一个企业是不是具有强大的连接力，极其考验其生存能力与更好地为客户创造价值的能力。

连接可以从多个角度展开，有不同的内涵与外延。不论是连接万物、顾客连接、平台生态、社交网络等都可以简化为如何获取有利位置，优化连接的质量，更具有竞争优势。

连接包括以下内容：

- 连接的意愿。
- 拥有连接的软硬件基础。
- 连接创造价值过程。

在连接力的塑造上，需要企业有连接的策略与主观能动性，再加上特定产业时空背景下的连接的软硬件要求，夯实自己的连接力，用与顾客价值、技术发展、竞争格局相匹配的方式协同进化连接力，获取竞争战略优势。

重构连接的方式，经营连接的能力，获取连接的利润。

连接能力有三个指标：连接广度、连接深度、连接密度。

从连接能力的属性上来看，可以分为连接广度、连接深度和连接密度。**连接广度探讨的是能否与更多的人、物产生连接，或者是能否以跨媒介的方式连接在一起。**连接广度意味着信息和数据来源多元，更广的数据信息可以交叉验证或者获得更多商业机会。

连接深度探讨的是连接力的深入层面，而不只是停留在简单的信息和数据交换的层面。连接深度意味着关系、数据、信息流的连接融合，在这样的情况下就能够具备连接的镶嵌性和深入绑定。在此基础上，不管是在顾客价值还是与用户生活场景连接的深度上，连接越深，越难离开和超越。在连接深度上需要提供更多的服务元素与创造更多的价值。

连接密度探讨的是在一定空间下，连接的多少与黏稠状态。商业上经常谈到饱和式攻击：在零售店经营策略中经常从供应链、顾客认知、规模突破角度开展连接密度型饱和式攻击。日本 7–11 便利店创始人铃木敏文在《零售的哲学》中提到，7–11 选择“同城密集开店”的策略，其三大优势为：在一定区域内，提高品牌效应，与消费者建立信任度；集中在一定范围，店与店的较短距离能提升物流和配送效率；广告和促销宣传更见成效。当我们跑通区域连接密度下的经验和规律，便可以推广到更广阔的市场。这也暗合互联网圈倡导的精益创业思维模式。

从连接的介质上可以简单分为人与人的连接力、人与物的连接力、物与物的连接力。

当空间被限制在传统地理位置上时，人与人的连接更多的是基于地缘、血缘以及组织内部的人际连接。数字智能时代之前，空间相当有限。虽说有汽车、火车等交通工具，但是人与人之间连接的频次、辐射的空间被无形限制。在社会学研究中，有个学派是从社会网络分析角度来理解社会运行。他们尝试用数学图谱的方式来刻画人与人之间连接的关系，通过节点度数、中心性、网络集中度、接近中心度、社会资本、结构洞、小世界、强弱连接等来描述人在网络中的位置及所在网络的特性。

美国有一个网站叫作 WheresGeorge.com ，翻译过来是“乔治在哪里”。乔治是谁？我们都知道，1 美元钞票的正面印着美国第一任总统乔治·华盛顿，因此，这个网站的意思就是“1 美元的钞票在哪里”。这个网站要干什么？它做的是一个连接的实验。

你在这个网站上输入一张 1 美元钞票的序列号，以及你所在地的邮政编码，网站很快就能标识出目前这张钞票的位置，然后你在这张钞票上写下或印上 WheresGeorge.com 这个网址，把它花出去。拿到这张 1 美元并且看到这个网站的人很有可能会出于好奇打开网站，同样输入这张钞票的序列号以及自己所在地的邮政编码，这样这张 1 美元钞票的新位置就被标识出来了。

这个活动满足了人们追踪一张钞票的行动轨迹的好奇心。网站会在美国地图上标识出这张钞票以前到过的所有地方，一张钞票去过的地方越多，点击率就越高。

研究者发现，绝大多数钞票在被标识两周之后，依然会待在距离首次被标识的位置不超过 10 公里的地方。对钞票行动轨迹的研究还发现，其实大多数人并没有走远。这就是基于传统空间地域的人的连接。

兰州拉面、新化打印店等独具特色的同乡同业案例，更多的是因为相关的商业机会与信息，沿着人际关系的网络图谱，局限于特定地理位置背景，凝聚成特定产业规模效应。族群中先行者的实践打消了屏障以及阻碍，让后来者有学习的模范，再加上人与人连接的一张网络，就让资源、经验有了累积效应，就形成了我们经常看到的连接网络。

麦肯锡校友录将所有前员工和现任员工连接起来，建立了一个全球范围的前咨询顾问的网络，有利于更好地招聘最优秀的人才、获取知识以及更好地服务于客户需求。任何公司都可以利用前员工网络在广泛的产业网络中保持自己优势的位置。**越来越多的公司正在觉醒并追随着如麦肯锡等先锋公司的脚步，开始"庆祝离职"。**微软、领英、宝洁、埃森哲、雪佛龙等公司都有庞大的校友网络，**校友们可以继续与前雇主进行合作。**微软允许校友们访问公司内部新闻平台，让校友们及时获得公司最新消息，好像他们还在微软工作一样。微软公司的校友们不仅彼此联系（通过微软校友网络），更致力于合作造福全球（通过微软校友基金会）。埃森哲的前任员工推荐了很多新人进入公司，公司还向成功推荐者提供校友奖金。公司还欢迎"吃回头草"的员工。**"庆祝离职"的真正价值在于：一声"再见"变成一句"回见"。**在原来，这种离职员工彼此间保持联系还比较困难，但随着微信等社交工具的兴起，现在很多大公司实际上都有离职人员自发组织的微信群等，形成了一个实际上的"校友录"。**公司也可以和离职人员建立一个正式的沟通机制，对彼此都有益。**

在数字智能时代，空间被极大压缩或者说弱化，我们有更多的可能性去连接更多的人且能够更容易地去连接。比如说你给别人发一个微信、一个视频通话、一个在线会议，这类情况就是一次一次的连接，跨越空间的连接。我特别想强调的是，在商业中，心与心的连接，尤其是在顾客价值这个领域越发重要。大工业时代商业更多是大生产、大传播、大渠道、大促销，但是到了数字智能时代，我们能够做到千人千面，易与顾客进行心与心的连接。**企业要塑造自己连接顾客的能力，我看到的趋势是，厉害的企业都在顾客关系维度进行投资。新时代的顾客关系，就是经营企业与顾客之间连接的能力。**短视频账号、小红书号、微博账号、微信官方账号等账户的本质就是企业连接顾客能力的一个呈现形式或者是结果。企业需要将情感、温度、态度、文化价值观注入与顾客连接的每一次接触点，也只有这样，企业与用户才能塑造共识，在此基础上也能够降低分销成本，形成品牌拥趸。

同样的道理，在组织内部，经营领导层与员工之间心与心的连接也是一个非常迫切的问题。随着年轻一代进入职场，如何才能更有效地驱动年轻人参与到组织的愿景、使命、价值观及浩浩荡荡的事业中来？传统管理基于货币的激励、地位的激励，但是这样的激励慢慢失去了效果，这就导致了如何才能够更有效地激励和激发员工这一难题。可以看到，近年来的OKR、赋能等概念的本质就是有效地做到点对点连接员工与组织心与心的距离。

Sean Corcorran是IDEO的一名实验室负责人，提出了一项叫作“15分钟移动”的计划。当时，他的实验室搬到了一个由汽车维修店改造而成的新办公室。他给工程师和设计师出了一个难题，要求他们设计出可以在15分钟之内组装和拆卸的家具。办公室要保留独立的个人空间，同时也要根据每个新团队的组建而随时调整办公空间。他们的解决方案是：在地板上布放更多的电源、网络和电话线，这样的话，实验室的员工就可以按照他们的意愿重新分配空间；将所有的家具都装上轮子，这样员工们不需要打包（或拆包），只要挪动它们就好了；设计并制造了能够快速移动的台式个人屏幕以及存储系统。全面颠覆传统的办公空间只需要几天，甚至是几周的停工期。

在IDEO公司，很少有人在多个项目中固守一个领域工作。由于团队大多在一个项目结束后就解散了，项目成员很容易就从一个行业迁移到另外一个行业去了。如果项目不需要他们全职，或者说他们的某项技能很抢手，员工们常常可以同时在多个项目中工作。这种迁移代表了一种流动结构，也使员工能够学到更多领域的经验。人员和新项目的不断流动也帮助公司员工建立起了紧密的关系，并帮助他们学习到其他岗位同事的相关知识。这些接触帮助员工建立了他们个人的关系网，当他们在未来遇到问题时，可以随时向其他同事求助。

人与物的连接更多源自传感器、可穿戴设备的流行。人与物的连接需要如下条件：拥有人与物连接的工具平台，具备管理和经营人与物连接的能力。

人与物的连接，在人的一端，更多的是能不能做出来满足于日常场景及使用行为的连接产品。而在物的一端，则是如何将边缘计算、大数据、物联网、人工智能等科技注入连接的设备中，通过整合为顾客创造价值。

典型的案例是亚马逊的Echo智能音箱（见图5-1），也是国内很多企业一直在模仿的设备。Echo智能音箱是人与物连接的一个设备和交互界面。通过Echo智能音箱，你可以控制电灯、电视、洗衣机，可以获取新闻、音乐、交通、天气信息，电子购物、金融理财以及相关日常程序性操作也得以应用。例如，当冰箱里面的酸奶或者食品低于一定的数量，你可以通过语音的方式将商品添加到购物车，然后完成支付和结算。再如信用卡还款问题，你可以将这样琐碎的事情变成一条语音的指令给Echo智能音箱，在授权API及相关的情况下，它就可以完成信用卡还款等一系列操作。

图 5-1 亚马逊 Echo 智能音箱

我们可以看到用户最常使用的 Echo 智能音箱的功能如下：

- 82%——播放歌曲。
- 66%——阅读新闻。
- 64%——使用闹钟。
- 46%——控制智能灯。
- 45%——将物品添加到购物清单中。
- 32%——在亚马逊 Prime 会员专区购物。

亚马逊、苹果、谷歌等从智能家居方面取得的收获有：收集和分析消费者购买设备的用途数据；了解消费者个人概况，用于研究消费者行为；通过云端下载技术更新家居产品，避免重新召回产品的潜在麻烦。

迪士尼乐园为游客提供魔法腕带（MagicBand）。游客通过这些嵌入射频识别技术的小腕带进入园区，获得项目优先通行权，购买食物和商品以及进入酒店房间。腕带帮助迪士尼确定游客在园区的位置，之后为他们定制体验。例如，扮演迪士尼角色的演员可在游客从自己身旁走过时和他们打招呼，说“嗨，索菲亚！ 7 岁生日快乐哦”。迪士尼会通过“现在‘飞越太空山’排队的人少哦”这样的信息鼓励游客先玩等待时间短的项目。这就是通过有效连接来优化用户体验。

人与物的连接即将产品与消费者进行连接。可穿戴设备、智能跑鞋、智能马桶等产品可以检测心跳、睡眠质量等数据来发现问题，创造销售和开发产品的机会。

通过传感器来检测效能的药品已经问世。美国食品与药物管理局已经批准了第一批运用可吞咽追踪系统的药品。智能药片 Abilify MyCite，其中含有记录药物消化情况的传感器。这种药片自身没有药效，它采集的信息会发送到可穿戴设备上，再传输到手机应用程序。这款产品的理念是：让病人通过智能手机就可以看到药品在自己体内的消化情况。这款可追踪药片目前专门用来治疗精神分裂症。

一家新兴的硅谷公司研发了一种系统，可以利用传感器监控病人用药后的身体反应，以此来鉴别药品的吸收情况。医生或者保险公司可以追踪到某种药品的吸收情况，他们会人为地监控药物的使用，方便医生管理和保险公司监督。

关于物与物的连接，物联网（IoT）时代的来临将成为数据智能时代很重要的部分，为此我将通过下面两节来解读连接力的创新方向，以及连接所带来的一些标杆案例。

5.3 物联网时代的核心能力

物联网技术为所有产品带来革命性巨变。原先是单纯由机械和电子部件组成的产品，现在已进化为各种复杂的系统。硬件、传感器、数据存储装置、微处理器和软件，它们以多种多样的方式组成新产品。借助计算能力和装置迷你化技术的重大突破，物联网将开启企业竞争的新时代。传感器在物联网新系统中扮演了重要角色，现简要整理传感器的类型及用途，见表 5–1。

表 5–1 传感器类型与用途

类型	用途
温度 / 湿度传感器	测算周围的温度 / 湿度，将结果转换成电子信号 应用实例：测量室内的环境（用于家庭、工厂、温室大棚等）
光学传感器	检测光的变化，将结果转换成电子信号 应用实例：防盗照明、自动控制百叶窗
力度传感器	测算施加在传感器上的力度，将结果转换成电子信号 应用实例：用于帮助高龄人士起床
加速度传感器	计算施加在传感器上的加速度，将结果转换成电子信号 应用实例：智能手机、健身追踪器
测距传感器	测算传感器与障碍物之间的距离，将结果转换成电子信号 通过照射红外线和超声波收集反馈，结果基于反射结果来测量距离，扫描二维平面的激光测距仪 应用实例：汽车
图像传感器	一种先进的图像传感器，把它跟测距传感器结合在一起，就能测量物体的 3D 形状 应用实例：人脸识别、智能手机

人在第一代互联网中要主动告诉互联网你是谁（通过登录），互联网才能确认你；在第二代互联网中要带一个身份标识，通常是手机；到了第三代互联网，由于你身边所有东西都联网了（见图 5–2），而且有很多传感器（如摄像头就是一种广义上的传感器）都能认识你，无论你到哪里，一切就都变得很方便。

在城市内，公共网络将很快处理公共事务、停车计时、路灯和消防栓。物联网是管理所有这些设备的理想选择，5G 可以实现每平方千米多达 100 万台设备的机器对机器通信。

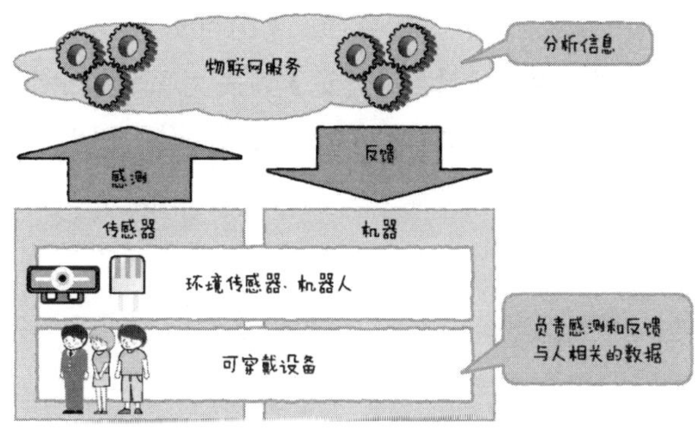

图 5-2　物联网服务

随着城市规划人员通过物联网连接的交通信号灯监控交通网格，司机将不再需要担心早上通勤时的交通堵塞。驾车时，他们可能会通过一辆自动送货卡车，无缝地避开交通障碍和道路封闭，因为它在早晨运行。在每辆送货卡车内，包含物联网连接传感器的包裹将在卡车接近交付目的地时自动通知客户。

物联网产品不但性能更强、可靠性更佳、利用率更高，而且能提供跨界乃至超越传统产品的新功能，它们带来的机遇将帮助企业实现指数级增长。这些截然不同的产品将颠覆现有的企业价值链，迫使企业重新思考自身的方方面面，甚至重构组织架构。物联网产品还将改变现有的产业结构和竞争本质。现有行业版图将被重塑，全新行业将会诞生，物联网产品将迫使很多公司自问最基本的问题："我们从事的业务到底是什么？""在这个时代为顾客创造价值需要哪些新核心能力？""在物联网产品时代，如何创造和捕捉价值？""产品产生的（高度敏感的）海量数据应该如何利用和管理？""如何改进与传统业务伙伴的合作？"企业将面临上述一系列新的战略抉择。物联网的独特之处不在于互联，而在于"物"，正是由于产品的新能力，其产生的数据才将开创一个新的竞争时代。因此，企业不应再局限于技术本身，而应聚焦于竞争本质的变化。

迈克尔·波特在《哈佛商业评论》发表文章谈物联网时代的企业竞争战略时，将物联网时代产品与服务线条分为四步：监测、控制、优化和自动（见图 5–3）。

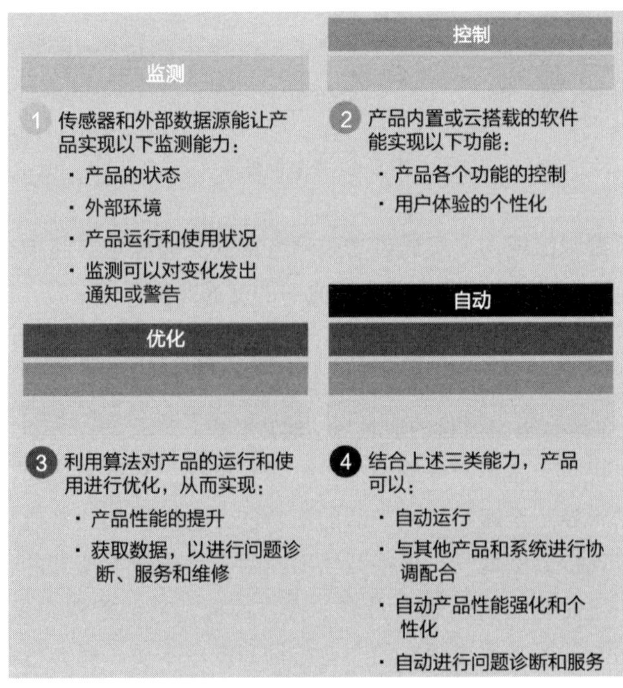

图 5–3　物联网时代产品与服务

资料来源：迈克尔·波特，《物联网时代企业竞争战略》【J】. 哈佛商业评论，2018。

美敦力公司的数字血糖仪通过植入患者皮下的传感器，可以测量组织液中的血糖水平，并且可以通过无线连接向患者或医生发出警告。在患者血糖达到危险水平前，血糖仪可以最多提前 30 分钟发出警告，从而让患者接受及时的治疗。有时，监测功能可以在远距离跨越多个产品。久益环球（Joy Global）是全球领先的采矿设备制造商，它可以对所有深入地底的采矿设备进行监控，包括运行环境、安全仪表和预防性服务指示器等。久益环球还可以同时监控不同国家不同矿区中设备的运营状况，以作基准测试之用。桥梁隧道也可以通过传感器来有效监控，如图 5-4 所示。

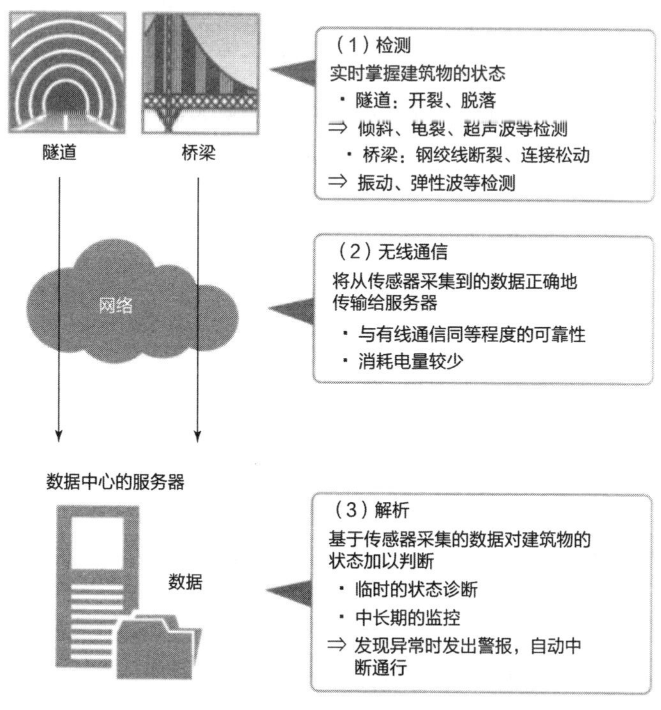

图 5-4　传感器与数据连接

资料来源：大前研一，《IoT 变现》。北京：北京时代华文书局，2020。

人们可以通过产品内置或产品云中的命令和算法进行远程控制。算法可以让产品对条件和环境的特定变化作出反应。例如，当压力过高时，自动关闭阀门；当金属管道中的流量达到一定量时，打开设备指示灯。通过内置或云搭载的软件对产品进行控制，产品可以实现高度定制化，这在以前，其成本很高或难以实现。如今用户可以通过多种新的方式控制或定制与产品的互动。

有了丰富的监测数据流和控制产品运行的能力，公司就可以用多种方法优化产品，过去这些方法大多无法实现，而现在我们可以对实时数据或历史记录进行分析，植入算法，从而大幅提高产品的产出比、利用率和生产效率。以风力发电涡轮为例，内置的微型控制器可以在每一次旋转中控制扇叶的角度，从而最大限度地捕捉风能。人们还可以控制每一台涡轮，在能效最大化的同时，减少对邻近涡轮的影响。

基于实时监测数据和控制功能，公司可以在故障发生前提供维护，远程完成服务。这样不仅缩短了产品停机时间，更省去了派遣维修人员的成本。即便需要实地修理，这些产品也可以提供维修信息，包括哪些部分受损、需要的部件以及修理的方法，这降低了维修成本，提高了一次修复率。

将检测、控制和优化功能融合到一起，产品就能实现前所未有的自动化程度。物联网产品通过学习能力，能根据周边环境分析产品的服务需求，并根据用户的偏好进行调整。自动功能不仅能减少产品对人工操作的依赖，更能实现偏远地区的远程作业，提升危险环境下的工作安全性。

5.3.1 物联网标杆案例解读

一直以来，汽车生产商在进行召回时都是先从客户处回收实物，修理之后再返给顾客，这个过程需要汽车生产商承担巨大的成本损失。特斯拉汽车的埃隆·马斯克为了削减这部分的成本，将所有的特斯拉汽车都设计为能够远程对汽车软件进行更新。这样一来，就可以实现快速且低成本的维保。

以前，特斯拉的电动汽车出现过在高速行驶过程中车载电池着火的事故。经过检查发现，造成事故的原因是车辆的程序设定——

在高速行驶时自动降低底盘，导致路面上的石子击中车载电池。于是特斯拉汽车让经销商给车载电池加装了保护罩，并且提供了在高速行驶时不会降低底盘的程序，供该款车型的车主下载安装（见图5-5）。通过这种方式，不但防止了同类事故的再次发生，还大幅降低了对应的成本。未来类似自带程序的电子产品都可以通过远程控制来进行维修。

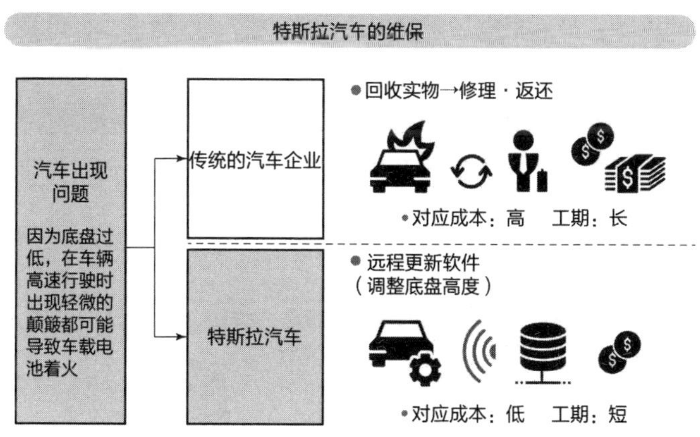

图 5-5　特斯拉的连接战略

资料来源：大前研一，《IOT 变现》。北京：北京时代华文书局，2020。

法国的米其林集团面向运输公司提供了一项基于实际行驶距离收取轮胎租赁费用的“轮胎维护服务”（Tire as a Service）。米其林通过在汽车的引擎和轮胎上加装传感器，收集油耗、轮胎气压、气温、车速、定位等数据，然后将这些数据上传到云端，再由米其林的专家对数据进行分析，最后向运输公司提出“轮胎需要更换”“轮胎气压太高”之类的建议。

通过对轮胎的使用状况进行实时监测，不但可以使轮胎时刻保持最佳状态，还可以使运输公司实现运营成本最小化。米其林集团不只将轮胎作为硬件销售，更提供了后期维保的软件服务并以此来赚取利润，这属于一种崭新的商业模式。

美国前进保险公司（Progressive Insurance）是一家以汽车保险为主的保险公司。这家公司推出了在客户汽车上安装物联网设备，让保险公司能够监测客户的驾驶状况，使客户享受保险费折扣优惠的车险服务。保险公司会用六个月的时间收集客户的驾驶时间、地点、速度、急刹车频率等数据，然后将这些数据与根据所有客户的驾驶状况和事故状况构建的大数据模型进行比对，计算出客户发生事故的风险，最后根据风险情况决定客户需要缴纳多少保险费（见图 5-6）。这样一来，存在危险驾驶风险的客户需要缴纳的保险费就会变高，而那些注重安全驾驶的客户则只需缴纳少量的保险费。这项保险服务一经推出就立刻受到了客户们的欢迎，前进保险公司也凭借这项业务实现了迅速的成长。

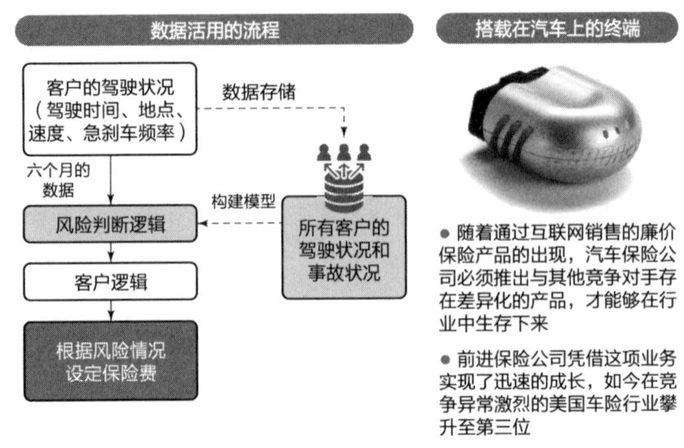

图 5-6　前进保险的数据连接

资料来源：迈克尔·波特，《物联网时代企业竞争战略》。【J】. 哈佛商业评论，2018。

5.3.2　物联网时代的商业模式与核心能力范式

实时质量控制。模拟用户的使用条件对产品进行测试早已成为产品开发的重要组成部分。这是为了保证新的产品能够满足客户需求，并尽量降低保修造成的开支。物联网产品的出现让质量管理更上一层楼。如今，企业可以对产品在真实世界中的表现进行持续监测，从而发现并解决那些模拟测试无法探测到的设计问题。

新型商业模式。物联网产品允许公司从传统的交易模式转向新兴的产品即服务模式（Product-as-a-Service，PaaS）。这种转变将给产品设计带来深刻影响。当产品作为一种服务提供给客户时，保养相关成本和职责将转移到制造商一方，这将影响到产品设计的方方面面，尤其当多个客户共用产品时。

为保证对客户进行合理收费，PaaS 模式要求企业收集产品的使用数据。因此企业须认真思考它们需要何种类型的传感器、传感器的安装位置、收集数据的种类和分析数据的频率等。

新客户分层。物联网产品提供的数据可以让企业更好地了解产品的使用状况，如掌握客户喜欢产品的哪些功能以及无法使用哪些功能等。通过对比不同的使用模式，企业可以进行更精细的客户分层，如通过行业、地理位置、组织单元，甚至一些更加微观的角度。营销人员可以利用深入的客户洞察，定制特殊的产品或售后服务套餐，为某个客户层设计新产品功能，针对某一客户层甚至某一位客户制定更合理的定价战略，让价格与价值更加匹配。

售后服务。对工业设备等耐用产品的制造商来说，售后服务能带来可观的收入和利润，其中一部分原因是传统的售后服务效率低下。技术人员首先要对产品进行检查，找到故障的原因和需要替换的零件，再次拜访之后才能进行修理。物联网产品提升了售后服务的效率，并且让被动的维护服务转为主动的预防式远程服务。技术人员可以远程对问题进行诊断，因此可以在第一次拜访时就准备好修理需要的零件。此外他们还能获得修理的相关信息，从而降低拜访次数，提高修理成功率。

创新服务。由于企业可以通过物联网产品相互连接、收集数据并进行数据分析，因此售后服务的职能将得到扩展，能够提供全新类型的服务。实际上，服务已经成为制造业当前最主要的创新源头，一些新型附加值服务，如通过新技术延长保修期，为客户提供跨产品、跨序列甚至跨行业的标杆对比服务等，为企业带来了新的收入和利润增长点。

物联网产品的丰富数据和实时反馈等特性，正在挑战传统的集中的指令—控制式管理模式，分布决策、高度整合且能持续改进的新型管理模式将逐渐崛起。关于物联网时代商业模式与产品的探讨，更多内容可以阅读《物联网时代企业竞争战略》和《IoT 变现》，谢谢迈克尔·波特与大前研一前瞻性的研究。

5.4 现实世界和数字世界融合，塑造元宇宙时代的核心能力

5.4.1 现实世界和数字世界的融合

人类正在面临第五次大的迁徙：人类最早从海洋爬到陆地；从采猎走向了定居的农业社会；漫长的农业社会后，走向以工厂为主要形式的工业社会；在后工业时代，人类正在从物理空间走向网络空间、数字空间。线上与线下的连接更多还停留在新零售、线上与线下信息流的打通等阶段，要加速发展，就必须强调 AR/VR 的连接，即数字世界与现实世界的连接。

之前信息互联网化只是它的前奏，随着 AR/VR 等技术的发展，人类正在逐步走向更加自然的数字世界。数字世界将成为商业经济、社会交往等方面的竞争主体，这将成为相当长一段时间内的时代背景。也就是我们在讨论所有商业问题的时候，一个很重要的发生地就是数字空间。AR/VR 等就是连接数字世界和现实世界的一种重要的基础设施。

组织如果想妥善应对这样的时空交叉，在游戏规则被重新定义的年代，不想再焦虑如何走到未来竞争的市场中，获得自己的有利位置，那么请一定要关注基于 AR/VR 的数字世界与现实世界连接的背后逻辑与游戏规则，夯实新核心能力。现实世界与数字世界融合时代的大幕才刚刚拉开，必将深深影响传统的商业与社会。

在商业领域，AR 的应用范围远远超过 VR。我们将 AR 与 VR 结合，用户就获得了跨越距离（通过模拟远程位置）、穿越时间（再现历史或模拟未来环境）的能力。

福特公司就利用 VR 技术建立了一个虚拟实验工厂，不同地区的工程师可以凭借全息车辆原型进行实时合作。参与者不但可以对 3D 全息影像进行 360 度的观察，还可以走进 1∶1 大小的全息车体中，从而完善车辆的设计细节，包括方向盘的位置、油门脚踏板的角度以及仪表盘的设计等。公司不必再制造昂贵的实体原型，也让不同地区的参与者免去了舟车劳顿。

警方将 AR 的指示功能与 VR 的模拟功能结合，用来培训探员对紧急情况如爆炸的处理。此举不但削减了成本，更规避了真实危险环境下训练的风险。跨国能源巨头英国石油（BP）则将 AR 培训流程叠加到 VR 模拟系统中，用来模拟不同的开采条件，如温度、压力、地形和洋流。此外，该系统还能指导团队进行联合演习，应对自然灾害下的紧急情况，这既节省了成本，又降低了风险。

增强现实（AR）和虚拟现实（VR）在应用前景及技术参数上各有特点、差异（**AR 更多的是在现实世界上叠加数字世界，VR 则更多的是在数字世界中复原现实世界**），但是在连接数字世界与现实世界上却有类似的功能。为了简化叙述，下文将 AR/VR 做归类同义代指，忽略两者技术层面的差异。

5.4.2 元宇宙时代的企业核心能力

Gartner 通过技术成熟度曲线（The Hype Cycle）描述技术

应用价值（见图 5-7）。当一项高科技驱动商业与社会的发展时，入场时点如何选择十分关键。据我个人的观察，AR/VR 技术已经从泡沫化的谷底期，发展为逐步爬升的光明期，不久就是实质生产的高峰期。这个阶段是企业进入和构建新连接力的关键窗口期。AR/VR 技术要依靠实时视频技术才能运行，背后需要高带宽支撑，且突破连接的极限。由于具备高容量、统一体验、一致的高数据速率以及较低的时延，5G/6G 是提供移动性的核心所在，可提升社交体验，解决视觉延迟导致的不适，以及设备电池寿命等问题。

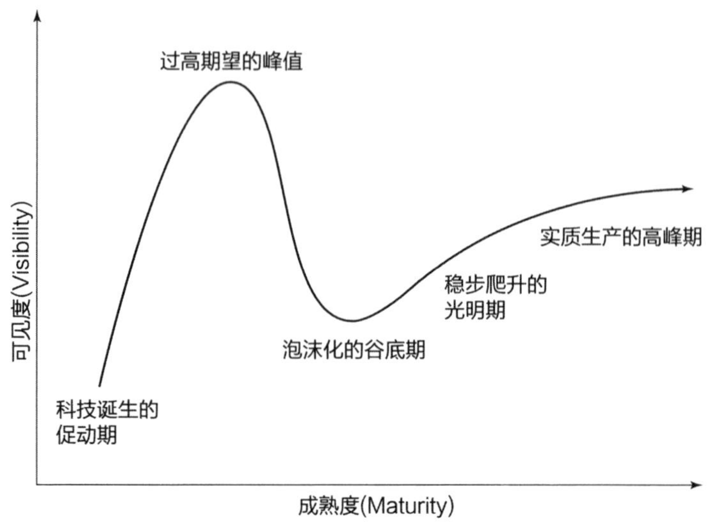

图 5-7　Gartner 技术成熟度曲线

资料来源：Gartner 咨询公司。

以 AR/VR 为代表的现实世界与数字世界的融合，重新定义企业核心能力尤其是基于连接维度的新能力，正如上面所说，信息呈现方式变化引发商业游戏规则改变，我们需要重新构思和想象在产品、市场、顾客、组织等各个角度的应用。虽说你无法精确预知未

来情景，但是在有限的想象力基础上，探究涌现出来的大趋势，在边做边迭代的过程中与时俱进，最终逐步走向这个时代。

AR/VR 可以在两个方向上创造商业价值。AR/VR 可以成为产品的组成部分，并且可以提升企业价值链，如市场营销、售后服务、培训教育等领域。

（1）AR/VR 作为产品功能。随着人们的设计理念逐渐关注用户交互体验和人体工程学，AR/VR 的各项能力就有了更广阔的用武之地。向用户传递关键的操作和安全信息已经成为产品的差异化优势来源。AR/VR 能大幅改善此类用户交互体验。

使用智能眼镜来观察厨房中的烤箱，一个虚拟显示屏就会显示出烤箱的温度、剩余时间，甚至会显示出使用的菜谱。当你准备上车时，AR/VR 显示屏就会提示，汽车是否处于锁定状态、油箱里是否有油、车胎气压是否充足。

AR/VR 用户界面完全以软件为基础，且通过云进行部署，可以轻松地进行个人定制并持续迭代改进。这降低了 AR/VR 的边际成本。各行各业的产品制造商都应警惕，以 AR/VR 技术为基础的下一代用户界面如何对自己产品和竞争地位带来颠覆性影响。

（2）营销和销售。AR/VR 不仅重新定义了产品展厅和演示的概念，且将完全颠覆传统的客户体验。在购买之前，客户就能看到虚拟产品如何在真实的环境下运行，这使他们拥有更符合实际的预期，更有信心地进行购买决策，客户满意度得以提升。AR/VR 技术有可能会减少实体商店和展厅的数量。

在电子商务领域，网上消费者可以通过 AR/VR 应用下载产品的全息影像。宜家就提供了 3D 影像的产品图库，并可通过 App 将这些产品投射到真实的房间中，这样顾客就能亲眼看到这些家具和装饰在房屋中的样子。宜家还使用 App 收集不同地区消费者产品偏好的重要数据。

（3）售后服务。AR/VR 可以协助技术人员为消费者提供服务，通过产品收集的预测分析数据，AR/VR 可以实时指导技师进行维修，或与专家进行远程连线。现场技师通过数据智能与 AR/VR 技术发现某个部件不久后将会损坏，那么现在就可以进行替换，提前解决客户的问题，防患于未然。

通过智能眼镜，工程师在进行现场或远程维修时，就能看到显示产品历史维护记录、诊断信息和地理位置的虚拟信息面板。AR/VR 显示功能帮助他们作出更好的决策，降低了维修团队的整体成本和误操作率，随之提升了维修质量。

（4）培训与教育。AR/VR 技术的早期应用者早已发现其技术的强大功效，尤其是在“因材施教”的虚拟培训上。AR/VR 可以提示受训员工不同的经验水平，或者为特定错误提供定制化的指示命令。例如，某个员工经常犯同一类型的错误，公司可以让员工使用 AR/VR 辅助设备，直到工作质量得到提升。在一些企业中，AR/VR 技术甚至缩短了新员工的培训时间，这样招聘新员工的技术门槛也降低了。

第三部分

数字时代，五大专业能力

第 6 章

知识力：知识经营就是企业未来

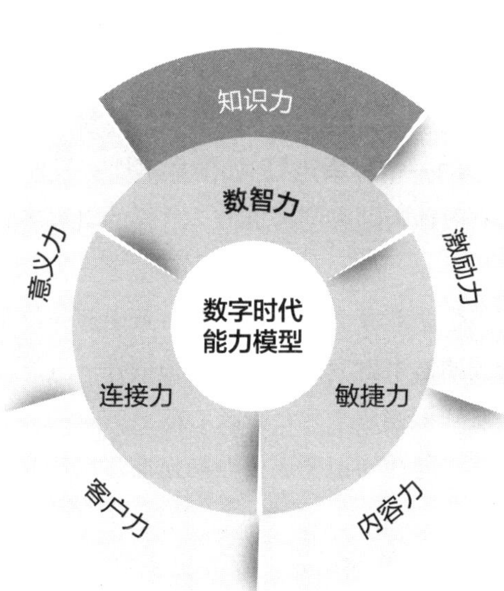

6.1 从管理时间到经营知识

德鲁克先生很早就提出我们将从工业社会走向知识社会。虽然看起来企业处理的是信息，是大数据，但是我们应该清晰地知晓，企业当下经营的其实就是知识。企业是通过产品和服务来更好地为顾客创造价值，而产品和服务的背后是人，企业在人工智能时代要的这个“人”应具备什么？无外乎就是知识与经验。

杰克·韦尔奇说过：“一个组织的学习能力，以及知识迅速转化成行动的能力，是最终的竞争优势。在企业中，知识本身是无价值的，只有通过在企业外部（为顾客、市场和最终用途）作出贡献，知识才是有效的。”

企业应该非常坚信“组织能不能有效地经营知识将是未来竞争能力中最为重要的一个竞争点”。如果你不能有效地处理组织内外的知识，不能有效地为顾客创造价值，这样的组织势必要消失在竞争大潮中。

我曾经与多位企业家交流知识经营，其中有一位企业家说，一个企业，从一开始做事就应该规范，哪怕牺牲一点发展速度。从创业开始就要建立知识创造平台，把核心成员的技能、经验、办事方式和思维方式这些隐性知识变成企业的显性知识，为企业的持续发展打下基础。

知识经营或者相关的话题，业界更多放在微观层面，变成了知识管理软件、知识管理工具或者只是停留在知识管理层面。其实我在此处想表述的是，企业必须从更高维度上构建组织的知识经营能力。

如果企业要在品质、速度、创新和价格等方面领先于对手，创造、储存和传播知识的能力是至关重要的因素。只有开发和实施特定的系统、机制，用于收集、汇编、推广和传播组织的思想成果，企业才能将知识转化为组织发展的原动力。

企业持续创新的秘密就是知识创造，也就是把说不清、道不明的知识转化成能听懂、学得会的知识，方便知识积累、组合、更新和再创造。**真正有用的知识都藏在员工个人的脑袋里，企业要做的就是把藏在每个人脑袋里有用的知识，变成一群人都能学得会的知识，再把这些知识储存起来，方便企业其他人也能学会。不断重复这个过程，知识不断被创造，企业持续创新，竞争优势由此而来。**

企业由一个一个的个体组成，那么每个个体所拥有的知识，应该如何汇聚起来，形成合力，最终成为一个企业共同的财富？当技术骨干员工离职，如何避免企业的业务受到重大影响？对那些新加入企业的员工，如何让他们快速脱离“小白”阶段，尽早站在前人肩膀上去创造新知识？这些问题，是每个企业都必须面对的。如果解决得当，企业就能够在发展业务的同时，创造出属于自己的巨大知识宝库；如果这个问题解决得不好，那就很糟糕了，企业的知识无法得到创造和传承，那么，创新、成长、竞争力……这些赖以生存的东西根本无从谈起。

美国宇航局：萃取知识，退休可以但知识不休

伴随着组织成长，组织成员也在成长，所不同的是，组织成员到了一定时刻可以选择退休离开组织，而组织必须继续生存和发展，作为一般规律，这种事情自然也会发生在美国宇航局（NASA）。当初创办和伴随NASA成长的人在为NASA工作多年后到了退休的年纪，创造的宝贵知识很可能“随伊人而去”。

NASA启动了一项知识经营计划，将资深工程主管所拥有的知识迁移到更多的年轻员工身上。NASA的工程主管团队由工程师、科学家和计算机专家构成，管理架构简洁，绝大部分工作通过工程主管相互合作完成。工程主管团队的年龄分布呈现严重的两极分化状态。因而，大多数人要么正在考虑退休的事，要么刚刚开始职业生涯。

工程负责人希望通过知识经营做到：

（1）汲取资深人员的知识和技能并将之迁移到年轻员工身上。

（2）将知识与专家相互分离，并长期保有知识。

（3）在年轻员工中创造学习文化。

（4）建立辩论、讨论和探寻的文化。

团队选择了每月一次的“午餐会议”，讨论他们和资深专家碰到的技术难题，活动在部门之间被广而告之，使其价值得到最大化，信息得到充分交流。**团队通过正式的途径，将流程及生产工艺编制归档。有的团队采用综合的方法，一面建立正式学习项目，一面运用在线系统，通过午餐会、电子告示板、培训和备忘录等形式，将技术信息对其他团队开放。**团队定期一起回顾来自期刊文章或研讨会的当前技术梗概。

那些采用非正式活动（如午餐会、编写作业指导书和工艺流程手册）的团队看起来比计划采用正式和复杂流程（如专家系统和知识库）的团队取得了更大的进展。

知识经营与管理只是手段，你千万不要把它们当成目的。将知识管理用于它能够发挥作用的地方。哪些流程对公司的净利润额有着最大影响？如果有的话，哪些知识能够使这些流程更加有效？确定公司里面最濒危的知识并建立管理制度。确定什么知识是濒危的，然后特别关注并给出替补的解决方案。关键要在极短的时间内尽可能地保留至关重要的知识。

6.2 高手都是从区分知识类型开始的

从功能应用层面来看，知识可以分为三类：知道是什么，知道为什么，知道怎么办。

知道是什么的知识，主要是一些数据、统计图表和事实。是什么的知识可以存储在硬盘上，当你使用它们的时候，你需要确保存储的知识可用于眼下的实际情况。

知道为什么是对各式各样事件的分析解释。例如，涨价为什么会影响市场的需求？应用知道为什么知识最好的办法是使用专家决策系统，实现知识融合。

知道如何获取是隐性知识和手艺型知识，这类知识不能存储在硬盘上，你必须通过拜他人为师来获取隐性的知识。如何获取知识需要实践，需要时间打熬，只不过数字化时代有加速趋势，但是内核不变。

知识经营就是要针对不同的知识来构建合适的流程与工具，针对不同的人区别对待知识流程与知识流动。你需要意识到什么类型的知识天生与什么样的流程相对应，然后建立生成和吸收知识的流程，最终使你能够将知识应用到适当的地方。知识的分类有不同角度。在知识经营能力中不只需要从功能层面区分是什么、为什么、怎么办，还需要处理好显性知识与隐性知识的能力。

“显性知识”，也就是可以用语言、文字、数据、图表、公式表达的，可以用计算机进行处理的，或储存在数据库内的知识。比如说我们平时看的书、查找到的资料，大都属于显性知识。

“隐性知识”，它们往往属于个人体验，比较难以用语言、图表、数据等明确表示，进行交流、教授时也较为困难。就像一位著名的哲学家所说的，“我们所知道的比能够说出来的要多”，老子也曾说过“道可道，非常道”，都有这个意思。

显性知识是那些已经沉淀下来的信息，它们在一段时间内是静止的，靠死记硬背或许就可以掌握。而隐性知识是有生命的，光靠书面传递是没有用的，必须结合大量的实践，去感悟，去体会，去建立所谓的手感。隐性知识是某种更深层次的诀窍，以及更加宝贵的实践经验。野中郁次郎《创造知识的企业》中认为隐性知识更为重要，这对西方普遍认为知识最好由教育和培训来传递的看法提出了挑战。最有价值的知识不是从别人那里获得的，而是我们自己创造的。

在知识经营理论中，野中郁次郎的 SECI 模型广为流传（见图 6-1），该理论围绕组织如何能够有效地处理显性知识与隐性知识，形成了相关的闭环和思考。群化过程指将某一隐性知识，通过模仿、观察、学习的方式，从某一个体迁移到某一群体上；外化过程指将某一隐性知识，通过归纳总结，使其可以用规范化的语言进行表述；融合过程指将某一显性知识，重新汇整处理，形成公司的章程、员工守则等通用资料；内化过程指将某一显性知识，经企业员工吸收、学习，结合自己的个人经验后再升华为隐性知识。

隐性知识到隐性知识：类似师傅带徒弟时的潜移默化。徒弟通过近距离观察师傅的工作，吸收师傅的隐性知识并成为自己的隐性知识，使知识完成了从一个人向另一个人的传递。由于师傅和徒弟的知识都没有显性化，因而不能成为组织全部成员的知识。

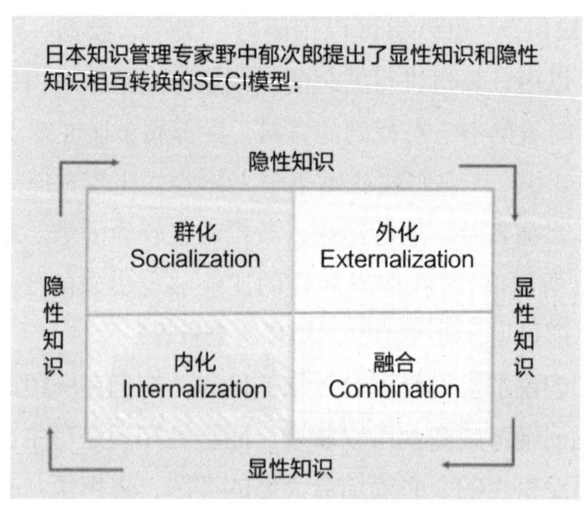

图 6-1 SECI 知识转化模型

资料来源：野中郁次郎，《创造知识的企业》。人民邮电出版社，2019。

显性知识到显性知识：新的显性知识来源于对现有显性知识的搜集和综合，这种方式获得的是已经存在的知识，并没有真正创造新的知识。

隐性知识到显性知识：类似于首席财务官提出新的预算控制系统。个体在汲取现有知识时，加上他自身所具有的隐性知识，创造出某种新知识，而且能够将所创造的新知识在组织中传播，个人的隐性知识由此转变成显性知识。

显性知识到隐性知识：类似于首席财务官的新预算控制系统固化成公司的标准业务流程。新的显性知识得到组织成员的认可和应用，得到内化而成为新的隐性知识。

所谓知识的创造，其本质应该是显性知识和隐性知识相互转化的一个过程：一方面，把隐性知识变成显性知识；另一方面，还要再从显性知识回归到隐性知识。在谷歌公司，如果员工不在内部的平台上将程序写出来，那么公司认为你的工作就没有做。鼎泰丰的不少菜品是由分公司发展出来的，红油黄瓜的小菜是上海分店开发出来的，鸡肉小包是印度尼西亚分公司开发的，虾仁锅贴是日本分公司的独特产品，这些知识创新再经由总公司扩散至全球。

你要记住：在100%获取的显性知识中，通常只有5%可应用于现实世界。如果你只做显性知识的管理，这意味着你95%的工作都浪费了。显性知识的关注点是收集、可检索；隐性知识的关注点是体验、实践。

6.3 知识经营的五个关键阶段

知识经营与管理能力是手段，主要是为了解决知识的创造、发现、存储、流动、应用等问题，进而创造顾客价值。但是在日常寻找和再利用知识时，每个企业都存在一些典型障碍：

（1）员工没时间停下任务去搜索知识。

（2）捕获的知识没有经过合并（整合）。

（3）不易存取知识。

（4）不易搜索和检索知识。

（5）很少有员工意识到组织中可能有他们问题的答案。

（6）知识再利用没有受到关注。

（7）知识没有在项目和业务组织或其他项目之间清晰流动。

这些常见的问题，背后就是知识经营流程的缺失以及知识经营能力的欠缺。

能力就是跑通关于某个主题的流程，具备可持续解决问题的方式。知识经营能力就是要将知识经营的流程跑通、稳定下来，源源不断地创造价值。不论如何区分，知识经营过程可以简单分为以下五个阶段，各个阶段有不同的侧重点与议程。

1. 获取知识

可以分为获取内部知识、获取外部知识。通过汲取员工的知识、分享学习体验和实施持续变革，组织可以获取内部知识。3M公司通过灵活的组织架构和对分享工作信息进行强调，获得了丰富的信息并将其转化为创新的知识和有市场价值的产品。一个部门从另一个部门的经营活动中汲取经验，这样的活动是组织内部知识的重要来源。

获取知识最直接、最有效的办法就是购买，包括购买拥有知识的机构或是雇用拥有知识的个人，还可以租用外界的知识。租用的一般形式是一个公司向某一大学或机构的研究项目提供经济援助，以换取研究成果的商业使用权。获取外部知识，在快速变化的市场中，诸如“如果不是我们发明的，那就不会好到哪里去”的旧观念已经成为企业发展的桎梏。企业没有必要重复发明人家已经做出来的产品，可以通过“购买、适应和超越”来吸取。

2. 创造知识

创造知识的途径多种多样，既可以有异想天开式的创新，也可以有勤勤恳恳式的耕耘，还可以借由“天才人物通过综合过去知识，看到其中新的联系，进行归纳推理”而创造。在解决问题、试验尝试和项目实证中发现的知识，对组织极其有价值。创造新知识不仅需要吸收外显的集体智慧，还要采纳隐性的个人专门知识和直觉，这就像用理想和创意去激发创新。

竞争者的新产品和新技术以及社会、经济的变化都会促进知识的产生，因为公司不对变化的条件作出反应就会遭受失败；知识还可以在组织内部非正式的、自行组合的网络内形成，由于共同的兴趣而聚在一起的掌握知识的群体，可以通过见面、电话、电子邮件和其他群体分享专业知识并共同解决问题。**一个公司的最大财富便是它的知识，无法产生新知识的公司可能将不复存在。**

3. 储存知识

知识的储存需要利用相应的技术手段，如档案、数据库、人事管理流程、集体和个人回忆及共识。如果不将其储存起来，知识将会到处散落、难于发现和稍纵即逝。知识储存的重要性如此显而易见，但是，需要储存哪些知识呢？

储存什么知识，大体可以分为四个方向：

（1）人员图谱：员工、销售和顾问的才能，如谁会说法语、谁曾经和某位领导一起工作等。

（2）竞争对手和供应商资料：随时更新信息，包括从商业和公众资源获取的信息、销售人员的电话、呼叫中心的报告、参加专业研讨会的记录、专家电话簿和政策法规新闻等。

（3）制度和政策：工作流程及流程图、计划、程序、原则和方针、标准、政策、绩效指标、股东和客户资料、产品和服务（包括特征、性能、定价、销售和售后维修）。

（4）产品和流程：技术、发明、数据、出版物、战略和文化、结构和系统、有效的日常管理规定和程序。

储存的知识应该跨越部门界限，易于获取。编写目录时不仅要根据主题，还要参照学习需求、组织持续改进目标和用户专业等分类标准。

普华永道：知识储存术

普华永道（PricewaterhouseCoopers，PWC）被公认为全球最具成熟知识经营体系的专业服务公司，公司 90% 的销售收入来源于其基于知识的专业服务和产品，公司员工 80% 以上的时间用于创造和分享知识。

KnowledgeView 是普华永道独特的最佳实践信息库，包含来源于全球 2200 个公司的 4500 多个案例和 350 个内部及外部标杆对照研究。KnowledgeView 的目标是支撑公司成为商业顾问的核心能力，包括积累、分析、创造和传播有价值的信息和知识。普华永道的专业人员用这些信息和知识帮助顾客改善绩效，最终增加普华永道的服务价值。

KnowledgeView 知识库包含以下信息：

- 从普华永道项目和非普华永道项目中挖掘出的最佳实践。
- 来源于内部和外部的标杆研究。
- 行业和特定专题的综合观点。
- 业务改进书籍和文章的摘要。
- 按国家、行业、技能和语言编排的公司职员履历表。
- 普华永道专家观点和预测。

KnowledgeView 根据行业、流程、主题和评估进行分类，方便普华永道顾问锁定和发现他们需要寻找的知识。KnowledgeView 编排信息的格式也独具特色。例如，最佳实践部分的格式，采用下面的提问方式：

- 什么原因引起变革？

- 什么旧流程需要改善？
- 新流程是什么？
- 新的绩效指什么，如何衡量？
- 我们学到了什么？
- 未来的方向是什么？

4. 知识流动和传播

知识流动和传播是指信息、数据和知识在组织层面发生流动，并在过程中创造价值。组织驱动知识流动的能力也是组织授权和分享权力的能力，这对组织的成功不可或缺。知识在组织中必须得到准确和快速的传播，否则，组织必然会遭遇失败。

过去，麦肯锡的合伙人在遇到顾客需求的信息超越其个人专业领域时，不得不依赖个人人际网络关系获取新信息，因而信息的来源受制于合伙人个人人际网络规模的大小。内部知识库建立涵盖过去咨询经验、行业信息和专家联系方式等内容的信息库，极大地丰富了每一个合伙人可以获得的新信息资源。另外，为专门议题设立的讨论平台促进了知识在地理位置相距较远的公司员工之间分享，通过学习系统，任何人在任何时间和任何地点都可以旁听正在进行的讨论，既可以带走别人新的见解，也可以加入讨论并提供自己的新知识。

知识在组织内部流动的方式多种多样。书面方式包括备忘录、报告、开放式公告板和各种内部出版物（视频、音频和平面媒体）。内部研讨会、发布会、教练辅导和内部培训或外部课程提供了更多交流信息的机会。虽然部门众多的大型企业可以为特定的个人需求提供短期的定制式访问活动，但有计划的轮岗和换岗更有助于知识在组织的不同领域传播。

组织也有可能在无意识中使知识发生流动。正常轮岗、故事和传说、任务小组和非正式工作网络都能够将知识带到组织的各个角落，绝大多数非正式学习发生在日常的人际互动中。需要注意的是，知识越是在无意识和无计划状态下迁移，越有可能遗失。

5. 知识应用

在商学院谈到传统零售数字化转型方向，我经常会举孩子王的案例。他们不仅在顾客关系上做了深度的核心能力的修炼，在育儿类的知识经营与销售人员知识赋能应用上也做出了积极尝试。孩子王 5000 名数字化育儿顾问的背后是数字化知识工具的应用支持。数字化知识平台，可以为会员提供商品及育儿顾问知识，当遇到一些困难的问题时也可以远程求助专业人士。数字化的平台将企业内部的知识予以充分应用，为顾客创造价值。

埃森哲内部设立了知识交易所，当埃森哲的顾问出现在顾客面前时，顾客得到的是埃森哲整个公司的服务，而不限于站在他面前的那个顾问。知识经营与应用给埃森哲公司带来的好处有：

（1）节约了知识的物理流动成本。

（2）提升了从同事那里汲取知识的能力。

（3）提升了全球化工作的能力。

（4）提升了企业应对员工成长和离职的能力。新员工能够快速学会组织知识并适应工作需要，大大缩短了个人职业取得成功的时间。

6.4 知识分享激励，扫清障碍

让知识流动起来才能带来价值。在知识流动过程中经常会出现以下四个问题：

（1）知识本身的问题。常常因为因果关系不够明确，你无法完全确认优秀业绩背后的真正原因是什么，也不知道这些因素在别的部门如何相互影响。

（2）知识提供者的问题。主要是缺乏可信度。部门业绩优秀的员工常常不为其他部门认可，不认为知识提供者渊博或者值得信赖。

（3）知识接受者的问题。缺乏吸收知识的能力，常常没有认识到新知识的价值，甚至缺乏将新知识用于工作中的共同语言和经验。缺乏吸收知识的能力，则无法将学到的知识在工作中充分应用。

（4）文化上的问题。公司缺乏能够让员工充分利用现有知识的体系和组织结构，组织内部文化问题和社交网络问题成为拦路虎。提供者和接受者之间缺乏亲密的关系，不同部门的人没有积极沟通和协商的经历。

企业希望员工分享他们的知识，这样做会给个人、团队和组织带来更大的创造力、更多的创新和更好的业绩。然而，尽管企业试图鼓励知识分享，许多员工还是隐瞒了自己的知识——这种现象被称为“知识囤积”或“知识隐藏”。他们可能会装聋作哑，装作不知情，答应分享却从不履行诺言，或者告诉别人他们不能分享，但其实可以。

什么因素促使人们分享或隐藏知识？员工动机可分为两种：自主性动机，因为感到有意义或令人愉悦而做某事；控制性动机，为了获得奖励或避免惩罚而做某事。当员工拥有自主性动机时，知识分享的可能性更大（例如，他们赞同“与同事分享我的知识很重要”或者“谈论我知道的事情很有趣”）。当动机源于外部压力时（例如，“我不想被批评”或者“我可能会失去工作”），人们更可能隐藏知识。

逼迫人们分享而不是让他们了解分享知识的价值的做法并不易奏效。如果员工并不明白分享知识对于实现单位或组织目标的重要性，他们就不太可能分享那些知识。如果员工被迫分享知识，结果可能适得其反。如果他们害怕失去竞争优势，他们甚至更不情愿披露信息。

什么类型的工作会导致分享或隐藏知识？**认知要求高的工作可能更有意思、更刺激，而且更难、更富有挑战性，人们会喜欢分享更多。**当人们认为别人依赖自己，会感到被迫分享知识（控制性动机类型），这反而促使人们隐藏知识。这可能是由于同事频繁的请求会占用他们的时间。当今社会，时间是十分稀缺的东西。人们通常选择优先处理自己的任务而不是分享知识，甚至假装没有别人需要的信息。

惠普公司前任董事长兼CEO路·普莱特（Lew Platt）指出："21世纪成功的企业是那些在捕捉、储存和利用员工知识方面做得最好的公司。"惠普公司采取知识经营行动，尝试将分散在咨询顾问个人身上的隐性资产转变成任何人可以利用的组织显性资源。

为了实现知识的更广泛分享和传播，惠普积极营造每个人都愿意踊跃分享知识的氛围。惠普公司意识到从人性的角度看，知识经营是一项艰难的工作，组织的根基将从个人知识转移到组织知识，组织必须发生转型，企业必须自我激活，激励知识分享，反复强化汲取集体智慧的行为。分享、发挥知识杠杆作用和反复应用知识必须成为惠普的企业文化。惠普公司利用试点项目聚焦下列行为：①安排时间从成功和失误中反思与学习；②形成鼓励员工顾问之间分享知识和经验的氛围；③倡导分享最佳实践，提供工具方法和解决方案供其他员工借鉴。

著名的梅奥诊所，积极鼓励员工互相请教，让专业知识在组织内交叉流动。而在其他很多组织中，向同事请教可能会被视为自身能力欠缺的表现。梅奥认为自身组织文化最伟大的成就之一就是将请求帮助和请教他人视为正常的、被期望的行为。梅奥诊所开放式的知识经营文化看起来就像是在打橄榄球。橄榄球要求球员来回跑动，表面看上去很混乱，但其实需要球员间强有力的沟通，需要对不可预测环境的不断调整，以及不受等级制度约束的问题解决方法。

最后我特别提示下，许多客户问我："我们应该怎样鼓励知识分享，让知识流动起来？"我经常回答："不要鼓励知识分享，要鼓励求知，分享就会随之而来。"如果没有明确的需求就分享知识，通常收获很少，因为知识需要得到应用和再利用，然后才能增值。如果没有对知识再利用的强烈愿望，知识分享实际上就可能产生相反的结果。例如，无人访问的数据库充满无人需要的知识，并让人觉得知识管理就是在浪费时间。产生强烈的求知愿望，然后再构建知识库。记住，创造求知的需求才会刺激供应。

第 7 章

意义力：走向意义经营大时代

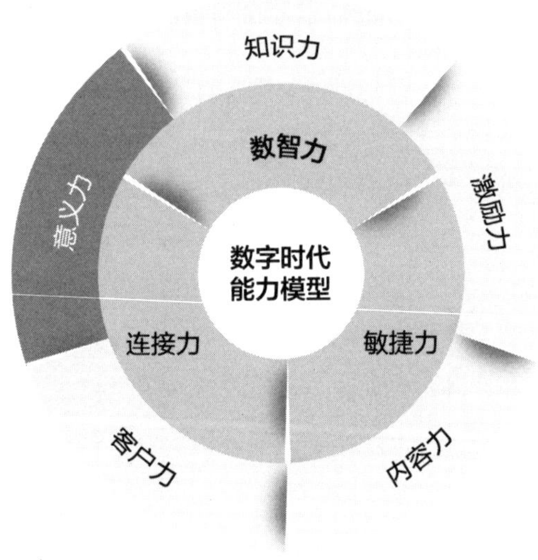

7.1 下半场竞争：符号与意义的战斗

符号与意义和物质的关系，在哲学层面的研讨就是物质与意识、身灵与心灵之间的关系在商业领域的投射。过往在物质、产品、唯物主义层面探讨得多一些，当然，在符号与意义层面的探讨也是必不可少的。

在不同的阶段，世界所呈现出来的议题的重点也不相同。在稀缺的年代，我们更多从物质层面来实现功能以解决问题；大工业时代的主旋律是解决物质、稀缺等功能层面的问题；随着数字智能时代的到来，人类进入一个相对充裕的时代，物质商品不再那么稀缺，人类逐步开始追求差异化。有关符号与意义层面的比重议题正在与日俱增。从中长期来看，功能产品与符号、意义层面的探讨是一体两面，阴阳搭配，有此消彼长之势。

符号与意义的需求与日俱增，很多深谙传统玩法的企业就开始不适应了，或者说将面临能力结构化的改变。当然，在符号与意义领域也有领军人物，这是由所在的行业本身特定的属性驱动的。他们为后来者提供了不少经验和教训，典型代表是奢侈品与时尚行业的领军人物，说白了，他们一直都在经营符号和意义。

普拉达家的女儿缪西娅（Miuccia）年轻时曾经爱上了一个英俊而有才气的艺术家。他们在一次飞行时，飞机出了故障，据说飞行员背了一把降落伞抢先跳下去了。这时飞机上只剩下一把降落伞，缪西娅要和男友同生共死，但男友把降落伞给她套上了，然后将她推出了机舱。缪西娅获救，却从此和男友阴阳两隔。

后来，缪西娅成了普拉达的设计师，为了纪念那位将生的希望留给她的男友，她用和那个降落伞一模一样的尼龙设计了普拉达的尼龙背包……就这样，20年过去了。某天，缪西娅收到了一封信，竟是她的那位前男友写来的！原来他奇迹般地生还了，但是已面目全非，而且还落下残疾，因此只是给她报平安，希望她不要再找他。缪西娅顿时泪如雨下。她寻找了很多年，但最终也没能找到他。

不过，这款尼龙包却因此被加入了爱情的元素。据说如今的许多女人，都竞相拥有一个普拉达的这种尼龙包，因为它代表着设计师的爱情和生命……

经营符号和意义这个能力，不只用在品牌营销层面，还具有更广的应用领域。在用户、产品、市场和组织的不同层面，经营符号与意义的能力都有着广泛的应用和诉求。

在产品层面，你所倡导的产品哲学是不是吸引人？你的产品所代表的生活方式与意义是不是能够被大家认同？例如，现在低碳消费、动物友好、社会公益等新消费理念能否获得客户的支持？未来很重要的考验就是你能不能站在符号与意义经营的角度，站在道义及更高的角度，与更多的拥趸协同塑造美丽新消费社会。美体小铺坚持不用活体动物来做实验，这样的哲学和意义感就获得了很多动物爱好者的追随。那么同样的道理，我们看到陌陌这个App所代表的文化、快手所倡导的普通人记忆文化、旗袍所代表的符号与意义。未来产品的竞争，符号与意义的经营能力少不了。故宫文创通过年轻人嘻哈文化，与消费者深度连接，获取了商业上强大的销售力。

在市场层面，市场更好地解决了买卖的问题。换成市场专业的术语就成了：品牌、广告等过程中对符号与意义的操作和处理。品牌Logo、品牌意义、品牌人设等本质上也是符号与意义的范畴。中国许多企业家是制造业出身，眼光老盯着成本，在成本的基础上适当加了一点利润。当你切换到经营符号与意义的角度，更为重要的不在于你本身物质的成本，而在于产品的符号与意义。那么你就需要将更多的时间、精力投入符号与意义的工作上来，这才是一个关键点转型。正如可口可乐所说的，它全球的工厂一夜之间烧没了，没有关系，第二天就可以迅速重新开工生产。这么自负的话语背后就是可口可乐这个品牌的符号与意义在支撑。

在组织管理层面，我们的目的就是要团结一群人，为我们的客户创造顾客价值，在过程中我们通过愿景、使命、价值观来激励员工，积极构建一个更好的生存空间。这一切的背后离不开符号与意义的经营能力。你可以想象，如果只是单纯地以收入来激励和管理一个组织，则很难保持可持续发展的竞争优势。

7.2 激发欲望的能力

物质的商品满足不了人类本性：追求差异化。

你穿的不是衣服，而是周遭群众如何看你，是个什么样的人……

物质的需求是相对确定的，而对符号的欲望是无穷的。

推动中国经济发展的最重要动力是：百姓的欲望，欲望经济学。

追求幸福，认识自我，刷存在感，背后重要的密码就是被符号和意义绑架。

群体，一本正经地演出。

智者会笑，但也常常被裹挟。

符号由能指和所指构成，能指是具体的事物（符号形式），所指是心理上的概念（符号内容）。符号与意义来源于社会环境或文化背景（见图 7-1）。通常看来，消费就是对物的占有、使用和消耗。物之所以能被消费，是因为其具有功能价值，也就是具有使用价值。消费是和人的需求密切联系在一起的。新消费更多体现了符号与意义的新趋势：从解决问题到生活意义的创新；从使用产品到享受生活；从趋同消费到个性消费；从物质追求到精神愉悦。

图 7–1　汽车品牌的 Logo

基于符号价值消费可以看作一种感性的文化消费，它表达了消费者的理想意愿、生活信念和审美尺度。以感性形象为主要特征和在感性教化中传承下来的中华民族传统文化，在本质上同符号价值消费具有高度亲和性。

为了更好地理解符号对用户感知的价值，以及在现代商品经济的时代意义，我们从一个案例开始。

用两个包——一个是从专卖店拿回来的正牌 LV，另外一个是所谓的高仿 LV（工艺也非常考究），在商学院的课堂上做测试。将正牌 LV 的 Logo 放到高仿 LV 的包上，将高仿 LV 的假 Logo 放到正牌 LV 的包上，让同学们进行选择，如果要携带包参加公共空间活动，他们更愿意携带哪一个呢?

测试结果是，大多数人是选择正牌 Logo 配高仿包。请问，我们买的是 Logo 还是包呢?

人的物质消费需求总是有限的，对符号价值的需求却没有极限。符号生产与消费已经远远超过物质消费。我个人的观点是：未来经济更多的是对国民的欲望及符号象征意义的经济学逻辑概念的演绎和利用。

NBA流传着这样一个段子：前火箭主帅杰夫·范甘迪曾经盯上了世界名牌阿玛尼。穿上名牌后，站在场边的范甘迪果然形象大有改观。但是，由于改不了工作狂的习惯，少不了在办公室的沙发上睡觉，不久，他的西服就变得皱皱巴巴，完全走形。看着好端端的衣服让他穿成这样，1998年，阿玛尼公司终于忍无可忍，派人私下和范甘迪商量，声称如果范甘迪保证不再穿阿玛尼品牌，他将得到数目不小的一笔补偿。听说自那之后范甘迪就改穿别的品牌了。

这是一个非常有趣的案例，一方面我们看到了阿玛尼在管理符号的意义及品牌形象。因为这样的符号象征意义是累积的，需要持续经营，不能因为范甘迪的形象不佳而损坏了这个符号。另一方面我们也可以看到，在西方不同的人群，拥有不同价值观的人会选择不同的符号，即品牌Logo。

符号被群体假想出来，一本正经地坚持。

财富之争最后变成了符号、区别、独特性之争，这真是群体性的悲剧。在这个符号占领的消费社会里，需求不是对物本身的需求，而是对差异的需求。在作为使用价值的物品面前人人平等，但在那些作为符号和差异的被深刻等级化了的物品面前没有丝毫平等可言。消费社会中的个体的自恋并不是对独特性的享受，而是集体特征的折射。

在让·鲍德里亚[1]的《消费社会》一书中，越来越多的阶级对某些特定符号的接触迫使高等阶级通过其他数量有限的符号，也就

1　让·鲍德里亚（Jean Baudrillard，1929—2007）：法国哲学家、社会学家、后现代理论家。代表作主要有《消费社会》《物体系》《象征交换与死亡》《符号政治经济学批判》《冷记忆》《美国》等。

是古董或可以限制的物品（限量版）来区别于前者。营销的窍门和战略性的价值在于通过他人来激起每个人对物质社会的神话产生欲望。

从物质生活由匮乏转为丰盛这一基本事实出发，揭示符号价值消费的流行原因及其本质特征，无疑是鲍德里亚的一个重要贡献。物品由匮乏走向丰盛的变化，是符号价值消费流行起来甚至成为时尚的基础，它从消费者和生产经营者两个方面支持、推动或刺激了符号价值消费的地位提升以及空间的扩展与发展变化。

物质丰盛的年代，群体追求区分所要求的增长速度大于物质生产。物质增长的社会，其实更多的并不是需求的贫困，而是心理的贫困。**增长的背后更多的是跟歧视的链条有关，跟人与人的区别有关。贫穷不在于财富的量少，也不应简单地理解为目的与手段的关系，归根到底它是一种人与人的关系。**

人类一直以来都是这样。当物质稀缺时，拥有比没有拥有即是差异性，但是当大家都拥有了相同的或者类似的物质时，就开始追求差异化。**商家就可以协同这群想拥有差异的人，一起打造虚幻的想象的符号经济体。**

在物质增长的社会里得到满足的东西，随着生产力的提高，愈来愈得到满足的东西是生产范畴的需求，属物理层面，而不是人的需求。传统政治经济学意义上的消费，主要还是就物的使用和功能意义而言。鲍德里亚认为，符号消费的产生是对韦伯《新教伦理与资本主义》中资本主义社会里所奉行的崇尚节俭、努力工作的清教伦理的巨大冲击，它将产生新人文主义。

符号价值，指物或商品在被作为一个符号进行消费时，是按照其所代表的社会地位和权力以及其他因素来计价的，而不是根据该物的成本或劳动价值来计价的。现代消费社会已经不仅仅是一个商品和物的世界，而是已经成为一个符号的世界、符号的王国。钻石是 21 世纪最大的一个符号谎言：当钻石协会希望能够以更高的价格兜售产品时，在营销和广告人的策划下，**通过符号与象征意义，把女人一辈子中的重要时刻都与钻石连接了起来。通过钻石的物理特性——类似坚硬、通透与爱情的纯洁、恒久远等寓意画上等号，钻石出售的价格更多是与符号的价值相关。**随着竞争的加剧，如何能够增加销售量？从业者通过符号传播教育民众，10个手指上佩戴戒指所指示的意义不同（见图7–2），再一次创新地应用了符号价值。

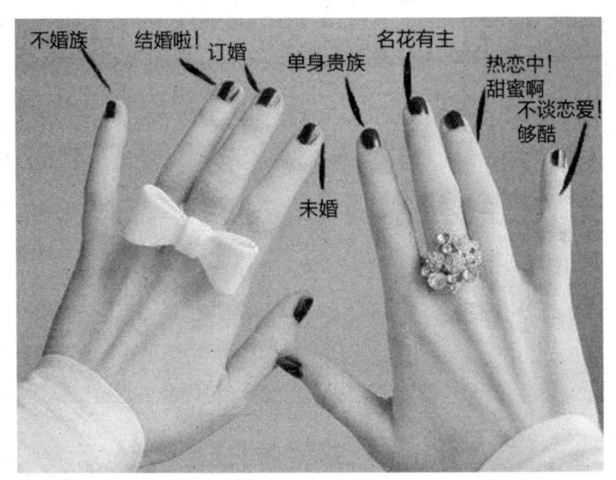

图7–2　戒指佩戴与含义

符号选择不是偶然的，从社会角度来看是受控制的，而且反映了它所处的文化模式以及在价值体系中会被某种意义所驱动，见表7–1。

表7–1　符号与价值选择

	选择意识	选择对象	选择目的
符号价值消费中的感性选择	知觉表象	形象符号	差别区分
使用价值消费中的理性选择	计算推论	功能效用	功效享用

一个爱购物的人能够通过一件新连衣裙获得的满足，与一位饥饿的乞丐吃到面包获得的满足，其实并没有本质上的差异，只不过是需求层面的不同。

传统的商业逻辑是：企业大规模地生产商品，然后通过品牌营销和市场渠道卖掉，卖掉以后获得利润，继续加大生产。**在这个符号社会学的年代，这个逻辑是不对的，应该在社群符号心理的需求（创造或者引导）基础上，将物质产品符号化，以从社群的心理满足以及驱动群体消费的商业逻辑开展（见图 7-3）。**

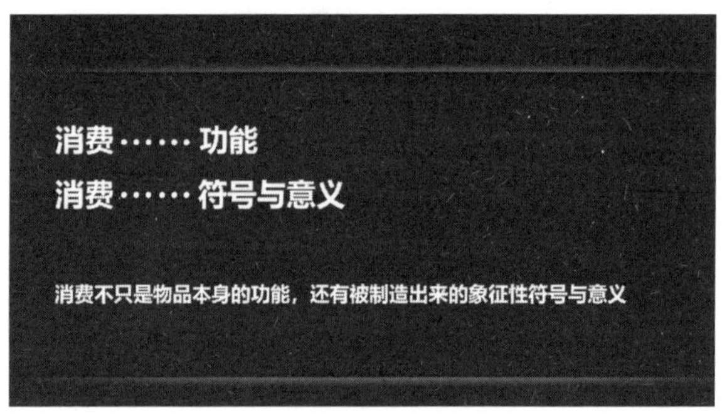

图 7-3　符号与消费意义

需求超脱了对某一个物品的需求，就会转向社会差异。这样就能理解新的商品经济永远不会有圆满的满足，也不会有需求的确定性，只是追求符号、追求差异，只是不同时空的演化而已。

消费是一个系统，它维护着符号秩序和编码，因此它既是一种欲望体系，也是一种沟通体系，更是一种交换的结构。从符号的层面上看没有绝对的富裕或者贫困，也不存在富裕符号和贫困符号之间的对立。**群体是有意识的同质化，每个人都向其他人看齐，而基于这样的一个事实，便是共同拥有同样的编码，分享那些使之与其他团体有所不同的符号。**正是与另一个团体的差异造成了团体成员之间渴求相同符号、行为规范和表演。

社交网络是网络空间中人们之间的交流，群体的互动更多的是基于符号互动论框架体系。过亿的用户通过社交网络进行协作，包括玩多人游戏、发布视频和音频，建立关系，并通过反馈和排名机制评估上述所有形式的沟通。符号互动论通过符号、对象以及解释的形式交流。

人性中对差异的崇拜导致了个性化逻辑，在物品使用价值面前人人平等，但是在作为符号和差异的物品面前没有丝毫平等可言。如果你想进一步研究符号与意义，我推荐的这个领域的系列作品有鲍德里亚《消费社会》、约翰·迪利《符号学基础》、罗兰·巴尔特《符号学原理》(系列)、乔治·赫伯特·米德《心灵、自我与社会》、特伦斯·霍克斯《结构主义和符号学》以及国内学者赵毅衡的《符号学原理与推演》等。

7.3 设计与美学驱动新商业

7.3.1 颜值即正义

还记得流传很广的一句话吗？——“喜欢一个人，始于颜值、陷于才华、忠于人品、安于陪伴。”心理学研究表明，你和异性有第一次的“亲密接触”，通常就是“始于颜值”，是因为一个人长得帅或者长得漂亮。我们不仅会因为对方颜值高而主动接近，还会认为，“你长得这么好看，你说什么都对”，也就是所谓的“颜值即正义”。

对长得丑的人，人们总是不吝恶语。钱钟书在《围城》里说：“对丑人，细看是一种残忍。”木心则说：“有些人的脸，丑得像一桩冤案。”日本作家夏目漱石形容大鼻子女士：“那副面相嘛，就像 19 世纪没卖出去，20 世纪又滞销的赔钱货。”但对美的人，人们则很宽容。古希腊神话中，绝世美女海伦引发了长达十年的特洛伊战争，但当希腊士兵攻破特洛伊看到海伦时，只有一个想法：为了她值得！

企业一旦能够与消费者在美学层次上互动，就可以取得很大的成功。那些非奢侈品的行业过去多专注于规模效率以及创新，它们对美学的误解或者是投资不足，正在损害其财务价值与消费者价值。

极简主义展示物质本原，减少过度的形式表现，淡化作者的主观意识。苹果极少的产品数量、节制的产品形态，直接表现了材质以及真实单纯的铝、玻璃材料。苹果极简的用户体验专注于用户的使用，而不是呈现自己多么厉害。极致细节打磨，是对永恒的追求。苹果产品呈现出超越物质和时尚，超越民族区域和时间的真正的精神性。

苹果开店的目的从来都不是售卖更多的产品，而是将自己的品牌理念、设计态度传播给更多大众，如图 7–4 所示。

图 7–4 苹果零售店佐鲁中心，伊斯坦布尔

资料来源：《全玻璃天花板：土耳其苹果店获英国设计大奖》，http://tech.sina.com.cn/mobile/n/apple/2014-12-13/10129877160.shtml。

苹果零售店在风格上都非常统一，店铺明亮、简约、大气，门面多用大面积玻璃橱窗。你走在外面，对店内一览无余，有友好的开放式空间，如图 7–5 所示。

图 7–5　苹果零售店曼谷中心

资料来源：*Apple Central World Bangkok / Foster + Partners*，https：//www.archdaily.cn/cn/945716/man-gu-ping-guo-qi-jian-dian-nuo-man-star-fu-si-te-jian-zhu-shi-wu-suo?ad_name=article_cn_redirect=popup.

随着消费升级，具有审美能力的中产阶级逐渐壮大，自我意识形态不断崛起，生活美学开始回归生活本身。而美学，旨在对物质与精神本来面貌进行还原与求证。

商业领域通过生活美学完成了一次次具有里程碑意义的赋能。品牌和卖场入局，生活美学炮制出了更多玩法，日常的一举一动、一食一履、空间设计、装饰艺术，生活美学所囊括之物的有效边界越来越模糊，我们谈论生活美学的语气也越来越平和温柔。

茑屋书店创始人增田宗昭认为，在最初商品匮乏的时代，能提供商品并销售出去，商品的价值在于其本身；当经济好转、商品泛滥时，商品本身的价值会转移到提供商品的场所；现在是个场所泛滥的时代，他认为唯有通过设计，也就是良好的生活提案，才能让民众愿意消费。所以他特别重视环境设计的可视化，以代官山茑屋书店为例，其以“森林中的图书馆”为概念，纯白简洁的外观设计搭配着不同时段光影的变化，没有光怪陆离的促销海报，靠窗边贴心地设置了大量阅读桌，整体营造出对读者友善的环境。在茑屋家电，所有家电不是大量地进行堆砌，而是像艺术品般地呈现。空间设计是追求生活、书籍和机器的摆放与整合，有舒适的休憩区和温暖的灯光，让人们逛街时犹如在自己家中。

7.3.2 生活本身就是一件玲珑有致的艺术品

美学通常是用来形容东西的外观，商业美学代表的是产品的包装设计、品牌形象以及企业的辨识度。美学是我们所有人感受一个物件，或者是通过感官体验所得到的愉悦。**人们需要的不再是更多的东西，而是一些方式来表达自我的感受。消费者需要工具和灵感，让自身和世界变得更美丽。**

大约 85% 的消费者的购买决定是由产品或者服务感受（美感的喜悦）所驱动，只有 15% 是根据产品特色和功能，而有意识地、理性地进行评估。讽刺的是，我们的企业投入了差不多全部精力去打造以及宣传产品的特色和功能。在满足产品和服务功能性的基础上，更应该关注如何激发感官、激发联想性或情绪性连接，这样会给企业带来超额利润与长期价值。

劳斯莱斯有段时间更新制造方法，用塑料材质取代了原来的木质原材料，消费者不喜欢塑料散发出的气味，为此新车销售量急剧下降。劳斯莱斯询问消费者为何排斥新车款式，消费者说旧车里面有一股好闻的木材味道，新车里边却是塑料的味道。消费者还反馈窗户和仪表盘也缺乏质感，因为使用了较轻的材质。劳斯莱斯找到气味专家，开发出模仿旧车款式的木材气味（味道是以 1965 年劳斯莱斯银云为标准）。在车辆制造完成以后，特意加一道工序把气味注入内装修中去。

生活美学要成为商业的驱动力，需要把艺术植根于生活，让所有人都能够轻松参与进来。过去是行为成就艺术，然后是意识成就艺术，现在是生活成就艺术，而在未来，艺术或许就是商业自救、构建核心竞争力的办法之一。

从生活中去寻找艺术美。管理者应该去思考跨界融合的新模式，从生活本身寻找商机，让生活美学融入商业。商业和美学结合可以拉近消费者与艺术的距离。每个人对艺术的感知是不一样的。商业和生活美学的结合，给消费者带来的新体验也是不一样的，不同的人会有不同的感知。

4Life 主打的是天然矿泉水，其水源来自资源丰沃的森林生态，很多动物在此栖息。于是 4Life 利用了这一点，将动物和水融在了一起，简单的蓝白水波纹搭配生活在水里的多色动物，呈现出自然的生动和谐之美（见图 7-6）。

其设计让人眼前一亮，仔细一看，条纹中间还有各种小动物。最吸引人的一点莫过于在小动物附近的条纹发生了“扭曲”，像极了水面漾出的波纹（见图 7-7）。

产品对人的意义究竟是什么？不仅需要凭借机器工具和专业设计思维，更需要有深厚文化积淀和非凡的想象力，把生活美学和设计文化融合，如设计大师黑川雅之、安藤忠雄、嘉柏丽尔·香奈儿等，一直致力于塑造和引领一种美的生活方式，用设计的力量影响和改变了人们的生活方式。

美学经济是供给端围绕美学价值的创造和增值而建立的新的生产函数，是以美学资本、美学设计、美学体验等为核心的美学生产要素，对传统生产要素、生产结构与生产方式进行的系统化重组。

图 7-6　4Life 矿泉水

图 7-7　4Life 矿泉水设计

作为一种新的思维方式，美学经济思维强调围绕持续变化的美学消费需求，不断创新理论和方法，促进自然与人文、科技与文化的内在融通，构建新的生产关系，确立新的生产意义。

美学经济强调围绕消费者的隐性消费需求，通过对产品内在价值的创新，充分挖掘美学资源。依靠美学设计，从“为人”的角度重构产品意义，并将这种原生意义与生产制作、服务营销、品牌塑造相贯通，通过美学设计、美学生产与美学服务的系统性运作，将企业美学资源转化为独树一帜的产品体系与企业品牌，并最终凝结成其他企业难以企及的美学资本。

对企业与产业而言，应着力由美学风格模仿向美学主动创新转变。通过对本土美学消费需求的精耕与深研，在与本土美学消费市场形成联动的同时，不断提升产品和服务的美学附加值，促进品牌化发展。围绕“美学生活系统性解决方案”形成高级美学产业集群，促进整体产业的关联化、纵深化与美学化发展，提升本土产业竞争力。

中国的面馆星罗棋布。然而，在面馆界里，有这样一家面馆与书房“划等号”，即在市场上异军突起的和府捞面。和府捞面创始人李学林说：“传统文化并非陈旧的，它同样具有巨大的商业潜力和新的生命力，重要的是，我们如何将它运用得更好。”和府捞面将中国传统“书房文化”引入面馆门店设计，各个角落都散发出浓郁的中国风。

在快节奏的当下，和府团队追寻的是如何提炼出独有的文化沉淀，呈现出经得起时间锤炼的美感，打造快节奏下慢生活、品质生活的体验空间。他们不断深挖书房元素，分别从文房四宝与听、嗅、观、赏、志、印等全方位的空间元素里寻找灵感，并且在颜色运用上做大胆尝试，打造出现代精致的书房。店内红、蓝与黑的色调搭配，让视觉呈现得更加现代酷炫，而书房元素恰到好处的穿插又让现代与古代的边界变得模糊起来（见图 7-8）。

和府捞面通过打造书房文化，提供品质餐饮，提升设计视觉等系列操作，显得十分特立独行。和府捞面通过美学设计让顾客能够在禅意静谧的空间不必匆忙，好好享受快节奏社会中片刻的慢生活。

图 7-8　和府捞面设计

资料来源：https：//xw.qq.com/cmsid/20210617A0B9DY00.

美学与设计驱动的新商业，民宿行业的兴盛也是一个侧影。为了满足城市人对田园及乡村生活的向往，民宿行业的创新更多是在兜售情怀，在呈现上积极通过美学与设计驱动。

特斯拉首席设计师弗朗茨说：**“我们想创造一样足够吸引人的东西，而且它会让人们联想到其内在品牌精神。”**

连接与取悦消费者带来感动，高颜值就是流量，就是销量。

美学的事业价值关乎愉悦也是通过感官体验，提升人类精神和激发想象力。现今的消费者已经不再追求物质财富的积累，而是积极去寻求深刻和意义。历久不衰的品牌要提供目的诉求情感，激发想象驱动它们的因素远远超过了商业的动机，它们要连接和取悦人们，让顾客持续为企业提供的产品和服务感动。拥有美学与设计驱动能力的企业，不应该只把顾客看成追求消费的人，他们还应是一群最终寻求感受生活的人。

在戴森之前，谁也没想到相对不起眼的小家电可以成为炫酷的代名词。在高端性能的底色之上，戴森将简约、时尚、科技融为一体，打造出独树一帜的高颜值产品。即便戴森产品的价格动辄三五千，也受到了许多人的热捧，成为中产阶级的心头好，也成就了一个现象级的家电品牌。

在以往媒体不发达的时候，人们购买产品主要是为了享用，只要对功效满意，颜值差一点没关系。但到了社交媒体时代，这一逻辑彻底改变，产品在满足享用之外还要用于传播，甚至于有时候传播要排在享用之前。想想身边的有些人，是不是在吃东西前必须先拍照发朋友圈？和食物口味带来的愉悦相比，收获更多的点赞或许让他们更为满足。对品牌商家而言，微博、朋友圈、抖音等社交平台已经成为新品推广的重要阵地。一款产品适不适合拍照分享到社交网络，成为新品研发的重要考量因素。

网友在社交网络上晒出了故宫博物院内售卖的冰淇淋（见

图 7–9），别致的神兽造型、鲜明多样的颜色，让本该在秋冬时节淡出的品类登上了热搜。围绕这个产品，讨论最多的不是口味如何，而是颜值如何。

图 7–9　故宫文创冰淇淋

资料来源：http：//news.hsw.cn/system/2020/0522/1186910.shtml?mobile=he7J8mdP.

第 8 章

客户力：从现在开始，潜心做好客户关系管理

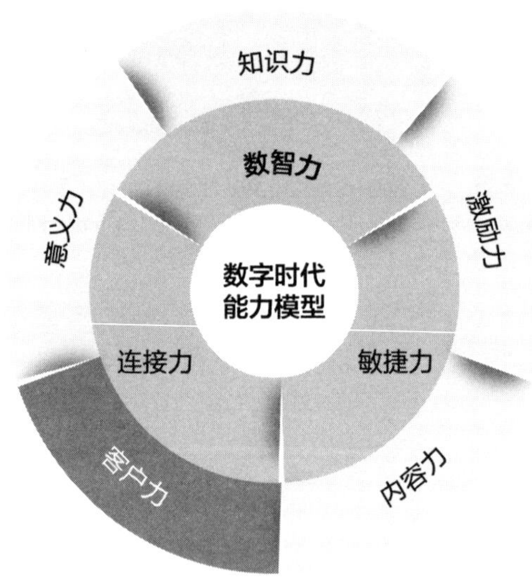

8.1　成为客户中心主义的公司

在传统大工业时代，主要矛盾是生产，也正如福特所说的，客户可能想要各种款式的汽车，但福特只提供黑色的 T 型车。背后的潜台词是产品是稀缺的，只好尽可能最大化、同质化地满足客户的需求。在这样的逻辑下，客户被无差别地对待，或者被简单地归类化处理。

随着生产规模变大，与之配套的是大传播、大品牌、大分销。这带来了广告业的黄金时代，广告范式更多考虑的是曝光量、知名度、经销商体系等。至于客户关系管理的能力与建设，则被放到边缘的位置。

数字化转型以及新科技应用，客户的逻辑改变了，生产变得充裕，客户成为企业经营的核心。理想状态是高效率的 1 对 1，虽然做不到，但企业都在努力走向客户关系经营。在相当长的一段时间内，客户中心主义将成为商业范式的主旋律，客户关系经营能力将成为企业战略与竞争的关键能力。

企业不得不重新静下心来夯实组织的客户关系经营能力，构建以客户为中心的企业运营体系。在不确定的年代里，这是为数不多非常确定的方向。

客户是稀缺的。你或许见过没有“产品”的成功企业，但从没有见过，一个成功的企业却没有“客户”。在一个社区餐馆的竞争范围内，某一时刻只有那么多想吃饭的人，这些人可以自己做饭，或者去竞争对手的餐馆。因此，客户与产品、服务或渠道相比是稀缺的。

客户是公司收入的唯一来源。产品、品牌、服务、雇员、营销计划、商店、工厂不会自动变成收入。只有当它们能够从客户那里获得收入时，才对公司有重要意义。公司的目标不只是从产品或渠道中获得价值，更多要确保公司为客户创造价值。

客户关系经营能力促进企业利润增加的四种方式是:

（1）通过增加客户购买而得到的利润。随着时间的推移，客户会重复购买更多数量的产品。客户关系经营的一个努力方向就是吸引更多习惯性购买的老用户。

（2）通过降低运作成本而得到的利润。随着客户变得越来越有经验，客户提出需求的次数会减少，同时流畅运营出错的概率也更小，这既为卖方，也为客户贡献了更多的价值，激励客户关系互动更富有成效。

（3）通过客户推荐给其他客户而得到的利润。由于原有的客户从企业中得到满意的产品或服务而向其他人推荐，企业在广告和促销方面所花费的支出就减少了。

（4）通过价格溢出而得到的利润。对新客户，可以通过促销折扣的方式来使其得到甜头，从而购买企业的产品和服务，而长期往来的客户则更可能支付正常的价格。企业留存客户的时间越长，从客户身上赚的就越多。

管理客户关系最主要的目的是企业要着眼于从总体上不断增加客户的价值——对企业的成功而言，继续与客户往来是极其重要的。不断增加客户的价值，无论是通过交叉销售的方式（推动客户去购买企业其他的产品和服务），增值销售的方式（推动客户去购买企业所提供的更昂贵的产品和服务），还是通过客户寻找他们偏爱的商品，都能够使企业创造出更多的盈利。企业还可以让客户以更方便的方式从企业购买产品和服务，这也可以降低它服务于客户的成本。

技术使企业产品和服务的批量客户化、个性化成为可能，并使企业能够以一种成本节省的方式，来针对不同的客户采取不同的商业行动。

与客户建立了深厚关系的企业，每次为客户提供产品和服务的同时就增强了客户的忠诚度。**相对于嚷着要拓展销售团队，天天**

找客户，企业更重要的任务是建立一个稳定的客户基础。客户战略型的企业希望减少客户的流失率。客户是任何一家企业的血液，理论上讲，客户是企业收入的唯一来源。忠诚的客户对企业来说就更加有价值，更加有钱可赚。对企业来说，为老客户提供服务的花费会更少，老客户进行重复交易会变得更有规律可循，因而成本会更低。忠诚的客户也会倾向于去向其他新客户推荐该企业，这就为企业带来了新的利润来源。

通过在每次客户与企业互动过程中令客户所感觉到的价值不断增加，企业倾向于关注客户满意度，由此来保证更高的客户留存比率。当客户是因为很满意企业服务而留下来时，他们就更加愿意变成企业的忠诚客户。这种忠诚最终使得重复购买和企业客户份额增加。

茑屋书店的增田宗昭认为，所有的事情应该从消费者的立场出发，假设消费者想去欧洲旅游而走进书店，除了旅游书籍可能还想了解欧洲的历史和文化背景。但传统的书店会把这些书从渠道方的角度进行硬性分类，像是杂志、单行本、漫画、小说等，消费者要跑好多书柜才能找齐。增田宗昭认为卖书的重点是书的内容，而不是类型。以代官山茑屋书店为例，他将店内书籍进行分区，分为旅游、美食/烹饪、人文/文学、设计/建筑、汽车等，并把与该分类相关的书籍都摆在一起，顾客能够方便享受书店提供的各种“生活的提案”。这种分区摆书的提案方式对书店员工能力的要求极高，员工不能只是会摆放及查找书籍，而是要懂书并了解消费者的心态、需求及兴趣。要在不停的思考下，把不同的书刊都归在一起，才能设计出符合消费者心理的生活提案。为此，茑屋书店聘请在各个领域有专长的编辑、记者、资深员工来担任各区导购员。他们接待、帮助顾客选购，并适时给予建议。读者来到书店后，能接受专家根据其需求给予的咨询和建议，这是将互动式的服务做到极致的表现。这个过程中，消费者感觉被重视、被服务，参与进了书店的安排里，构建了书店独特的魅力。

代官山茑屋书店最初是定位给年长者的城市书店。瞄准的客群为50岁以上的人群，因为这些人与茑屋书店30年前创立时的客群有极高的重合度，也多保持着阅读纸质书的习惯，并且乐意在实体店与电商平台中选择前者。该店充满“日式现代中产阶级家庭”的格调，没有夸张的宣传海报，每一处的设计都是希望读者能够“慢”下来阅读，并在早上7点就开门，希望能迎合客群的需求。茑屋书店第二间书店选址在北海道，客群以社区民众及孩童为主，而非观光客。所以店址远离交通枢纽，却提供大量停车位。特别的是，在店内儿童阅读书区的旁边有一个“儿童乐园”，让儿童能够自由奔跑嬉戏。在漫长寒冬时，这给北海道当地家长和孩童提供了一个温暖且安全的地方，完全是为社区民众贴心设想。

客户关系经营能力不仅仅是酒店等服务业企业的努力方向，也势必成为未来一切商业的标配。只不过以酒店行业为代表的服务业走在各行业的前面，其中又以丽思卡尔顿酒店为典型代表。

丽思卡尔顿酒店将自身定义为“绅士淑女为绅士淑女服务”，贯彻品牌既简单又屡获殊荣的服务理念：

- 热情真诚地欢迎客户。
- 尽可能称呼客户的名字。
- 预测客户的需求。
- 热情道别，并尽可能称呼客户的名字。

丽思卡尔顿以客户得到真诚关怀和舒适款待为最高使命。承诺为客户提供细致入微的个人服务和齐全完善的设施，营造温暖、舒适、优雅的环境。丽思卡尔顿之行能使你愉悦身心、受益匪浅，甚至能心照不宣地满足内心的愿望和需求。

丽思卡尔顿打破了酒店业工资低、员工流动性大的传统恶性循环，围绕客户重新设计所有业务流程，包括人员招聘和薪酬制度。招募合作伙伴时，主要依据他们对客户的态度而不是专业技能。报酬主要以客户满意度为基础，而不是销售额和入住率。

丽思卡尔顿酒店根据最优秀员工（如酒店经理、洗碗工、勤杂工等）的绩效确定工作岗位的标准。公司确定最优秀员工的特征，并据此进行招聘。这些优秀员工还负责编写岗位培训手册。

丽思卡尔顿内部在客户关系经营能力培养上逐渐形成自身独特的 12 条法则：

（1）建立强有力的客户关系，培养丽思卡尔顿的长期客户。

（2）快速回应客户明确或暗示的愿望需求。

（3）授权为客户创造独特难忘的个性化体验。

（4）了解在获取成功关键因素和创造丽思卡尔顿秘诀过程中自己所起的作用。

（5）不断寻求创新和改进丽思卡尔顿体验的机会。

（6）勇于面对并快速解决客户的问题。

（7）创造团队合作和辅助服务的工作环境，满足客户及同事之间的需求。

（8）有不断学习成长的机会。

（9）参与制订相关的工作计划。

（10）对自己的职业仪表、语言和行为举止感到自豪。

（11）保护客户、同事的隐私和安全，保护公司的机密信息和资产。

（12）有责任保持最高的清洁标准并创造安全无事故的环境。

客户关系经营能力在新经济中有不同体现。日益流行的会员制其实就是客户关系经营策略的一种选择。例如，好市多的会员制、奈飞的会员制、亚马逊的会员制，再到国内视频网站、电商购物等平台的会员制，都在积极从卖产品走向抢人和经营客户的战略选择。罗比·凯尔曼·巴克斯特的《会员经济：发现超级用户，缔造长期交易，赢得持久营业收入》一书针对日益流行的会员经济给出了自己的思考：

会员经济能够创造源源不断的营业收入，消除营业收入的不稳定性。大多数公司必须应对季节变化带来的不利影响，有些公司比其他公司更注重这一点。如果每个月都能收入一些会费，就能弥补年度收入高峰与低谷之间的差距。

会员经济有利于公司将客户摆在核心位置，与客户建立一种更加直接的关系，有助于强化品牌。如果一家公司与其客户建立了牢固的、积极的关系，那么它就能利用会员的忠诚逐渐发展壮大；会员也会将这家公司推荐给其他人，有助于公司抵抗竞争威胁。

会员经济可以为公司创造源源不断的数据流，而公司可以利用这些数据改善服务质量，并探索提升客户满意度的新机遇。一家公司越是了解客户的需求、行为和态度，就越能满足客户需求。

从当前的情况来看，会员经济模式的前景非常好。得益于不断进步的技术，很多行业落实会员制的能力都得到了大幅提升。会员经济模式的核心是为客户创造价值，而不是以卖掉产品为目标的交易。每家公司把精力集中到客户身上，秉持以客户为中心的模式。客户与公司的关系是持久的和正式的，是“持续不断的交易”，对一家公司的影响是全方位的，这种关系改变着公司所做的每一件事。

8.2 客户关系的经营过程

卓越服务从来都不是愉快的意外，而是蓄意和设计的结果。

公司要通过管理客户关系来创造客户价值，就必须识别客户（Identify），区分不同的客户（Differentiate），同客户进行互动

（Interact），满足客户期望的服务（Customize）。IDIC 模式是唐·佩珀斯[1]提出作为企业进行顾客关系管理的基本架构模型。IDIC 在客户关系管理领域被广泛地引用。

（1）识别客户。建立关系的首要任务，是区分在关系另一端的客户特征。很多企业并不知道如何对其众多客户进行区分。对所有的企业而言，这个识别任务同样也必须担负起组织和动员企业多种信息资源的任务，以便公司能够从业务的角度更为科学地经营客户关系。

企业拥有机制和办法来紧紧追随其客户，而非只是通过已经卖出去的产品来区分，同时从企业与之进行交易的个体的角度来区分客户。企业必须在客户重复购买时辨认出他们，无论客户是线下到店，还是打电话，或者通过社交媒体，或者以其他任何方式，企业都要能分辨出来。企业需要尽可能详细地“了解”客户的细节，包括他们的习惯、偏好和其他识别这个客户的重要特征。当客户下单购买时，系统就会知道你上一次的订单情况及实施的购买行为，因为你已经被识别出来了。

在互联网空间跨网站的识别之前常用的是 Cookie，例如，阿里巴巴通过自身的大体系——淘宝、优酷、高德地图等构建统一标识，清晰刻画用户的行为及欲望，从而获取更为综合的商业价值，这就是典型识别用户的能力，以此来读懂客户，从而完成商业的更多连接与服务。传统企业数字化转型一个很难的挑战是如何整合体系内的数据，尤其是用户数据，有效识别跨平台、跨区域、跨终端等形式的用户身份。美的集团数字化转型初期从一套系统、一个用户体系下手，花费很大的力气来夯实新基建。

从海量的用户数据中选取真正有效的、系统性的信息来服务

1　唐·佩珀斯（Don Peppers）系“一对一营销”创始人。《一对一未来》（*The One to One Future*）被业内誉为“新营销圣经”。

于用户管理运营，并非一件容易的事。有效的数据不仅包括多个来源，如用户产品的监测数据、用户在各个触点互动的详细记录、公司的销售及各业务部门数据，还包括用户在外部渠道的发声及净推荐值（NPS）。同时，有效的数据管理系统应打通各个部门采集的数据，确保运营决策均基于完整的用户信息，而非单一部门的数据系统。有了完整的用户数据基础，企业的各类举措均可以在个体用户层面进行精准运营，如复购激励、会员运营激励、产品定价及有效的售后服务等。

（2）区分不同的客户。能够熟练地区分不同的客户，企业就能够做到这几点：把它的资源集中分配给那些能够为企业带来最大价值的客户；制定和实施客户专门化的战略，设计出不同的产品和服务，用以满足单个客户的各种不同的需求。客户对企业表现出不同程度的价值，对企业也有着各不相同的需求。客户的需求推动他的行为，而他的行为是企业需要观察的，并以此评估他的价值。

“客户分组”并不是一个新概念，但以一个特定的变量为依据，将客户进行不同的分类和划分成不同的群体，这对于了解客户及其偏好，更有力地服务于客户，仍然是非常关键的一步。对客户采取不同措施的任务，要求企业既要按照客户对企业的价值对其进行分类，也要按照客户的需求来对其进行分类。一些呼叫中心总是根据等待通话的客户对企业的不同价值，来改变它们服务于客户的顺序和决定客户等待的时间。虽然最理想的状态是，在每一个来电响铃两次后就去接听它，但是，在做不到的情况下，你先服务于那些持续同你保持业务联系的客户，暂时跨过那些对你而言不那么有价值的客户，给予优先服务就是一种更好的选择。在很多呼叫中心，这种服务顺序的重新调整根本就不会让客户知道，客户也不可能从任何地方看出蛛丝马迹。

客户分组与区别对待，不只从与企业互动沉淀数据下手，也需要有开放精神以整合更多外部数据。在国外，以 Klout 为代表的工具正在积极将社交媒体上的用户影响力与商业经营结合起来。例如，当顾客中的大 V 投诉你时，企业需要重视其优先级及处理方式。通过这样的数据工具支撑来区别对待是数字化时代的新要求，虽然之前我们也是这么对待客户的，只不过在数字化时代以前，点对点个人行为被程序化了。

对于客户分组能力，企业执行过程中更普遍的抓手是“打标签”（见图 8-1），每一次互动及交付都给客户打标签，做数据累积，以更好地了解用户，从而提升服务。在大数据时代，我们应该将客户标签化、行为数据化等采集变得更为容易，尤其是借重与客户接触的终端服务人员。以前用户分组更多依据的是消费数据等结果导向，如充值、金卡等，没有从行为及认知层面来标记，这样很

图 8-1 粉丝标签化

资料来源：唐兴通微信公众号平台后台截图。

难为客户定制满意的服务。

链家地产是低频高价值产品购买撮合平台，房屋销售代理人需要有效了解买家、卖家才可以完成订单。链家在客户分组与标签化上选择以代售房源为基础，标签化卖家，每一次在房屋销售代理人带客户去看房后，买卖双方的聊天话题、议价的关注点与结果，以及卖家的售房意愿与心理底价等信息，在工作结束后必须将相关标签及信息填入系统，为后面更为有效地撮合交易奠定基础。链家地产的知识管理、客户分组及标签化过程就是通过这样一个流程将其固定，获取行业隐形的持续竞争优势。

（3）同客户进行互动。企业必须提高同客户进行互动的效率。每一次成功地同客户进行互动，都以上次互动为基础。同客户进行的每一次对话，都应该从上一次结束的地方开始。高效率地与客户互动，就能够使企业更好地了解客户的需求，且不浪费客户时间（同一个问题，公司永远不应该问客户两次，即便提问的人处于公司不同的部门）。

客户关系是由互动行为来驱动的。当双方进行互动时，他们会交换信息，而这种信息交换就是建立关系的核心发动机。当一个客户从一个公司所销售的产品中购买了一种，其互动行为就发生了。每次的互动行为都有可能会在客户与企业已经建立起来的关系基础上增加总的信息量。

你同某一个人交流得越多，在下一次会面时，对你所要表达的要点，你需要说明的事项就越少。客户关系的这种重复的本质属性具有一个特别的内涵，那就是如果与客户继续保持这种关系，它就能够对客户产生一种方便的利益。亚马逊网上书店就能够基于你上一次与它进行互动的过程而记住你读书的偏好、你的地址、你的信用卡号码等。当下一次你要从网上书店购书时，你只需要找到你要的书，然后点击一下鼠标即可。如果你在这家书店已经买了足够多的书，亚马逊就会为你去寻找，并且找到的正好是你想买的书。企业与客户之间建立起的关系越深厚，这个客户到其他地方去创建同类关系就显得越困难。由此，这个客户对企业而言，就显得越加忠诚。

互动就是给情感账户存钱。史蒂芬•柯维（Stephen Covey）提出将客户经营视为情感账户的理念。“银行账户”类似客户和组织间的关系力度。你可以存款，也可以取款。为确保良好牢固的关系，客户账户要有结余，这样才能产生额外业务，提高忠诚度。企业的每名员工都可以在互动过程中给客户账户存款，互动过程包括如下内容：

- 提供承诺的价值主张。
- 真诚关注客户问题。
- 倾听、理解客户的各种问题。
- 付出额外精力满足客户的具体要求。
- 设身处地、个性化对待客户。
- 诚信行事，遵守承诺。
- 做错时及时道歉，并进行补救。

客户互动是琐碎且必要的基本动作。那么要不要与客户不断聊天和互动评论呢？如果时间允许，每一条评论你都应该给用户评论。与客户的互动评论看起来是满足每个客户的一种需求，它其实也会影响你接下来寻找消费决策的客户（如大众点评、携程），而且互动评论的内容具有很长的时间复利效应。综合评估下来是一个投入产出比非常划得来的投入。

我的一个客户是做生活美容的，之前用户在大众点评、小红书上针对店员及相关服务给出评论和评价，他们就如大部分企业一样，给出官方统一形式化的回复，那与其调性一致、没有任何情感元素的回答，也不存在真心实意解决问题的态度。虽然认识到网络互动形成的评论会深度影响小组决策，但该企业并没有形成稳定的流程与规范。为此我让他们全网找寻用户评论与互动回复的经典案例，在组织内部学习临摹、抄写三个月。针对全网所有用户留言、评论或者期望互动的接触点进行拉网式互动评论，互动中注入情感、温度与态度，为该企业全国各地的实体店持续带来客户，获取流量。

我们看一家企业是不是重视客户关系管理，是不是聆听客户，从抖音、大众点评、小红书、携程、豆瓣、电商购物平台上的评论和评价即可窥见一斑。客户互动中我们真诚的回答，不只解决了一个客户的问题，还让其他客户看到一种信任，这是一个具有成长力的企业，是真正关注客户的、有口碑的一家企业。你应该时刻记得：客户的投诉是调整与客户关系的最佳场景。

对于成本效率和客户互动效率，无论互动多么自动化，每一次同客户的互动都需要企业付出成本，要是考虑客户付出的时间和精力，有些互动比其他互动还要昂贵。通过减少和消除那些客户不想进行的互动，可以在一定程度上最小化互动的成本。根据客户的价值来对其进行评级和排队，就使得企业能够更有效、更节约地管理其客户的互动过程。一个具有很高价值的客户更值得企业经理去给他打电话，而与此同时，对一个低价值的客户，如果通过网站与其进行互动，也许会更有效率。企业需要有一种可管理、更经济、更有效的方式来巩固它同其客户所开展的互动过程。它需要对其客户的需求进行分类，并且要以某种有效的方式来对其作出反应，以便它能够针对每一个客户进行个性化的互动。

采取客户战略的企业不仅应该关注与客户互动的交流渠道的效率，还应关注客户对话本身的有效性。衡量效率的指标可能包括跟踪来访客户通过查询企业网站时的常见问题得到满意答复的百分比，或者监测客户在中断联系前与客户服务部保持通话的时间长度。衡量有效性的指标可能包括跟踪第一次呼叫解决问题的方案，或者在第一次呼叫中处理投诉或解决问题的比率。

当下社交媒体已成为构建客户关系的关键接触点。客户在社交媒体上分享正面或负面的评论和经验，并期望立即得到回应。在社交媒体上建立良好的客户关系可以使企业与客户建立联系，从而帮助改善与客户的关系。

通过智能技术与自动化客户支持建立客户关系时，没有什么比更快的响应速度更能使客户满意了，延迟的响应是客户反感的。研究表明，有21%的消费者认为聊天机器人是与企业联系的最简单的方法。最好的聊天机器人能够自动实现客户支持，可以通过改善响应时间、参与度和客户问题来重新定义客户满意度。实时服务对于保持当前的关系和潜在客户是非常重要的。引导客户获得真正的答案，以减少客户提出的请求数量。智能机器人提供常见问题解答，并提供相关答案的培训，以使其遵循客户的模式为客户提供服务。

孩子王对自己的定义不再是一家卖货的店，而是“客户的店”，于是成为新家庭室内活动中心、母婴童商品与服务中心及儿童线下互动社区。孩子王内部的客户研究中心实施围绕着客户生活方式的产品经理制，专注于不同生命阶段的客户需求进行互动产品的研发和打造。例如，当你怀孕了，有金牌月嫂预约、孕妇亲子摄影、“胎儿大学”课堂、孕妇瑜伽等；孩子出生后的0~1岁，有催乳、母乳喂养指导、满月发汗、幼儿游泳洗澡、婴幼儿抚触、新妈妈骨盆修复、婴幼儿理胎发等服务。

孩子王不只推进企业与客户的互动，还积极构建客户之间的互动。孩子王单店每年要努力达到1000场高密度的活动，孕期有新妈妈学院、一日父母体验馆等，针对不同年龄段的孩子有萌宝爬爬赛、玩家俱乐部、走走赛、定制抓周礼、定制上门生日会、缤纷夏/冬令营、童乐会等来创造客户之间的互动，通过用户持续运营帮助企业树立良好的品牌形象与口碑，提升用户对品牌的忠诚度，从而帮助企业建立更宽的“护城河”。

在客户每次购买时，孩子王都积累了更多的客户信息，了解客户喜欢以何种方式购物，以及倾向于购买什么东西等。互动不仅仅是企业同客户建立联系的途径，更能了解到关于这个客户的信息，而竞争对手也许是没法知道的。互动就为企业提供了关于客户的有价值的信息。

在每一次同客户的互动中，客户都帮助孩子王更加准确地预测他对孩子王的潜在价值及其“轨迹”。通过对话互动，客户也许会透露一个具体的计划，他会花多少钱来购买孩子王的产品或服务，以及他会使用孩子王的产品和服务多长时间。这种类型的信息通常无法从客户的购买记录或交易记录中获取，只能够通过与该客户进行直接的互动才能够得到。

（4）**满足客户期望的服务。**企业应该为了客户而改变自己行为的某些方面，并且是以单个客户的需求和价值为基础去做这种改变。为了在一种持续性的依赖关系中抓住客户，企业需要改变自己的行为来满足客户的需求。IDIC 的实施模型可以区分成两种不同的行为类型：分析类和行动类。企业实施客户关系管理前两项任务，即识别和区分，是在客户的视线之外与感觉不到的情况下做的，这两项任务就构成了分析。后两项任务，即互动和满足客户，则是面对客户的两个步骤，它要求客户方的积极参与。对客户来说，这是看得见的，这两项任务就构成了行动。

“客户”是企业最重要的资产之一，然而，多数企业却普遍缺乏对客户的深入了解，缺乏客户资产盘点。这些企业仅模糊地知道客户的大致情况（如客户数量），对客户的行为却知之甚少。比如，每年新增客户的来源，是否为品牌的目标客户？存量客户的流失率及流失的主要原因是什么？完整的客户旅程是怎样的，公司在哪些客户旅程的体验环节上表现欠佳，令用户失望或甚至成为客户流失的“导火索”？当前存量客户的行为特征如何？哪类客户的忠诚度高，哪类客户可能即将流失？以及每个客户的价值是多少等。这些关键问题答案的缺失，会导致客户体验管理与持续运营目标不清晰、方向模糊不定等问题。

8.3 客户关系经营能力是组织行为

在当前客户数据海量化、线上线下全渠道运营的趋势下，客户体验管理的界限愈发模糊，需要有专人从客户视角出发，统筹协调不同渠道、不同部门的客户体验管理。

要变成一个客户价值型的企业是困难的。这从来就不是企业内的某一个特定部门所能处理得了的战略。管理客户关系是一个持续不断的过程，是一个需要每一个职能部门支持和参与的过程，从公司管理层的最高领导者开始，到产品制造和财务管理线，再到公司的销售代表或品牌宣传客服中心，都要参与，都要支持。

企业可设立专职于管理客户体验的 CCO（Chief Customer Officer，首席客户服务官），由公司高层专职负责，将客户体验管理提升至公司战略层面。CCO 带领的团队将直接承担客户洞察、设计运营规划、落地执行、效果监测及迭代优化的职能，并承担跨部门协调的重任。这一团队的建立，将避免单一部门视角，实现跨部门、跨触点的客户体验管理。

例如，某银行在零售业务部设置客户体验经理，同时负责客户净推荐值管理，定期收集客户反馈并形成洞察，对银行业务各环节运营提升提出相应建议，并引导业务部门予以落实。而另外一家国外领先的电信公司，其 CCO 直接向 CEO 汇报，拥有专门的客户洞察和战略团队，管理特定客户体验工具与流程，推动客户战略的跨部门讨论与运营举措落地。

一个客户战略型企业，始终在寻求如何为客户创造价值，然后

通过合适的途径把价值传递给客户。通过特别关注客户，并针对不同的客户采取不同措施，来不断地增加客户的价值，采用多种不同的方式去为企业带来利益。

孩子王提出了“单客经济”，也就是深挖单客价值，这就意味着走上精细化运营客户的道路。会员ARPU值（Average Revenue Per User）指单客平均收入，它是衡量会员质量的重要指标，也自然成为孩子王最重要的一个考核指标。徐伟宏接受采访时说：“在这个行业的线下市场，我们现在绝对是第一名，但这不是我们的目标，我们要的是ARPU值每年都要提高。”

单客经营的载体是会员制，会员制也是一个不断探索的过程，早在前两年已经进化到付费会员阶段，推出孩子王黑金Plus会员，现在分为199元/年的成长卡和399元/年的孕享卡。现在的付费会员数量应该接近100万。结果是孩子王的付费会员无论在产值、订单量、购物频次、ARPU值上都大大高于普通会员。**从流量增长到单客价值，这个创业发端就使孩子王有了关注“人”的基因。**

团队把公司定义为“一家经营客户关系的公司”，员工当时都理解不了。后来发现，无论是创始人、CEO还是其他高管，每次公开提到最多的就是经营客户关系这样的字眼。**单客经济注定要落到重度的经营客户关系上，而支撑这一切的必然是深度服务。单单是商品已经不足以满足客户在母婴领域的需求，而必须围绕着孕妈妈和孩子们的生活方式来做文章，为他们提供这一段独特生命旅程的解决方案。**

从流量增长到单客价值的模式，必须有“从销售商品到经营客户”这个运营逻辑和体系的支撑。孩子王找到了经营客户关系的最重要的连接器——6000名左右的育儿顾问。为此孩子王积极务实基于育儿顾问的客户关系经营能力体系建设——组织架构的改变以及实现“服务产品化、商品服务化、会员服务化、全面数字化、员工智慧化”，激励考核机制的改变等都大大地赋能了育儿顾问，使得他们全力以赴成为维系客户关系的关键经营者，通过服务与会员建立情感上的深度联结。

我经常会问商学院的学生，全球客户服务标杆有哪些企业？大家经常提到迪士尼。乔布斯生前也多次向迪士尼拜访学习，学习用户体验设计之道。这种为客户提供高水准优质服务的能力是众多领域都需要的，并不仅仅局限于服务业或者是娱乐业。迪士尼把自己定位为传递快乐的服务型公司，将客户服务作为公司主基调，它是如何从组织的角度来保证客户服务能力一致性、卓越性的呢？

迪士尼有一个创造用户体验的核心方法，叫作“优质服务指南针”。这个指南针里面有三个步骤，分别是：第一步，研究人的需求与行为，也称“宾客学”；第二步，确立共同目标及价值观；第三步，找到落实的途径。

迪士尼非常重视用户服务，以至于专门发明了一个词叫作宾客学，就是研究认识和理解宾客的一门学问。对用户需求的极端重视，成为迪士尼优质服务的一个重要特点。无论什么行业，最终服务的都是用户，只有用户才有资格来评价服务的好坏。因此，建立优质服务指南针的第一步，就是要彻底地研究用户的需求和行为。宾客学可以简化为“观察、询问和亲身体验”。

真正的观察不仅仅是看用户在干什么，而是要总结用户背后的行为模式，研究其中的规律特点。迪士尼的员工会把大量的数据总结起来分析，例如，游客通常是比较早还是比较晚去玩“加勒比海盗”，在每小时中使用度假区交通工具的游客有多少，不同的度假区的入住率有什么样的差别，等等。因此，迪士尼员工不仅仅研究用户在具体场景下的使用行为，更重要的是通过观察和分析数据进而研究整体规律，从而提供对产品设计有指导意义的内容。

在迪士尼新员工培训时，你开门时触摸的门把手是会发出声音的，然后就像迪士尼电影《爱丽丝梦游仙境》中那样，一路上穿过各种奇形怪状的走廊和圆形的大厅等，充满着迪士尼象征意味的元素。在专门为新员工和求职人员花费大量财力、物力、人力设计的神奇建筑里，你是不是能够很清晰地感觉到迪士尼给用户提供的超乎满意的服务呢？

人是环境中的“动物”，哪怕员工培训得再好，游客或者客户在糟糕的环境中也难以获得良好的服务。相反，如果我们能够把客户接触的每一个场景，其细节都设计得超乎他们的体验，那么客户就更有可能获得超出预期的体验。

迪士尼极其重视场景的体验设计。场景不仅仅提供信息，也引导体验。迪士尼乐园通过小山把两个世界隔绝开来，形成鲜明的反差，让园区内的工作人员意识到，来这里工作就是进入了世外桃源。提供良好的服务，就要给客户创造一个和其他环境迥然不同的高水准体验区域，这样才能将这种场景带来的体验放大到极致。

迪士尼高度重视用户，只有真的洞察用户的需求，才能提供高水平的服务。在用户多样的需求和我们实际解决问题的能力，以及具体冲突中，需要有一个共同目标与价值观来进行指导，确保行为的优先级和标准。想要把用户的洞察以及服务的标准落实，就要关注员工、场景和流程三个方面，让员工从心底认同公司的价值观，场景的设计要能给用户提供独特的服务体验，再通过一系列的流程标准来让服务始终如一，水平稳定不变。

第 9 章

内容力：每家企业都要成为内容型组织

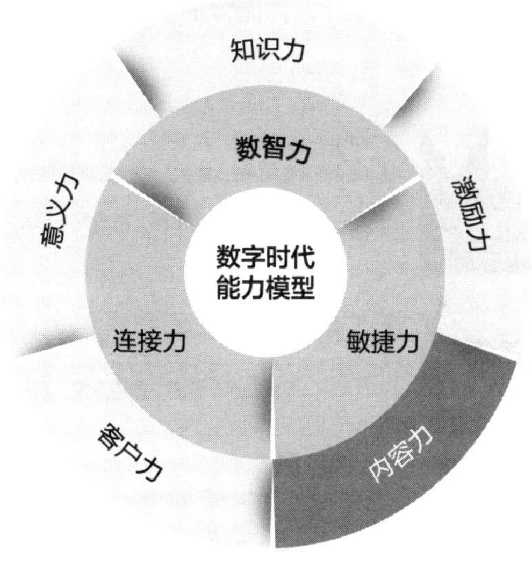

9.1 内容力：未来通行证

9.1.1 内容力即新竞争力

内容也是能量的一种形式。在这个纷繁复杂的时代，信息爆炸加速了茧房效应。个人和组织都希望能够获取内容力的红利以达成商业目的，那么就需要对外传播内容，即发射能量。你需要对内容做刻意的打磨，使之符合数字时代的传播学规律。

未来构建内容竞争力的三个最主流渠道（见图 9-1）是：第一，传统的广告媒介，主要通过购买来实现；第二，智能推荐引擎（以今日头条、抖音为代表），你能做的就是做出符合推荐算法的

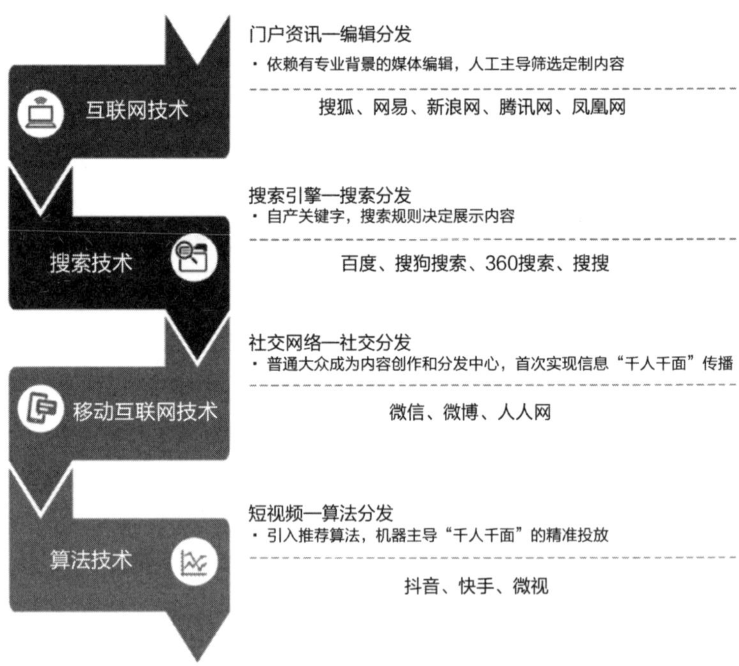

图 9-1 中国互联网营销的发展

资料来源：毕马威，《中国零售服务业白皮书》。

内容，把算法推荐的内容传递给目标客户；第三，社交媒体、社交网络，主要是做出具有自传播能力的内容，通过目标客户的分享、转发等行为达到商业传播目的。

内容构建连接。内容将同好的人或者有相同需求的人有效地连接起来。这就是数字时代的新分销网络，也是 DTC（Direct To Customer）的底层逻辑。数字时代的分销和渠道网络很重要，就是通过内容来构建。我们看到的直播网为什么能够带货？本质就是通过内容吸引来粉丝，粉丝关注以后，每个粉丝就变成了货品流动的渠道出口。这就是传统意义上的社会渠道，只不过这个渠道是自愿的。同时你重构渠道的管理与制度，过往的代理商保护等玩法与制度就被解构。如果你缺乏有效的内容，你便没有办法去构建连接。通过持续的内容连接，会沉淀一些社群，就培育了企业的私域流量和品牌的雇佣军。

我一直认为企业对内对外的传播过程就是在发射有能量的星球，凝聚共识，促成行动达成结果的过程（见图 9-2）。企业的愿景、使命、价值观需要得到员工的认同与执行，最为重要的抓手就是如何将这样抽象的东西具象化为内容，策划，然后有效地传递给企业内外。

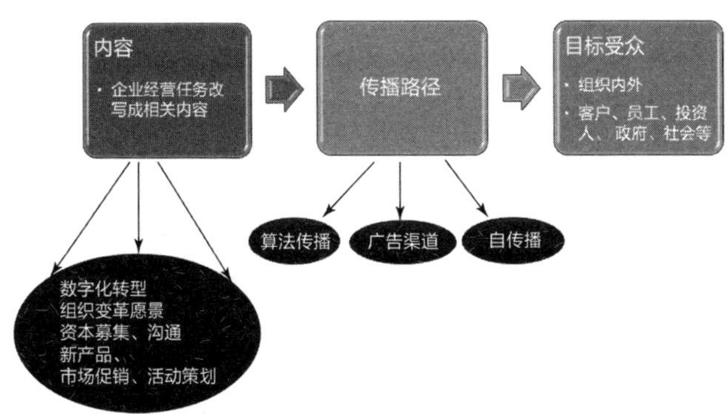

图 9-2　内容与商业经营

不论是企业家、CEO的个人IP塑造（乔布斯、埃隆·马斯克、布兰森、董明珠），还是任正非、马云时不时从组织内部流出来的邮件、演讲稿，还是善于讲故事的龙湖地产，又或者微博经营得风生水起的杜蕾斯，再到江小白贴满瓶子的产品文案：在这些企业在这个时代构建竞争优势的过程中，很重要的工具就是内容力。当然对各家企业的认知不同，有人认为是公关，有人认为是老板的个性。

内容力就是融资能力。企业对外的年报是一个例行公开的过程。大部分企业只是走过场，发布新闻稿件而已。但是，亚马逊的贝佐斯抓住机会，每年都给投资人写封信，关注点不是过去一年的业绩，更多是放在未来做些什么规划。通过这样的内容沟通，投资人对亚马逊阶段性亏损抱有极大的容忍度，为企业的发展构建了良好的资本环境。贝佐斯这么做其实是学习伯克希尔·哈撒韦公司的巴菲特和芒格先生的年度内容传播办法。巴菲特每年股东大会的内容、观点和说法都会获得世界资本市场的高度关注，这就是一种影响力，一种营销行为，同时也构建了其独特的核心竞争能力。

巴菲特对股东声明：公司策略围绕去碳化展开，已达到《巴黎气候协定》的减排要求，2050年前关闭所有旗下烧煤的火电厂。不觉得苹果估值疯狂，需和利率作比较，自己卖出一些苹果持股可能错了；短期内不想买航空股，尽管整体经济复苏比想象的快，但航空业特别是国际旅行不会完全回来。30年后市值最大的企业名单可能面目全非，如果你喜欢挑选个股来投资，很难确保能挑到很多年后还存活的公司，所以最好的方式是投资指数基金。自己与芒格都不持有比特币；芒格称讨厌比特币的成功，仅为凭空创造的金融产品而已，不喜欢加密货币对现有系统的绑架，比特币“与文明利益背道而驰”。通胀已显著上涨，工资却没跟上；例如，房产建筑业的钢铁和木材等原材料一直在涨价，供应链完全被扭曲，现在通胀比人们预期要高得多，未来会接着涨。

内容可用来招募人才，凝聚组织认同。奈飞内部曾流出一份有关其企业文化的 PPT，遭到疯传。Meta 首席运营官桑德伯格甚至说："这是硅谷最重要的文件。"这份只有 132 页的 PPT 文件，介绍了奈飞的文化准则，从多个角度揭示了奈飞为什么要对传统的企业文化理念发起攻击，以及它在打造自己的企业文化的过程中究竟提出了哪些观点。你看，只是一份 PPT 就引起了轩然大波，认同奈飞企业文化的应聘者络绎不绝，人才招募与吸引能力构建得十分扎实。这就是内容的力量。不少企业都在抱怨缺互联网人才，那么你就多学一学如何传递内容的能力吧。

内容拯救产品。褚橙，是褚时健从湖南引入哀牢山种植的，橙子很有特色但略带酸涩。策划人抛开橙子甜度等传统内容卖点，改为塑造励志橙，将橙子中那略带酸涩的点说成人生的味道。这样当小伙伴啃到略带酸涩的橙子时就不会抱怨，而是认为人生本来就是有苦有甜的。内容传播直接化解了产品的硬伤。

内容力构建品牌，引流销售。海底捞火锅崛起，很重要的一点就是抓住了微博的流行程度，结合了服务体验，通过服务创新激发了用户自发的内容传播，获取品牌认知与销量。没有微博内容传播，就不会有海底捞的快速崛起。李宁公司在过去的转型过程中深陷亏损，企业非常困难，最终李宁先生回归，通过开创新国潮，大胆地强调中国特色的设计风格，迅速抓住年轻消费群体。李宁的扭转颓势，少不了国潮的产品设计，背后就是中国风格的设计内容传播与经营。这还是内容的力量。

塑造客户体验、口碑推荐，本质也是种激发内容传播的能力。日本的搬家公司对细节的考虑非常周到，所有的细节加在一起就产生了用户体验的质变，为此用户就会自发传播公司的服务。

日本的搬家公司会把你家所有需要搬走的东西全部分类，分别装进量身定制的打包箱里，按要求或原样摆放。到新家后，大件物品按要求摆放，而小件物品会按原样摆放，让你在新家中找到熟悉的感觉。搬完后打扫干净原来的房子和新房子，使主人的居住体验不会受搬家这件事的影响。提前帮你准备伴手礼，避免嘈杂的搬家影响你的邻里关系，为你和邻居的沟通营造了一个良好的氛围。搬家过程中难免有磕磕碰碰。日本的搬家公司为了避免家具和墙面损坏，工人们会先在大门、狭窄的走廊处铺好防止刮擦的防护膜，避免搬东西的时候碰撞墙壁而产生破损。

你会如何向朋友介绍这家搬家公司呢？看起来是口碑推荐、用户体验，其背后也是内容传播，通过服务创造来使用户自发帮你传播口碑。

9.1.2 为什么现在才提出内容力

在大工业时代，企业是大传播工业化思维，将制造内容的事情外包。如果想传播沟通，企业就想到了广告和公关，借助媒体等方式来发布信息类的内容。很少有企业从内容力的角度为社会进行内容的整理、编辑，甚至是创新和创造，积极与客户及相关上下游进行分享。

随着大众传播时代告一段落，内容传播正式化身为一个数字化、垂直社群式社会网络内的信息流动的形态。当然有一些内容与话题，它们破圈且跨越圈层，引起整个社会的共鸣与讨论。**虽然也出现了通过购买 KOL、KOC 等影响力媒介来传播商业内容的一些方式，但作为常态，每家企业都应该高度重视内容，不论你是 B2B 还是 B2C，是大企业还是小企业，制造传播分享内容就是未来企业必备的新核心能力。**

也就是说，当下已经从花钱简单购买的时代走向自我生产编辑传播内容的时代。

9.2 新商业一堂必修课：视频内容能力

9.2.1 人类开启视频大时代

文字会永远存在，而视频作为内容呈现形式正在从边缘走向舞台中心。

乍看起来不起眼的变化，背后是相关产业链上下游的千万级人员核心能力的结构化改变，而且这只是一个开始，是未来大势。

9.2.2 短视频营销大时代开启，必须投身其中

随着移动互联网、移动终端的发展，视频作为一种重要的内容呈现形式，正在风靡中外，并有燎原之势。**用户在哪里，企业就到哪里去做营销传播以及商业行动。受众对视频 95%的信息有印象，而在文本中阅读仅为 10%（Insivia）。**72%的客户偏爱通过视频了解产品或服务（HubSpot）。92%在移动终端上观看视频的用户，会与其他人分享视频（Wordstream）。

在商学院讲学的过程中，我经常开玩笑讲：**如果企业到现在还没有积极尝试短视频及直播营销的方式，那么年终奖就不应该拿。**

文字、图片、视频、音频都是信息呈现的一种形式，在相当长的一段时间内，文字充当了人类思想和信息传播的主要载体。碍于视频编辑与技术处理壁垒、硬件设备限制等局限，视频一直没有得到更好的利用。但从用户的感受角度来说，视频是最具冲击力、说服力的一种呈现形式，图片、音频次之。**Meta 高管坦言，平台内容形式主要是视频等多媒体，文字形式被弱化。**我想，**如果孔子生活在这个年代，他也需要学会用视频以及短视频的工具来传播思想。这样的一个时代，对思想传播者提出了新的能力要求。**

谷歌发布研究报告称，网民在互联网上消费的内容，未来 80% 是视频。翻译过来就是说：企业的数字营销，对外传播的内容呈现方式也应该是视频。从目前的情况来看，大部分企业还没有

构建视频营销团队，更多的是外包给第三方广告公司，或者是处在简单尝试状态。我想表达的是，视频的能力是未来每个组织所具备的核心能力之一，必须从现在开始积极拥抱视频，构建团队，跑通内部视频的制作流程，方可赢在未来。

视频可以满足企业数字营销各方面的诉求、新产品营销卖点的传播、市场促销信息的发布或者是客户服务的处理，抑或是危机公关对外发声等。国内以抖音为代表的视频营销平台（见图 9-3）已经吸引了众多用户的注意力。目前平台正在积极地将注意力转化为商业销售力，平台的商业化进程正在热火朝天地开展。我们亟须积极拥抱类似抖音这样的平台，熟悉平台的游戏规则、视频的推荐算法以及账号封杀的游戏规则。在此基础上，不浪费每一个平台的窗口期价值红利。

在短视频的剧本、拍摄、编辑、后期处理等方面，你需要体系化的操作。要具备更为有效地启动视频工作的方式，要积极和已有的影视、娱乐方面的机构合作，或者联合培养员工，通过刻意练习夯实自己的视频内容团队。这样就可以为面向未来市场竞争打下坚实基础。这条路就是未来，但任重而道远！

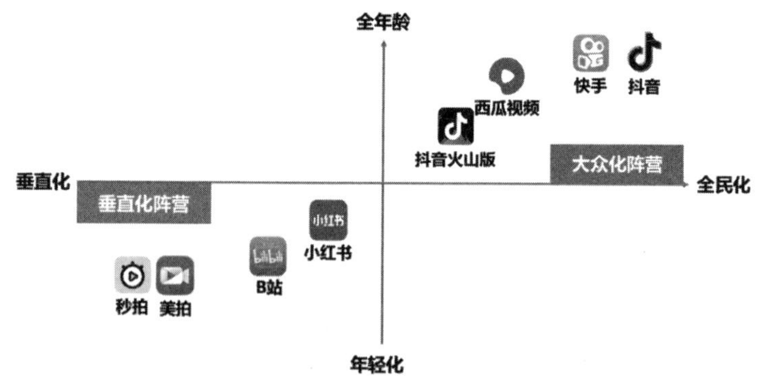

图 9-3　视频网站分布矩阵

资料来源：益普索，《2020 短视频》白皮书。

海外有关短视频的内容、用户浏览行为、营销方式的操作等相关数据以及实践与趋势报告，可以从另外一个侧面来佐证、激励你及团队参与到视频营销的决心，引领这个时代获得增长。对视频使用、用户浏览行为等情况进行数据分析，可以看出视频已经成为中外网民获取信息、消费娱乐等最为重要的平台和阵地。

- 81％的企业使用视频作为营销工具。（HubSpot）
- 10人中有6人宁愿观看在线视频，也不愿看电视。（Google）
- 有78％的人每周观看在线视频，有55％的人每天观看在线视频。（HubSpot）
- 59％的高管表示他们宁愿观看视频，也不愿阅读文字。（Wordstream）

视频消息的传播力、销售转化率、重要性都在极大提升。接下来的信息更多的是站在营销与消费者行为、销售转化效果等众多数据支撑方面。

- 65％的人使用视频来帮助他们解决问题，如安装软件或清扫油烟机。（Google）
- 带有视频的社交媒体内容观看次数可增加48％。（HubSpot）
- 社交视频的共享比文本和图像多出1200％。（Wordstream）
- 移动视频广告支出预计将占数字广告总支出的72％左右。（eMarketer）
- 视频可以增加300％的流量，并有助于培养潜在的客户。（MarketingSherpa）
- 如果网站包含视频，则该网站进入Google首页的可能性会提升53倍。（Insivia）
- 25％的公司每周都会发布视频。（buffer.com）

- 85% 的消费者希望从品牌中看到更多视频内容。(HubSpot)
- 97% 的营销人员表示，视频能够帮助用户更好地了解他们的产品和服务。(HubSpot)
- 52% 的营销人员表示，视频是具有最佳投资回报率的内容类型。(HubSpot)
- 64% 的消费者在社交平台上观看品牌视频后会进行购买。(tubularinsights.com)

通过对以上一系列数据的解读，你已经可以清晰地确定视频是一个很重要的内容抓手，消费者也积极拥抱视频传播的形式，更多企业已经从视频营销中获益。那么在视频营销内容执行过程中，什么样的视频形式是受众偏爱的呢？什么样的视频内容营销制作方向更为有效？视频长短与浏览者行为表明：两分钟以下的视频，浏览互动率最高；近 2/3 的消费者更喜欢 60 秒以下的视频；33% 的观众将在 30 秒后停止观看视频，45% 在 60 秒后，60% 在 120 秒后；65% 的观众会尽快跳过在线视频广告。**最有效的视频内容类型是客户推荐视频（51%）、教程视频（50%）和演示视频（49%）。**

海外视频营销的数据和中国消费者习惯还存在一定的差异，但从我个人的实践和观察来看，数据基本上与中国的视频营销产业链上下游的情况吻合。中美消费者与商家正在合谋推动即将到来的视频内容营销大时代。

9.3 培养内容力刻不容缓

一旦确定了内容力在市场、用户、产品与组织等多个方面都会成为未来的核心能力，那你面临的现实问题就是如何构建内容力与培养内容力。

在过往的一线咨询和执行过程中，大部分的企业都没有将内容力上升到战略高度，更多的是放在战术层面，也没有从根本上去理解，内容才是数字化时代企业的核心能力关键点。在内容力的构建与培养方面，企业有如下几个突出问题：

- 缺乏战略内容的投入，不够决绝。
- 缺乏团队与相关的员工。
- 缺乏内容流程，不会做。

9.3.1 内容即战略

在大部分组织的心智上，根本就不存在内容战略这么一说。这样的企业家根本就没有换个角度理解内容能力及其在商业运营过程中的价值与意义。在 B2B 行业或者类似的工业品采购行业，可以通过专业的内容来影响关键决策人。企业的内容载体的形式和基调决定其需要在白皮书等对专业人士的教育或内容价值方面下手。麦肯锡、波士顿咨询等著名咨询机构一直非常看重的战略，就是通过内容来塑造自己行业意见领袖的位置，通过内容团队来发布各行各业的白皮书、研究报告和咨询心得。这一切的背后就是它们的内容战略，目的就是通过这样的方式来影响关键决策人，获得销售订单与咨询转化。

在做咨询顾问及在商学院讲学的过程中，我常常会谈起在微软加速器做创新教官时，如何复盘小库科技通过内容战略重构市场与商业模式创新的实践：设计院、房企是小库科技的客户来源。针对设计院，小库科技打造的人工智能设计云平台可以为建筑师提供智能规划（一站交互实现规划方案的构思、生成、编辑、输出）、智能单体（按需生成楼户型多方案）、智能审图（AI 快速完成规划的规范、日照、指标审查以及施工图强条审查）等服务，提高其工作效率。而对房企，小库科技提供从拿地方案、概念设计、评估优化、项目管理等全流程的项目智能托管服务。AI 建筑设计引擎属市场空白。产品推出后，早期的市场教育过程存在困难，而如何让建筑师接受 AI 带来的改变，需要团队不断平衡用户动机与产品动机。

来拆解一下这个案例，这是一种典型的面向企业销售解决方案与传统意义上的 B2B 商业模式。过往这样的商业模式与组织架构需要积极面对的是一个采购周期长，关键决策人来拍板、采购周期很复杂的销售体系。也因为这样的市场体系自然组织架构，需要在全国甚至全球配备大客户销售、顾问式销售人员以及相关团队，采取传统线下地推或者相关营销方式。你可以想象一下，如果这样的一个产品想获得指数级增长，你很有可能会寄希望于大规模地招募销售团队。一旦你开启了这样一种思维模型，组织的基调、产品售卖效率、市场渗透率等就会等同于一家传统意义上的卖软件的公司。我们的很多产品的生命周期特别短，你想快速占领市场，获取资本市场的溢价，将面临极大的挑战。我想这也到了该改变的关口！小库科技通过夯实自身组织内容能力，在销售闭环的前期以及相关组织经营过程中，通过内容能力的方式更有效地与圈内设计院进行沟通（见图 9–4），迅速地获取了用户与市场的渗透力（见图 9–5）。

整个策略执行中最为关键的一战是团队通过一篇 10 万 + 的文章轻松地撬开了 AI 新产品的种子用户。团队借势将产品的卖点与属性改写成一篇能够被行业内用户吸收和接受的内容，换言之也就是通过文本内容方式来带货。为此，团队就不用像传统企业那样大规模地招聘销售团队，让创业团队更加聚焦于主营的产品研发，获取行业内影响力与意见领袖的工作上，不久轻松获取了过亿元的融资。

这就是通过内容能力这个杠杆，轻松地改变了一家组织的商业模型市场和销售体系，并获得竞争中的有利地位。

前期阶段占去了50%的设计时间，
产出大概是总设计费的40%。
而此时小库可以发挥人工智能优势——
快速、便捷、多可能性，
来帮助建筑师更好地完成工作。
那么小库究竟有哪些优点？

首先，
小库可以减少90%的前期投入。
设计拿地方案一般要1到2周，
然而通过小库，
可以在即时智能设计出多个方案，
一天内就能完成拿地方案的比选。

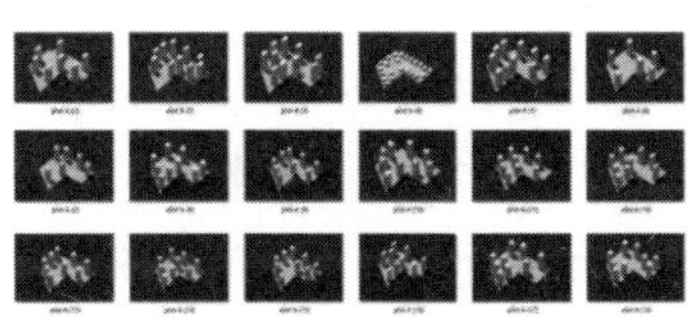

小库单机版花了几秒钟做的强排方案
（据说即将发布的内测版比这个更厉害）

图 9-4　小库科技文章产品描述图

阅读 10万+

分享　收藏　赞 286　在看

精选留言　写留言

大音希声　1043
它会做偷面积方案吗？

Nicholas Hǔ　464
看来建筑距离重复劳动力又近了一步，
距离艺术又远了一步

DD-Tom　289
以前可以一天做一件事，以后老板会叫
你做十件事。下岗？想的美。

作者　135
还是你有老板思维

阿破　148
要理解某些甲方奇怪的要求，对于AI来说
任重道远。

作者　175
人工智能搞定甲方的手段说不定比你还
流氓

图 9-5　小库科技文章评论

在网易云音乐之前，音乐软件巨头有一个共同的特点，那就是“曲库型产品”。大部分用户只能用搜索工具找到自己想听的歌。这种模式没有帮用户“发现音乐”，更多的是一种搜索听歌的工具。音乐并不是在音乐软件产品上开始流行的，而是在其他地方流行之后，用户知道了，才来这里听。

网易云音乐通过内容战略快速实现指数级增长。歌单是经过整理后的有序的内容，通过内容创造产品的价值，颠覆既有的商业竞争格局。歌单是用户组织一批歌，然后分享给其他人。虽然这不是网易云音乐首创的，但它把歌单当成一个核心功能来做，因为团队认为用户的分享是未来音乐发展的主要方向。网易云音乐刚上线的时候，首页没有播放列表，只有歌单，非常不好用，极大地挑战了用户习惯。但网易云音乐一直坚持没改，原因就是希望以歌单为核心，去教育这个市场。

网易云音乐通过内容能力构建差异化竞争。网易这家公司在用户评论、论坛相关的能力方面是独树一帜的，为此，它就将基于网民参与感的用户原创内容（User Generated Content，UGC）匹配到歌曲上，为此构建了用户在聆听歌曲时找到同道中人或者共鸣，这样就留下了客户，也创造了更多的产品黏性和商业价值的可能性。这就是网易云音乐在竞争白热化的市场中如何破局的最为重要的抓手，通过内容能力重构了商业竞争。

Keep 创始人王宁分享自己是如何通过内容这个角度构建一个全新的健身商业模型的。王宁自己非常擅长通过互联网收集信息，前后花了六个月的时间才收集整理了关于健身的内容与材料。

王宁请了一男一女两个模特，花了三天的时间，用一个单反相机，录了自主版权的动作视频。整个过程从租场地、请模特，到拍摄、后期制作等，一共花了 3 万元。这就是 Keep 的 1.0 版本中 150 个动作视频内容的成本。后来 Keep 6.0 在健身之外，增加了跑步、瑜伽等大品类，服务于 2 亿用户。Keep 的内容库里，一共有 1600 个内容。

Keep 通过貌似不起眼的内容战略，迅速地构建了健身社区，获取了极大的商业成功。如果没有这样的内容抓手，Keep 则很难破局。

你看到的网红、直播带货、自媒体创业，还有米其林餐厅等，背后的逻辑就是通过内容来沉淀客户，然后经营客户的商业价值来变现的过程。

9.3.2 内容力从模仿开始

在咨询和在商学院讲学的过程中，企业家经常会问一个问题，能不能帮他们招募更多的制作内容的团队。在这个时代，会做内容以及明白内容力商业价值的个体非常稀缺，很少有人会去找工作，更多的人会被单位紧紧抓住，还有一批人自己拍短视频，进行自媒体创业。组织的内容力与团队建设必须靠自己培养，想短、平、快地挖人有很大难度。

内容力作为一家企业的核心能力，不该将其外包出去。这需要董事会、企业家用时间、战略性的投入及变革领导的方式积极推动组织内容核心能力的塑造。内容力不亚于公司的融资能力、产品能力、研发能力，你当年是如何重视构建公司研发体系的，到今天就需要多么重视内容力体系建设。

在企业实际的经营过程中，更多的能力是长出来的。如何更为有效地训练和构建自己组织的内容能力？我常常会给企业家讲一个有趣的标杆案例，就是发生在山东农村自媒体村的李传帅的故事。

很多企业有畏难情绪，会说我们没有团队，没有人会做。当你看到在山东一个普通的农村，村民李传帅通过临摹和刻意的培训，将传统意义上的农村女性培养成为自媒体的大 V。李传帅迅速构建互联网内容选题、编辑、发布与创造的能力，训练路径值得你学习。

现在他的团队是流水线工作，每天好几个爆文，李传帅都麻木了，唯一让他引以为豪的爆款内容，全部涉及农村风俗风貌——那些内容承载着李传帅对家乡的反哺之情。一位员工用一张图片和一首小诗，收获了 23.8 万的阅读量。《家里喜得千金，外公不远千里来祝贺，送的礼物让人佩服》，像是一篇通讯稿的简短文章，由多张实景图片组成，最后的那两首小诗虽然文采拙劣，但是饱含着农村人质朴简单的情感。相比于城市群体消费的性别对立、拼搏痛楚、情感文学，他们还算阳光和积极。

“我培训了好长时间，农村妇女嘛，也没学过，会有三个月的培训期，从一开始她们都用一只手去打字，连打字都要教她们。”李传帅告诉 AI 财经社，培训的另一重点是抄写大 V 号的标题，大

V 怎么写文章，怎么分析东西，她们学得很认真，每天早起先抄写 30 分钟，在这个过程中去体会各种奥妙，抄完了很多本子。“要不然农村妇女怎么能做到那么高的阅读量？一直在抄写，抄写了一年了。”李传帅语气笃定，“我们的标题不比任何人差！”

不过即便是流水线、伪原创和粗糙的，这群农村自媒体创业者也实现了高收入，算是一种紧贴时代步伐致富发家的典型，这造就了喜悦，月入过万的喜悦（见图 9–6）。员工的收益多数来自平台补贴。**一份粘贴在墙上的工作制度显示，每个员工至少要负责 3 个号的运营，1 个月至少完成 15 篇，否则罚款 500 元。新人需每天手动抄写标题 8 条。**

图 9–6　员工工资与奖金

我在做企业咨询教练的过程中，会将这个朴实的创新从临摹开始的核心逻辑，应用到相关的创新与数字化转型过程中，尤其是在内容核心能力的构建与培养方面。例如，我经常会安排企业相关的人员抄写爆款文章的标题；短视频平台上过百万点赞的短视频内容拆解；我也会组织企业相关人员观看直播带货红人，如罗永浩、李佳琦等相关的直播带货技巧与销售话语等。通过这样一系列的临摹和肌肉记忆，企业会发现内容的核心能力和手感也没那么难，不断迭代，可迅速获取竞争优势。

9.3.3 内容力就是要跑通内容各流程

说一家企业具不具备内容力，说白了就是是否具备跑通内容的策略、话题策划、编辑、发布、数据跟踪、销售转换等流程。当你遇到内容的问题就会做，能做，这就是内容力。

做一条好的视频很容易，但是每天要出一条，又要保持电影级品质，该怎么办？很多人会把内容或者文化创业当成灵感的来源，对不起，那是在做作品，不是在做产品。

在内容的发布以及传播效果这一块，我们还需要积极地区分出UGC、PGC（Professional Generated Content，专业生产内容）等路径图。PGC 核心逻辑是内容要自己做，然后按照传播规律来传播；UGC 的核心逻辑是通过做局、策划来激发用户及相关人员自发传播。这是不同的能力方向与思考的角度。例如，我在给西安政府部门提供城市传播的战略建议时，说服相关的人员放弃走自己制作内容自己传播的想当然的路径，转而思考如何通过策划像喝酒摔碗、兵马俑真人秀等方式来激发网民的自拍内容传播，不仅成本更低，更重要的是激发用户的参与感与积极性。

当下的网红品牌内容力堪称驾轻就熟。以饮料、化妆品等为案例，它们在知乎上走的是专业内容思路：分析化学物质、讲科学原理；在小红书上，走的路径是产品体验、探店、消费打卡等；在短视频平台上，讲述品牌故事、创富故事、品牌文化等。这就是网红品牌的生存之道与核心内容力的别样体现，做得很扎实，也获得了竞争优势和差异化竞争（见图 9–7）。

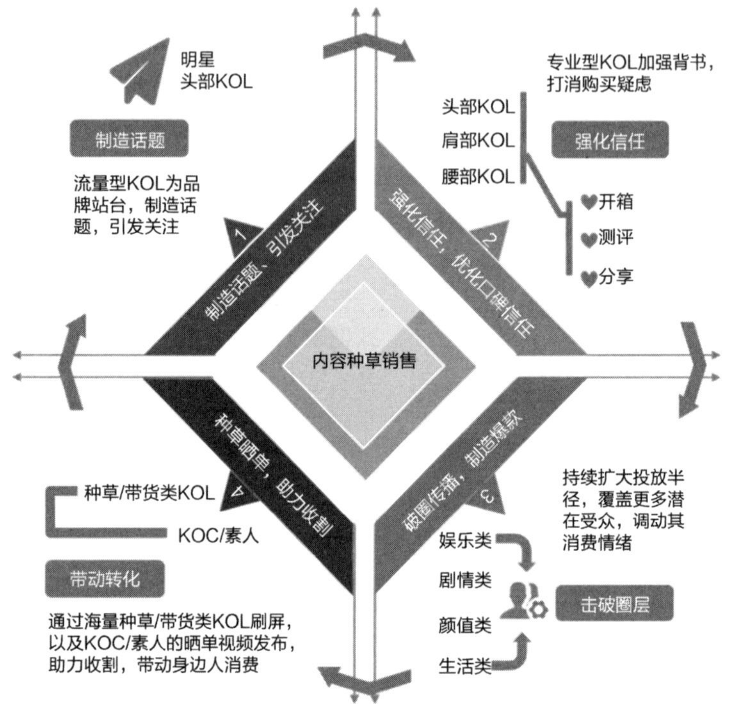

图 9-7 内容种草销售形式

热爱甜味和恐惧糖分这种极端矛盾的心态，在年轻人（偏女性）的群体性形态中非常典型。元气森林在小红书种草的技术达到了大师级的程度，举例来说，元气森林在小红书有一个 1.9 万点赞的内容，知名 IP“老爸测评”（粉丝 672.6 万）做了一个关于“含糖和变胖”的内容测评，这两个关键词直接切中核心用户和核心痛点。 除了小红书，微博、快手、抖音等平台也都是元气森林的社区化营销重点，明星助阵也是常用的一招。元气森林居安思危，在流量打法带来的关注大幅度提升之后，接着做对了两件事情——第一，锁定赛道；第二，打造品牌势能。从以海量网络公关、极致 KOL 种草的流量型打法，变成综艺节目、电梯媒体为要素的线下媒体的品牌引爆式打法。

从不断在网络上种草扩大人气，再到密切和李佳琦等顶级网红合作，通过直播大规模收割销量，多次直播断货。

而当发现从线上种草增量到顶后，元气森林则立刻选择大规模强势在线下施展，在消费者每天必经的公寓楼、写字楼等空间，4~6 次高频反复播放品牌广告，以期在潜移默化中将品牌广告“强制”植入用户的脑海里。这其中当然也有个前提，就是活跃于公寓、写字楼等区域的群体主要是白领人群，这个高达 3.1 亿规模的群体，与元气森林的消费群体有着高度重合。

内容力的构建与塑造会涉及方方面面的问题，是基于内容众多流程的综合性能力体现。每家企业无法在每个点上都做到完美，但是可以在相关的关键节点上积极地刻意练习构建竞争优势。例如，在短视频拍摄上，很重要的点就是关于话题的选择；B2B 内容力更为重要的是专业内容的输出与呈现的能力；快速消费品行业内容的能力更多，聚焦在文化符号意义和好玩等很多层面的呈现与传递；在教育行业，有价值的内容如何分享，唤起客户购买的兴趣；游戏行业的内容需要在攻略上下手。内容力的构建，通过日常的刻意练习跑通整个内容流程，长此以往积极迭代与更新，就能形成企业独特的内容力。

这个时代存在着内容力的激烈竞争，竞争的号角已经吹响，你不应该再犹豫！

第 10 章

激励力：激励与赋能是主旋律

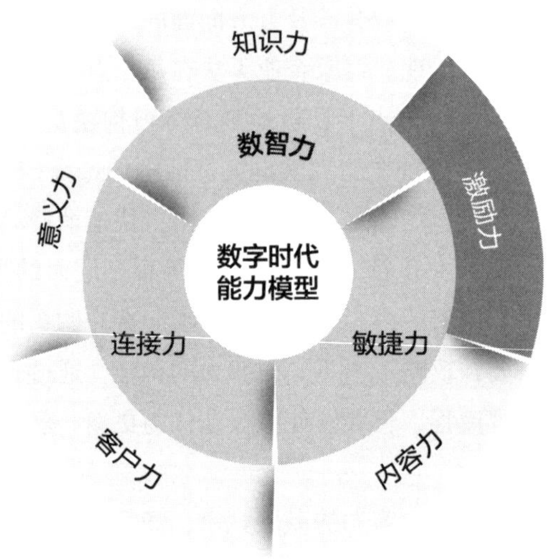

10.1 会激励赋能才有竞争力

当你去问 60 后和 70 后会不会辞职，60 后和 70 后反问："什么叫辞职？"

去问 80 后会不会辞职，80 后说："哪里工资高我就去哪里。"

问 90 后会不会辞职，90 后说："在这里干得不开心，我就辞职。"

你要是问 95 后会不会辞职，95 后说："老板不听话，我就辞职。"

这个流传很广的段子背后，是组织员工的年轻化如何激励的问题。组织激励存在的主要矛盾是，传统的工资、职位等荣誉激励效果式微，对员工没有持久的激励力。很多企业家的口头禅是"队伍难带，员工不好管"。

主要矛盾长期存在，在这样的时空背景下，新激励与赋能的核心能力成为组织能力的关键点。如果不能有效塑造组织的赋能激励力，未来则很难生存，但是许多企业家的观念与工具及能力都还没有调整过来。接下来我将从以下几点讲讲组织激励与赋能能力的方向与支撑：**通过物质（如报酬、期权等）来有效激励的能力；通过精神层面（如愿景、使命、价值观等）来持续激励的能力；新兴激励与赋能的工具，如中台赋能、OKR 工具等。**

激励与赋能能力成为组织经营过程中的关键点。关于激励与赋能有不同解读角度，例如，可以从职业生涯发展、团队与意义来分析。职业生涯关系到工作本身，它的满足意味着一份有自主权的工作，这样的工作能让你发挥自己的优势，能促进你的学习和发展，这一点是人们工作的根本动力的核心。团队角度关系到人，它的满足意味着你感觉到被尊重、被关心、被他人认可。团队能促使我们彼此交流，并且让人们有归属感。追求意义，意味着工作者认为自己能够产生有意义的影响，不只是金钱回报，包括认同组织的使命，并且相信组织能够对世界作出贡献。

海尔集团张瑞敏曾经将“激励”分为三个等级：激励 1.0 是人类为了生存而奋斗，假如我没工作，我就没饭吃；激励 2.0 则是建立在“胡萝卜加大棒”的奖惩基础上的，假如我不做，我就被扣工资；而激励 3.0 则是内部驱动，不同于激励 1.0 和激励 2.0 的外部驱动，它假设人类为实现自己的价值而不断努力和奋斗，假如我不做，我就实现不了自我价值。因此，我谈的激励赋能的重点就在于激发员工自我驱动。

优秀的激励赋能体系首先要和组织战略目标保持一致，两者不一致就会产生问题。例如，企业完全按照每股收益的增长决定 CEO 和 CFO 的分红，并认为这就是投资者想要的。这一激励机制鼓励管理层通过借贷完成收购，以此促进每股收益增长，但同时也增加了企业风险，最终导致债台高筑无法维系，不得不挂牌出售。

举个转型激励的案例：**一家上市公司在人工智能业务重组后开始积极追求新的增长战略**。但计划有风险，公司希望高管的薪酬体现出这一点。因此高管薪酬的很大一部分取决于战略能否得到贯彻，包括进入新的产品市场、改变销售渠道及拓宽市场范围。薪酬委员会所定义的成功是三年内股东价值大幅提高。换言之，市场会判定战略是否得到有效实施。在设立长期奖励时，薪酬委员会决定不按常规，从三方面作出改变：第一，公司预付三年奖励后不再发放年终奖；第二，只有股价达到目标值才给予奖励；第三，满足绩效范围才能获得奖励，目标和行权计划是固定的，绩效平平只能拿到最低奖励。但是，敢于冒险的高管会获得奖励，这种方式比传统方式可以更快获得更多薪酬。

关于组织激励的问题，我经常将其分为四个象限，从长期与短期、精神激励与物质激励来简单划分（见图 10–1）。不同的阶段，不同的员工组成，适合不同的激励方式。例如，对销售人员的激励，过往企业往往采取短期的物质奖励为主，强调狼性。当然这样的激励也为后面服务与发展带来不少问题，如夸大功效、盲目答应客户要求。创业企业对合伙人与高管，更多采用长期精神激励，愿景与成事的冲动，而短期物质激励要弱一些。

我看到激励的总体趋势是：物质激励只是基本；精神激励越发重要，比重越来越大；短期回报是人类天性，时刻不忘唤醒精神激励，以推动长线思维。

精神激励	长期
物质激励	短期

图 10-1　激励问题的四个象限

10.2　物质激励力要会进行计算

物质激励是对社会分工及奉献的反馈。物质激励是员工工作的基础保证。**关于薪酬水平，员工会时不时从外部公平（同行业企业对比）、内部公平（相同岗位及级别对比）和自我公平（投入与发展后对比）作比较。**

想要有效通过物质激励来推动企业经营，存在很大难度。过往薪酬水平偏稳定，动态性差，但在 VUCA 时代，员工的心气与行业薪酬的变化，频率不再是按照几年来，更多是按照季度或者按照行情动态来。

企业需要从固定薪酬激励走向动态薪酬激励。例如，从固定薪酬激励到变动薪酬激励，再到长期薪酬激励（期权、股票、员工持股等）。我们要时刻清楚地知晓物质激励是基础，没有合理的物质激励，精神激励便无从谈起。

物质激励通过定岗定级来总体平衡与框架员工的报酬水平和预期管理。例如，腾讯内部薪酬级别体系，阿里巴巴的专业岗位 P 与管理系列 M 的薪酬级别框架，见表 10-1，都比较好地给出了一定的幅度，执行起来更为方便。在阿里巴巴与腾讯，员工评估自己的能力与级别后也会合理地评估预期。

表 10-1　阿里巴巴的专业岗位 P 与管理系列 M 的薪酬级别框架

管理序列		专业序列	
职级	名称	职级	名称
M11	董事长	P14	首席科学家
M10	总裁	P13	科学家
M9	执行副总裁	P12	资深研究员
M8	资深副总裁	P11	高级研究员
M7	副总裁	P10	研究员
M6	资深总监	P9	资深专家
M5	高级总监	P8	高级专家
M4	总监	P7	专家
M3	高级经理	P6	资深工程师
M2	经理	P5	高级工程师
M1	主管	P4	工程师
		P1~3	助理入门级

餐饮行业是用工大户，员工管理与激励一直是个难题。在物质激励方面，做的比较精确有效的标杆案例是海底捞。海底捞是国内餐饮服务的代表，它通过激发员工及店长的热情创造出差异化。

从海底捞对外分享的资料中，我找到一些在物质激励层面的努力成果，当然物质激励与精神激励的界限时常是融合的——物质激

励带来精神激励，物质激励本身也是精神激励。

1. 物质激励员工家人

给每个店长的父母发工资，每月 200 元、400 元、600 元、800 元不等，子女做得越好，他们父母拿的工资也越多。优秀员工的一部分奖金，由公司直接寄给父母。此外，在海底捞工作满一年的员工，若一年累计三次或连续三次被评为先进个人，该员工的父母就可探亲一次，往返车票由公司全部报销，其子女还有三天的陪同假，父母享受在店就餐一次。

2. 通过员工住宿环境激励

宿舍与门店距离步行不超过 20 分钟，宿舍都是正式小区或公寓中的两居或三居室。宿舍内配备电视机、洗衣机、空调、电脑、网络，并安排专门的保洁打扫房间，工作服、被罩的洗涤外包给干洗店。如夫妻二人同在海底捞工作，门店会提供单独房间。

而对店长，海底捞激励方式主要分为两部分（见图 10–2）：

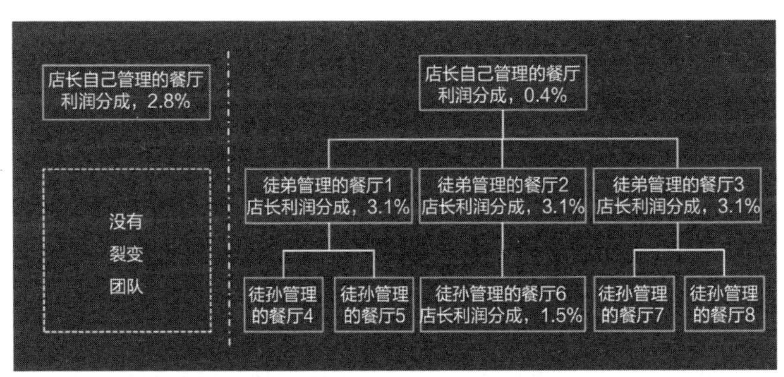

图 10–2 海底捞店长收入与分成

第一，收入给够。店长的薪酬与餐厅盈利能力挂钩。海底捞给店长的薪酬主要包括：基本薪资与餐厅一定百分比的利润。海底捞一位前中层员工表示：“海底捞设定店长工资的逻辑是：我给你的钱一定超过你自己创业的风险，和你去其他餐饮企业付出同样代价所取得的报酬。”

第二，刺激店长发展能开店的徒弟徒孙，将其收入与徒弟的餐厅挂钩，以鼓励他们培养更多有才能的店长。为了达到这个目的，海底捞设定，店长可从其徒弟的餐厅获得比运营自己餐厅更高的利润百分比。

店长不带下属，不去培养徒弟、徒孙，店长能拿到自己管的这个店业绩的 2.8%。如果他去管徒弟，带徒弟又带徒孙，帮助徒孙做起来，那么他的分成比例为 0.4% 加 3.1% 再加 1.5%，总共是 5%，远远超过他自己管店的 2.8%。利润的分成等于利润乘以分成比例。不仅分成比例从 2.8% 涨到了 5%，而且整个基数更大了。基数包括他自己的业绩，还包括他徒弟的和徒孙的业绩。于是店长就会很积极地去裂变，徒弟做得好，他可以拿得更多，徒孙做得好，也可以拿更多，这就是一个有效物质激励机制。

3. 物质长期激励体系

长期激励是一个很好的帮助留才的工具，华为、腾讯、阿里等企业都很好地运用了长期激励工具以留住员工，激发组织的活力。你也可以看到不少中小企业积极学习股权设计、激励机制等以招募人才，推动企业发展。

关于长期激励，我的观点有：

（1）长期激励，要是真激励。正心是关键，不是忽悠与欺骗或者一个永远无法兑现的承诺。当你是真心想与员工一起共创未来时，他们能感知到你的热诚。不少企业高层抱有侥幸心理，认为等到发展起来就通过办公室政治挤兑元老以不兑现。

（2）长期物质激励的有效性往往体现在刚拿到配额，或者公司快速融资发展等节点。为了有效发挥激励效果，要对长期激励时不时盘活，刷出“存在感”不只是激励已有的员工，也激励那些没有拿到期权与股票的人。

（3）长期物质激励，设置上一定要布局长远，为未来的发展留出余地和空间。不少企业长期物质激励设置得不合理，要么是太猛，要么是太短，没有达到长期激励的效果。

企业激励机制是为了解决问题，不是为了激励而激励。当年华为很多人被挖，挖的都是工作 3~5 年的核心员工。刚进公司 3~5 年的人是最好用的，对公司的情况了解，又有创新的举措，也没有到不想干活的地步。这些员工是华为特别想保留的，当然也是外界最想挖的对象。

华为创造性地推出 TUP（Time Unit Plan，时间单位计划），本质是一个递延奖金机制。简单而言就是，一般新员工进入单位三年后，就给你 TUP；第四年，你没有分红权；到了第五年会享受到分红权的 1/3；第六年可享受到分红权的 2/3；第七年可享受到全部的分红权。后面你不仅仅享受到全部的分红权，还享受股票增值的部分。一个稳定服务周期是八年 +，这就是 TUP 设计的目的与激励。

商业环境在未来几年里仍然会充满不确定和变化，物质激励设计会更复杂。没有人知道这一切将走向何方。事实上，当前的环境为我们提供了重新审视薪酬激励能力体系的机会，企业可以考虑采取措施，以更广泛和更有意义的方式满足利益相关者的权益。

10.3 要会运用精神激励力

精神激励力是个非常复杂的体系，不只因为员工的诉求各不相同，精神激励的效果也随着时间变化而变得不确定。精神激励变得越来越重要，企业管理中有不同的说法，企业文化、愿景、使命、价值观，员工之间的互动方式，让员工感觉做的事情有意义，员工的努力被认可、赏识……其实这些林林总总的方向与努力都是立足于精神激励的不同角度。

你不妨换个角度看淘宝团队的精神激励套路，他们除去日常愿景、使命、价值观层面的宣导，时不时拉上贫困山区的孩子来参加年会或者公开活动，背后除去公关层面的考量，也是个激励赋能的操作。这样可以让员工尤其是让那些具有革命理想主义的员工，觉得自己的工作是有意义的。这就是精神激励高手的组织。

在过去的一段时间，企业已经开始意识到精神激励的重要性，一大部分企业在积极推动企业文化的建设。文化看起来是虚的，但它又是实实在在的，体现在生活当中的方方面面。文化不只是一种思维方式，还是同事之间相处的一个行为准则。

企业文化的表现形式分为四个层面：第一，理念层，回答企业的使命、愿景、价值观是什么，这个是关键核心层。第二，制度层，要用制度来保证企业文化的落地。类似绩效考核有没有体现价值观，在招人的时候有没有体现价值观，在评优的时候有没有体现价值观，在做出差制度的时候，出差标准和接待有没有体现价值观等。第三，行为层，日常的行为表现，如何体现价值观以及如何体现使命和愿景。第四，物质层，就是墙上的标语、工作服、办公工具等形象化的文化。

今日头条的创始人张一鸣说："算法没有价值观。我们不是一家信息公司，只是一家技术公司。"快手创始人宿华说："机器不会无中生有产生一个算法，算法背后有一群很优秀的人，他们可以分析用户的问题、诉求，最后想出一套方法把它变成程序'代码'，然后在计算机上运行。所以算法里面蕴含着团队的价值观。"

快手会给每个作品预先分流量，别看每个人每个视频的流量很少，但加起来"浪费"了近一半的流量给普通人曝光。这是一个产品层面的价值观。抖音的流量是典型的头部集中策略，有媒体倾向。而快手是向左，是在做自我表达，做普通人的分享和记录。

多年来，星巴克的一项能力是，形成一套以关系为导向、员工第一的方法。此方法鼓励员工彼此建立亲密的联系，称对方为“伙伴”而非员工。在全球金融危机到达顶峰时，其他公司都尽可能削减人力资源成本，星巴克却在雇员培训方面加大投入，包括咖啡品鉴培训以及提供高等教育机构认证的课程。一位前星巴克员工说：“在星巴克，没有任何人会命令其他人做任何事。取而代之的是，人们总是问‘你能帮帮我吗’等类似的话。”

OKR——一个自我激励的工具

OKR（Objjctives and Key Resuts，目标和关键成果）强调要不断学习并积极根据公司内外部变化作出相应决策。通过以季度为周期刷新 OKR，你实质上建成了一套可以不断自我增强的组织机制，让你能很好地应对突发变化和颠覆式创新。

有效的目标管理系统 OKR 将目标与团队更宏大的使命结合起来。它在适应环境的同时，也重视目标和最后期限。OKR 系统提倡反馈，并为员工取得的大大小小的成果进行庆祝。最为重要的是，它拓展了我们的极限，推动我们去努力争取那些看似遥不可及的东西。

在规模比较小的初创企业中，员工需要朝着共同的方向努力。对这些企业而言，OKR 是一种生存工具。尤其是在科技行业，年轻的企业必须迅速成长。只有这样，才能在资本枯竭之前获得足够的后续发展资金。

在中等规模和快速扩张的组织中，OKR 则是通用的执行语言。OKR 明确了预期：需要（尽快）做什么，以及具体由谁来执行。OKR 让员工的垂直目标和水平目标都能够保持一致。

在大型企业中，OKR 就像闪烁的路标，能够在不同部门的员工之间建立联系，赋予一线员工特定的自主权，让他们能够提出新的解决方案。而且，OKR 也能帮助最为成功的组织建立更为远大的目标。

10.4 持续赋能要依靠工具与制度

赋能的逻辑是：过去的管理是集中式，更多在强调每个人的付出，而赋能更多的是从中心化的思考路径转化为去中心化，充分调动和激活每个员工与个体参与到企业伟大的使命中来。赋能的历史与社会大背景是从大工业时代走向知识的社会，每个个体为企业所创造的价值，靠的是创意，需要的是知识，这是在相当长的一段时间内的主旋律。

赋能需要从制度、文化、考核等层面进行，在当前阶段，我观察到的赋能更多的是用工具赋能、平台赋能等相关的方式以支持在不确定性或者是个体的能力受到某些局限的时候，能够将公司内外的知识与经验有效地给到企业员工。

红杉资本是全球风险投资圈的知名企业，投资经理是公司创造价值和对接被投企业的关键接触点。全球的投资经理，虽然拥有著名大学的教育背景，但是在投资经验上通常需要时间与项目的长期积累，如何赋能投资经理成为红杉资本管理的关键问题。多年秘而不宣的红杉资本赋能举措除了企业常见的复盘、培训学习等，其内部还通过案例数据库、投资知识库的使用来赋能一线投资经理。所有红杉所投资企业的背景、阶段、主要问题、解决方式与发展数据追踪都被一一记录在内部工具上，当全球投资经理遇到特定行业及问题，就可以通过红杉自己的系统来获得支持，必要时可以邀请当时项目投资负责人帮忙。

孩子王的一线员工超过 1 万人，6000 位是育儿顾问，主要服务的是孕妇和 0~1 岁宝宝的妈妈。孩子王每位育儿顾问的手机上都有个内部系统，通过它，顾问一个人便可以更好地服务客户。当客户咨询育儿类问题时，育儿顾问可以很快从知识库里面获得支持，必要时还可以现场连线。管理 3000 个客户，通过打标签其实很好管理。例如，在客户身上打上“××小区”的标签，将来如果在该小区举办活动，就可以将相关信息直接发送给数百位该小区的住户。通过员工在线与数字化，孩子王得以重新构建员工与顾客的关系。

很多企业的赋能还停留在简单的工具化，印证于“有一种爱叫作‘外婆和奶奶觉得你有点冷’”（喻一本正经瞎操心，还没有效果）。集团总部会一本正经地开发一些工具，强迫员工进行数字化和智能化，结果却适得其反，让员工对数字化转型充满了敌意和不解。

举个真实案例，我服务的某金融集团，领导者积极拥抱数字化转型，一直强调金融科技的价值与机会点。集团的技术部响应号召，开发了员工在线学习平台、微店获客平台、数字化客户关系维护软件、短视频营销平台等各种各样的赋能工具。技术部门开发的产品一方面是不能很好地与全国一线工作流程融合，出现了工具管人等情况；另一方面是人的惰性，不喜欢改变习以为常的工作方式。技术部门就协同业务管理部门，给全国一线下单 KPI（Key Performance Indicator，关键业绩指标），指标有注册用户、用户活跃度、用户销售转化率、文章点击量等。下完指标，不给出模型与方法指导，全国小伙伴只好阳奉阴违地做一些假数据或者以私下调侃总部为乐。这样的案例不只他们一家，虽然说赋能是一个抱有美好期望的努力，但是在推动赋能实现效果的过程中，你需要有效地让赋能真正得以落地。请在漫漫的中长期企业经营过程中关注赋能的价值，更重要的是实践。

赋能比传统的激励更依赖于文化，只有文化才能把这些创意精英整合在一起，因为他们都是自驱动、自组织的，为了享受合适的文化，他们会主动维护和付出。一个好的文化、价值观，也会吸引更多志同道合的人才加入进来。

第四部分

刷新能力，持续穿越周期

动态能力换个角度就是有效的能力变革，以外界环境、消费者需求变化为指导的能力刻意进化与变革。动态能力变革是组织变革的一部分。

美国社会心理学家库尔特·勒温（Kurt Lewin）[1] 把组织变革过程划分为解冻（unfreezing）、变革（changing）、再冻结（refreezing）三个阶段。

解冻，是指刺激组织成员变革陈旧的观念、传统和习惯，促使组织成员认识到原来的价值观、态度和行为不能达到期望的结果，切身感受到变革的迫切性。这是减少维持组织现有行为水平的力量、打破组织原有平衡状态的阶段。变革，是指明确组织的方向，实施变革，促使组织成员形成新的价值观、态度和行为的过程。在这一阶段，管理者通过组织成员对变革的认同和内化，促进组织加速变革。再冻结，是指利用必要的强化方法使新的价值观、态度和行为方式固定下来，并使之持久化，把组织稳定在一个新的均衡状态。勒温的组织变革过程模型是一个“解冻——变革——再冻结——再解冻——再变革——再冻结”的循环过程。

动态能力的管理也经历解冻、变革和再冻结的过程。动态能力的管理模型是“能力解冻——能力变革——能力再冻结——能力再解冻——能力再变革——能力再冻结”的循环过程。动态能力管理并不是人力资源部可以轻易地推动与完成的，更多的是在战略的指导下，组织在时间空间动态性下一直有效地开展动态能力的管理。动态能力管理是从组织能力 A 状态抵达 B 状态的过程，也是能力变革管理。

1　库尔特·勒温（Kurt Lewin）：德裔美国心理学家，实验社会心理学的先驱，格式塔心理学的后期代表人，传播学的奠基人之一。他是现代社会心理学、组织心理学和应用心理学的创始人，常被称为“社会心理学之父”，最早研究群体动力学和组织发展。

如何有效地管理动态能力变革过程，其实就是一种创新与组织变革。想更为有效地理解，我们可把组织比喻成生命个体，从行为心理的角度来看待与管理变革过程，可以简单理解成改变一个旧习惯，塑造一个新习惯。习惯的改变需要从心智到行为及有效激励等方面综合起来应对。

在库尔特·勒温组织变革研究的基础上，哈佛商学院的约翰·科特（John P. Kotter）教授进一步延展出组织变革的框架，深受业界认可。动态能力管理的框架与组织行为心理学其实是类似的，也就是有着相同的规律和道，只是叙事表达不同而已。在接下来的几个章节中，我会在勒温、科特教授研究的基础上，融合动态能力与智能商业趋势，给出动态能力管理的七步法（见图Ⅳ-1），从关于新能力的心智到变革共识，再到刻意训练新能力以应对环境的变化。

感知环境变化	评估市场与竞争现状 理解核心逻辑与游戏规则
组建变革领导团队	组建跨部门动态能力变革工作组 抓领导、抓种子型员工并举
新能力的方向与实现路径	确立动态能力清单与方向 制定实现路径策略与规划
沟通变革愿景	持续沟通，塑造认同 学习标杆案例，引进外部知识与经验
清除变革障碍	改变制度系统和组织活动上的阻力 扶植种子用户计划
培育新能力	即时公开表扬 培育团队获胜感
能力动态化融入企业文化	刻意练习，塑造新能力 新能力融入文化，为下一次变革做准备

图Ⅳ-1　动态能力管理七步法

动态能力管理过程中，你可以通过填写表Ⅳ-1来获得过程中的思路。

表Ⅳ-1　动态能力管理进程表

	存在的主要矛盾与问题	解决问题的杠杆与步骤
感知环境变化		
组建变革领导团队		
新能力的方向与实现路径		
沟通变革愿景		
清除变革障碍		
培育新能力		
能力动态化融入企业文化		

第 11 章
感知环境变化

11.1 微弱变化信号的感知

德鲁克（Drucker）谈感知环境的能力是"不断地搜寻变化、回应变化、把变化当作潜在的机会"的能力。感知环境能力的本质就是企业家对以前未被认识到的市场机会的敏感机警。

艾尔弗雷德·钱勒（Alfred D. Chandler）在《战略与结构》一书中认为，企业战略应该适应环境，企业结构则应该适应企业战略，此即著名的"结构跟随战略"思想。此后，战略理论界形成了计划学派和设计学派。计划学派强调企业战略管理的计划性和可控制性。设计学派认为，战略形成是一个将企业内部条件与外部环境进行匹配的过程，并建立了著名的 SWOT 模型对此进行分析。

环境变化为企业带来机会的同时，也会造成各种威胁。环境变化的本身其实并不构成对企业的威胁，只是制定出了组织生存的状态和标准，如明茨伯格（Mintzberg）所说："环境制定适应的标准。适应这些标准的组织生存，不适应的则被淘汰。"

环境的变化是不可回避的，对所有企业来说也都是客观的，无所谓"机会"和"威胁"。**区别之处就在于主观和自身。忽视变化和迟迟不采取变革的行动，就将一切变化都推向了企业的对立面，从而以"威胁"的面目出现；而对始终关注环境和敢于行动的企业来说，变化则是以"机会"的形式出现的。**

判断战略的有效性就要依据变化——企业生存的新准则来判断，也就是能否让企业适应环境。成功的战略能够将变化转化为“机会”，从而让企业适应这种新准则，而失败的战略总是把变化变成了“威胁”。

动态能力管理对转型变革的作用主要表现为（见图 11–1）：在产业发展相对平稳的时期保持企业竞争力发展和积累的一致性；准确感知环境的动态变化，适时进行企业能力的规划和跃进，以适应新的市场、产业环境、技术环境及政策环境；通过对未来市场和环境的把握，定位发展目标与方向，对企业能力进行有效的更新，产生系统整合效应；动态能力管理决定了战略实施的水平，可以从整体上增强企业的持续竞争力。

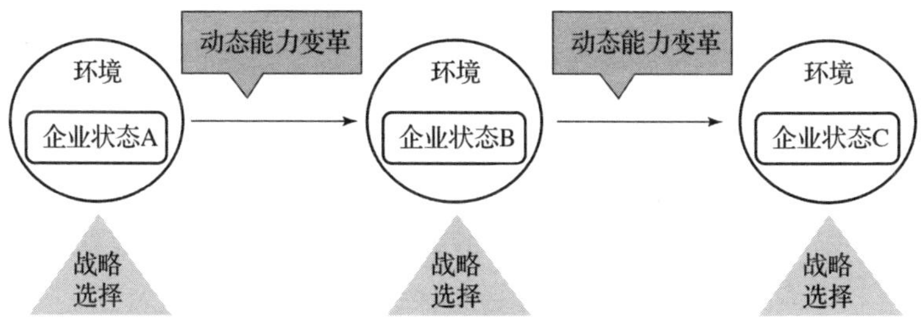

图 11–1　动态能力变革、战略、环境三者关系

市场被看作一种选择机制，并通过不同的生存进程确保效率相对高的企业继续生存。如果把企业看作有机生命体，企业要生存、要成长，就必须适应整体外部环境。企业的倒闭，其根本原因就是不适应环境，无法维持其生命。企业适应环境的形式可以分为**被动适应和主动适应**两种。被动适应是指在环境变化的压力下，企业被迫作出的反应及产生的行为。被动适应是在没有准备的条件下的应变行为，如果企业不能采取对策来化解危机，就可能身陷困境，难以自拔。环境是不断变化的，因而只有那些随环境变化而主动及时调整结构与企业动态能力的系统，才能适应不断变化的环境而继续生存下去。

企业在发展过程中会遇到很多危机，但每次危机的出现并非是一朝一夕的事，往往都有一段潜伏期。在潜伏期的早期阶段，亦即企业处于非危机状态下，企业经营者如果能够对内部和外部的重要信号与变化趋势有所察觉，并给予足够的重视，当有证据表明一些触发事件就要发生时，企业能够事先采取行动，从而转危为机。

由于环境的不确定性，企业要在竞争激烈的市场中赢得顾客和获得竞争优势，必须依据环境的变化，在动态机制作用下，通过学习和增长知识，不断对自身的能力进行调整和提升，以使企业内部结构与变化的环境相匹配，并最终促进竞争力的发展。

11.2　感知环境变化的模式

管理学家斯蒂芬·罗宾斯（Stephen P. Robbins）[1]对环境进行了归纳，将环境分为一般环境（General environment）与具体环境（Special environment）。一般环境包括组织外的一切，如政治条件、经济因素、社会背景及技术因素，构成所谓的PEST模型（宏观环境分析模型）；具体环境是与实现组织目标直接相关的环境，典型的指供应商、客户（顾客）、竞争者、政府机构及公共政策。

我们可以将构成环境的所有对象称为环境要素。环境按确定性与否可以分为确定性环境与不确定性环境。罗宾斯将环境不确定性分解为两个维度：**变化程度和复杂程度。**环境按变化程度分为**动态环境和稳态环境**，前者指环境要素大幅度变化的环境；后者指变化很小的环境。环境的复杂程度是指组织环境中的要素数量及连接程

1　斯蒂芬·罗宾斯（Stephen P. Robbins）：美国著名的管理学教授，组织行为学的权威。

度，并按其程度可分为**简单环境**和**复杂环境**。从而，可以将环境的不确定性分为**简单稳态**、**简单动态**、**复杂稳态**和**复杂动态**四种类型。

在动态环境下，一个成功的战略是建立在远见、能力之上的。**动态能力观强调战略的动态性，把战略视为企业与其环境相互作用的过程，有时甚至把战略视为企业经营过程的自然结果。**在复杂动态的环境中，真正成功的企业是那些能够对外界变化作出快速、准确反应的企业，而这一切都有赖于动态机制的构建：其中，动力机制促使企业核心能力发生快速变化，而变化过程需要依靠学习机制的引导，匹配机制保障变化的准确性。由此可见，**旨在对内部与外部环境作出反应的企业动态能力观，对动态环境下企业竞争优势的持续构建有着决定性的影响。**

企业只有使内部条件（包括资源和能力）与变化的外部环境动态匹配，才会形成竞争力并促进企业持续成长。与此相应的匹配机制的建立日益成为动态环境中企业动态机制不可缺少的关键组成要素之一，它决定着企业竞争力的发展。**匹配是通过正确的预测、迅速把握市场机会和调整自身动态能力来实现的。**“迅速”要求企业有快速反应能力。在动态环境中，速度成为极其重要的标志。为满足“速度”的要求，组织扁平化、网络化成为时尚，OKR、无边界组织再造蔚然成风，培养与提高员工和组织的学习能力及快速反应能力成为当今企业管理空前重要的任务与职责。

在传统的战略管理学科中，我们一般需要盘点企业的环境，可以分为总体环境、行业环境与竞争环境。总体环境与社会中影响行业和公司的所有元素组成一般可以分为人口、政治、经济、社会技术与自然环境等。成功的企业会收集分析与环境相关的各种信息，以便选择和执行公司战略。行业环境的分析指向一系列可以直接影响公司及其竞争行为和环境的要素。常见的是迈克尔·波特的竞争五力模型（见图 11–2），即供应商、潜在进入者、购买者、替代品、产业竞争对手，以确定获取超额利润的可能性。

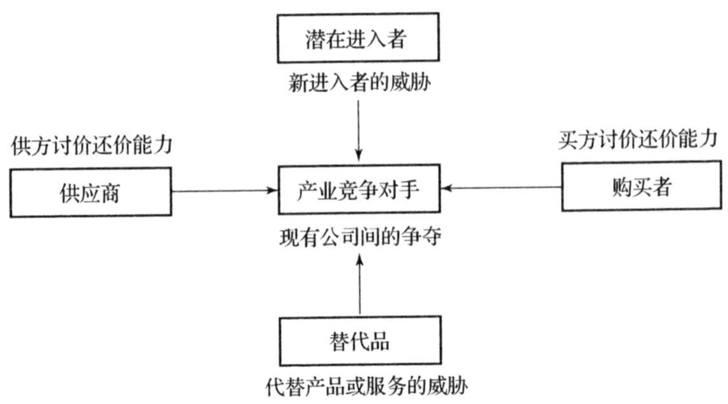

图 11-2　迈克尔·波特竞争五力模型

资料来源：迈克尔·波特,《竞争战略》。北京，中信出版社，2014。

总体环境分析关注的是环境的变化趋势；行业环境分析重点在于了解影响公司潜在盈利能力的要素和条件；竞争对手的分析是为了预测竞争对手的行动反应和意图。

11.3　地区政治因素与变化风险

相关政治因素包括税收政策、财政政策、关税、政治氛围等。有些政治因素对某些类型的产业影响更大。例如，能源政策对能源生产商和高能耗企业的影响更大。政治因素会影响到产业和企业发展，进而影响到组织的动态能力变化。

中美贸易与全球化的问题就是一个很重要的变量，因为会涉及技术合作、全球贸易以及企业海外融资上市、未来的规划等问题，当然全球化、中美贸易等很多问题也会带来相关的机会。例如，时势推动国内企业在泰国、柬埔寨等东南亚国家开展服务外包，以及设置分支机构的探索机会与尝试。企业对大的政治议题必须要有一定的判断与选择。

在知识经济的年代，有关知识产权与反垄断的法律法规也逐渐提上日程，在进入一个国家和地区的时候，需要清晰地理解当地的法规与游戏规则，也可以为企业在该地区更好的发展打下基础，避开雷区。

判断一个国家的治理方针的稳定与风险，存在一定的不确定性，我们可以通过政府文件的语言风格和侧重点来判断局势和政策引导。一个国家长期的稳定与风险需要看宗教文化、民族等方面。

11.4 经济周期与曲线规律

经济因素包括总体经济环境和一些具体因素，后者如利率、汇率、通货膨胀率、失业率、经济增长率、贸易赤字或盈余、储蓄率和人均国内生产总值等。有些行业（如建筑业）特别容易受经济衰退的影响，但是低利率等会对经济产生正面影响；其他一些行业（如折扣零售业）在一般经济条件恶化时，反而会因为消费者对价格更敏感而受益。

在观察经济因素的过程中，先需要判断这个地区的经济是上升周期还是下行周期，还需要判断这个地区的人均收入水平如何。例如，在产业经济学中经常会提到人均 GDP 达到 8000 美元以后，相关的生活服务业就会得到发展与创新。不同地区人均 GDP，这个经济大框架会限制不同阶段消费与竞争的逻辑。

巴菲特在 2009 年的时候投资了铁路行业，这个举动看起来非常“疯狂”。因为美国的高速公路非常发达，高速公路建成了之后，铁路就开始没落。早期运输都依靠铁路，所以美国的铁路网非常密。可是后来由于铁路贵，并且不能门对门地运输，慢慢就衰落了。衰落之后，铁路公司把车厢当成仓库，变成存货管理公司，但也赚不到很多钱，所以铁路公司一直没有起色。2009 年，当巴菲特花了 440 亿美元去买铁路公司，所有人都很不解。而五年以后，大家恍然大悟，原来巴菲特在提早布局页岩油——巴菲特买的铁路公司的线路布局和页岩油产区布局高度重合。

这是一个提早布局的案例，**要先看到未来的变化，虽然人们都看到页岩油的趋势，但没有人想到运输这一块，巴菲特想到了，就去布局，然后就获得了很高的利润。**

11.5 社会文化与生活方式

社会文化因素包括社会价值观、态度、文化影响，以及对特定产品和服务的需求有影响的生活方式，还包括人口统计因素，如人口规模、人口增长率和年龄分布等。社会文化因素因地而异，随时间而变化。在追求更健康的生活方式的趋势下，人们在运动设备和健身俱乐部上花费更多，并远离酒精和垃圾食品。人口统计方面呈现出的人们更长寿这一结果，对医疗保健、疗养院、旅游、酒店业和娱乐业都产生了巨大的影响。

中国的城市和人口特征必然会使本地生活服务更繁荣。因为经济上的账算得过来，所以会有更多服务被更广泛地提供。在美国，线上企业提供这些服务的话，经济上就不合算，也很难长期以补贴来服务用户。

美国 200 万人口以上的城市有四座：洛杉矶、纽约、芝加哥、休斯敦。中国则有超过 40 座城市的中心城区人口在 200 万以上，这些城市的每平方公里人口密度远超过美国，这让中国的本地服务可以成立。不仅包括外卖、快递，还包括共享经济里的很多产品，如共享自行车等。它让中国人的生活更加便利，也造就了很多与互联网相关的就业机会。

11.6 科技创新成熟度与渗透率评估

技术因素包括技术变革的速度，以及对整个社会产生广泛影响的技术开发，如人工智能、5G 物联网、区块链、大数据与基因编辑技术。技术变革能促进新产业的诞生，如可穿戴设备产业，也能颠覆一些产业，如唱片业。

感知科技部分主要关注两方面：新科技特性与核心逻辑；科技成熟度与渗透率评估。

人工智能的科技作为通用技术，正在推动各行各业跃迁到新状态。人工智能技术应用的核心逻辑是：重复的能够被编程的动作与行为的竞争优势都将被弱化，决策力与创意力将成为人工智能时代竞争的关键能力。

美国《科学》杂志给出的判断是：**到了 2045 年，全球 50% 的工作岗位会被 AI 的机器替代，而中国有高达 77% 的工作岗位被替代。也就是说，未来中国每四个工作中会有三个由 AI 替代。**这听起来确实有点危言耸听。工厂自动化已经让众多传统制造业工人失业，AI 的兴起会让失业潮波及中产阶级，最后只给人类留下护理、创造和监督工作。

确实，在体力、智力及完全理性上，AI 预期可以完胜人类，人类必然退出这些“相对劣势”的领域。那些工作环境恶劣、高危性的工作，如矿井、野外等工作交给 AI，可以帮助人类规避风险；那些简单性、重复性、高体力工作被 AI 取代；那些简单的智力劳动，如翻译、编辑也将被 AI 取代；还有那些需要秉公执法、过程不复杂的公务员工作，如交通执法等也将由 AI 取代。**在 AI 时代，**

我们将从工作岗位上解放出来。未来工作形式分为以下几种：

（1）人类独立工作——需要判断、评估和创造力的任务。

（2）机器独立工作——机械性的、仅需简单认知的任务。

（3）机器为人效力——由人类管理机器执行的任务。

（4）人为机器效力——由人工智能软件进行组织与优化，人类来执行的任务。

（5）人类和机器协作——利用机器在物理和计算上的优势辅佐和提升人类认知，达到最优效果的任务。

在人工智能深度渗透、不可预测的世界里，员工从来没有像今天这样缺乏职业安全感。如果一个企业真正帮助员工做好准备，就能在激烈的竞争中脱颖而出，同时也会因为解决了世界上最紧迫的一个问题，赢得政策制定者和社会的尊重。员工需要对自己的学习旅程负责，管理者则应担任教练，提供支持。

技术作为延续性的变化和颠覆性的变化，还处在持续的演变中。技术将是接下来几十年中影响个人、社会及商业组织的最大变量之一。而作为人类的消费者，它是相对稳定和可以被理解的。流动的是科技，不变的人性。

想看懂技术变化及价值，你要掌握技术发展过程及其成熟度曲线。对企业来说，太早介入或太晚参与都不是明智的选择。从这个角度，你可以借助 Gartner 每年发布的技术成熟度曲线工具，来判断技术投入与研发参与的相关节奏及安排。

你一定要清晰地认识到技术的成熟度和产业应用有时间维度概念。并不是越早介入就越好，技术与产业应用并不以个体的意愿为转移，更多需要产业生态的成熟。当你太早进入的时候，需要面对不成熟的产业生态，即使投入更多的资源与精力，也没有办法应用新科技，更别提经济效益的回报。

感知环境技术元素一项，其中很重要的就是要感知技术发展速度与科技渗透率的情况。网约车等移动互联网工具的流行，其背后需要移动终端的普及率、移动支付基础设施的渗透率等基础条件。缺乏这样的创新和机会点，即使是在互联网时代开发出共享产品，也不能获取经济上的回报与市场的流行。

我经常会通过身边一个朋友的案例来解释踩准科技发展的节奏是多么重要。源于媒体的炒作，在 2015 年左右，VR 技术及应用前景被媒体与大众广泛关注（见图 11-3），他就积极换工作，加入虚拟现实公司，但是非常遗憾地如图 11-3 所示，当他加入公司不久，整个产业就在走向下坡的泡沫期。他假装坚持了一段时间，在 2018 年离开，又去寻找新的热点。但没有想到的是，两年后随着 5G 产业的基础技术支撑，虚拟现实产业又开始复苏，机会涌现。我想这就是对技术渗透率与科技应用节奏感把握比较差的鲜明案例。

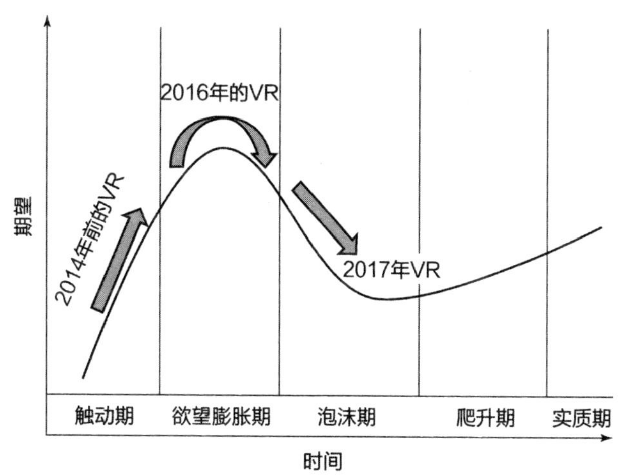

图 11-3　VR 的 Gartner 技术成熟度曲线

Gartner 发布的技术成熟度曲线工具，相对来说做得比较专业，也被业界广泛应用。该机构每年都会发布主流技术发展趋势、渗透率与应用数据。大家可以搜索看一看，作为参考。

在科技渗透率机会方面，红杉资本沈南鹏会从软硬件角度看机会与份额。汽车这样的属于硬件市场。硬件有一个特征，它跟地域文化的关联度并不是那么紧密，美国企业生产的 iPhone 可以在中国获取比较大的市场；硬件的另一个特征是很难赢家通吃，这跟互联网的特征不同，手机厂商很难像微信那样在某一个领域里占据非常大的市场份额，硬件市场份额更加均衡。所以，在中国市场上，几家手机厂商的竞争几乎不分伯仲。

硬件市场的特征让国外汽车公司如特斯拉有机会进入中国市场，但也让中国公司更容易打出去。例如，智能手机小米、华为在海外占有一定的市场份额，再如大疆创新的无人机在海外市场的占比更高。

11.7 消费者亚文化与需求动态变化

感知消费者，也就是感知消费者的行为、价值观、互动方式以及对产品理解的变化。例如，二次元 00 后和 90 后，对什么样的产品是好产品，什么样的服务是好服务的标准都变了，从功能层面逐步走向价值观符号等软性层面。

网红品牌的崛起潮（故宫文创、江小白等），更多源自消费者的改变。消费者变化的典型特征就是年轻化，也就是越来越年轻的消费者成为消费主体以及引领潮流。消费者的改变也带来了购买标准的变化，也就是你认为努力改进的服务，消费者认为那只是个标配，并没有创造独特创新价值。消费者已经从温饱功能型消费走向自我实现，自嘲自黑文化流行，脱口秀、嘻哈等亚文化崛起。

我经常会给企业家做个测试，如果你满足以下几点，那么说明你开始落伍了，正在远离这个时代，远离新消费文化。

- 看视频节目，用正常的速度看，没有调到 1.5 倍或者 2 倍的速度。
- 看视频节目不开弹幕。
- 不知道 A 站、B 站等平台，不了解二次元等文化。
- 不看《脱口秀大会》等娱乐节目。
- 没有看过吃播及网红品牌视频。
- 没有积极主动购买潮牌产品。

感知消费者的变化，有两个路径。

第一个路径是可以通过数据以及相关的工具帮助，积极地从消费者的评论和留言中寻找用户的需求以及新的购买标准。互联网赋权给消费者，消费者积极地通过文字、短视频的方式来吐槽和表达，典型的就是小红书上的各种种草内容。

感知消费者的优秀组织，就需要动态连接消费者的内容评价与评论。海尔公司在推出雷神笔记本的时候，团队通过爬虫技术从京东、淘宝上将相关笔记本的评论，不论是正面的还是负面的，进行聚类分析，然后反向推导出消费者没有被满足的需求。为此，他们找到了一个很好的市场空白点，就是很多大学生想用笔记本来打大型游戏，还希望笔记本不卡顿。雷神笔记本紧紧围绕这个 KPI 来研发自己的产品，一举获得市场。

做危机公关时，有一个非常好用的方法路径，就是当危机发生时，我们需要从用户的评论中去寻找可以去延展，或者可以将话题岔开的相关评论。危机公关就是议程设置，高手需要把话题倒向别的话题或者角度去。用户的评论和留言充满着信息和嘈杂，但是只要用心挖掘，即可洞察消费者心声。

洞察消费者第二个路径就是积极拥抱反常行为。不论是打电话来投诉的反常行为，还是用户评价反常行为，抑或是我们发现消费者用反常的行为方式来使用产品等，只要是消费者的反常行为，你就要多关注。因为反常行为的背后，隐藏的就是没有被我们感知到的需求，或者说用户并不是我们本来以为的那个样子。当环境发生动态变化或者是我们的新产品上市时，往往都可以从消费者的反常行为中，找到新的趋势和涌现出来的方向。当然也包括我们的合作伙伴的反常行为，或者需要号召合作伙伴积极地反馈一线过程中的反常行为情报，以备聚类分析，寻找其中的规律和趋势。

20 世纪 90 年代，辉瑞公司的研究人员研发了一种用来治疗心脏病的可能药物。他们的研究主要关注两项药效：防止血栓形成和增加血液量。这种药物在人体试验中并没有达到预期效果，然而，一些受试者反馈了一种意料之外的副作用。

11.8 竞争情报与信息收集

竞争就像在一个黑暗的森林里面，一方面我们要观察既有的行业的竞争对手，还需要观察跨行业的对手。基于这样的理解，我们要追问清楚的一个问题是：我们从事的究竟是一个什么行业？因为只有定义了我们的行业，比如说打“王者荣耀”的时间，压缩了很多其他娱乐时间，从这个角度来看，“王者荣耀”的对手就是肥皂剧等娱乐节目。

一旦明白自己所从事的行业，我们就要从更广的角度来看待竞争，以及这个竞争如何演化。

感知竞争对手的第一个问题就是有效地界定竞争对手。大部分人都以所处的行业来界定自己的对手，这个其实是不正确的。我们应该以满足用户的需求来界定我们的竞争对手。**口香糖卖得不好，并不是竞争对手抢占了市场份额，而是手机游戏霸占了消费者时间。方便面卖得不好，并不是其他方便面卖得好，而是外卖满足了原有方便面快餐的需求。**只有有效地界定了竞争对手，才可以有的放矢，才可以有效地拓展环境感知的方向和族群。

刘慈欣在《三体》中提到黑暗森林法则：在黑暗森林里寻找出路的时候，你并不知道周围有什么样的玩家在看着你，要想获得生存的权利，在自己没有变强大之前，活下去的法则是保持低调。

洞察竞争对手，还可以采取一种叫作商业情报学的手段。在日本、德国，有很多企业非常重视这一手段。在不违反法律以及职业道德的基础上，从动态环境的博弈过程中收集竞争对手的相关信息越多、越清晰，并作出有效的处理，就越能制定出合理的竞争战略，获得竞争优势。

在近距离肉搏的行业，你可以通过企业战略性招聘、人事变动信息等动态雷达识别出竞争者的意图、战略与下一步动作。通过竞争对手领导讲话、接受媒体采访以及企业新闻等信息，运用“逆向工程”反向拆解竞争对手的战略意图与行为决策。一线执行过程中需要多种信息渠道来交叉验证。

在一线做顾问的过程中，我发现一个问题点是，更多企业在竞争和博弈中，把眼光过多地聚焦在竞争对手的身上，往往导致了盲目竞争和狭隘竞争升级，却忘记了自己的客户。这是得不偿失的。

洞察竞争的格局，你还需要清晰地知道行业的竞争状态是属于垄断型、分散型还是趋于集中型，因为在不同的市场环境状态下，竞争战略的逻辑是不一样的。

很多垂直领域确实在早期就出现了赢家通吃的状况，如外卖、电商。但这并不代表新公司就没有机会了，寻找新的、没有被满足的市场需求，永远都有机会。互联网游戏可以延伸出来很多服务产品，腾讯不可能把所有的事情都做了，其他公司也有机会分到一杯羹。就像当年汽车行业发展起来后，汽车配件产业也随之兴起。当你置身于一个巨大的市场时，你会发现，跟它相关的产品和服务也会兴起。

11.9　打造自动化环境感知系统

感知环境分析是一项复杂但极其重要的事情，感知环境的行为一般可以分为以下几种：

（1）扫描：识别环境变化和趋势的早期信号。

（2）监测：通过对环境变化和趋势的持续观察来探索其中的含义。

（3）预测：根据监测到的变化和趋势推断预期的结果。

（4）评估：判断环境变化和趋势，对公司的战略和动态能力进行管理。

扫描包括对所有总体元素的扫描。公司通过扫描可以及时发现环境中潜在变化的信号以及那些正在发生的环境变化。对于无关联的数据和信息，环境扫描具有一定的挑战性，尤其是对那些在高度变化的环境中竞争的公司来说，扫描是至关重要的。

在进行监测时，分析是通过观察环境的变化来分析扫描结果，是否显示出了重要的变化趋势。有效的监测要求公司能够明确重要的利益相关者，以此为基础来满足利益相关者的特殊要求。

在进行预测时，通过对扫描和监测得到的变化和趋势的分析，可以推断出未来可能发生的事情及其发展速度。预测新技术进入市场的时间，或者政府税收政策在改变多久后会影响顾客的购买方式，准确地预测时间及其结果是具有挑战性的，预测的难度在增加。

评估的主要目的是判断已经识别出来的环境变化和趋势，对公司的影响以及时间和影响程度，通过扫描监测和预测分析对整体环境有了初步的认识，而评估就是明确这些认识对公司有何具体意义。如果没有评估，留给公司的就只是一些数据，与公司的竞争力毫无关系，尽管收集和组织信息很重要，与环境的解读更为重要，它可以帮助公司识别环境中的趋势。

11.9.1 通过情景规划，感知与推演动态变化

情景规划在管理者用于制定创新战略计划的工具中脱颖而出，因为它具有“捕捉丰富细节的各种可能性”的能力。

美国军方最初采用情景规划来帮助进行规划工作。在 20 世纪 60 年代，赫尔曼·卡恩对其进行了修改，以便应用于商业。情景规划使用影响未来社会、政治和经济的各种因素来规划一组合理的未来情景。它在避免了集体思考困境的同时，与外部专家联结，保证了创新不是自身臆想的结果。

在情景规划过程中，框架由假设组成，假设隐含地塑造了创新策略如何结合。例如，框架可能包括正在考虑的时间段内涵盖的广泛因素，情景规划过程的竞争性和协作性的问题，是不是一次性活动。

通过从未来情景因素构建多个框架，创新者有机会看到新业务在每个情景中扮演的不同角色。例如，一个情景中的供应商可能是另一个情景中的合作伙伴。这令创新规划者可以重新审视当前战略中的可能性，重新审视假设并考虑新问题。

情景规划旨在探索不同类型的微弱信号。为了探索微弱信号，情景规划需要关注可能性，特别是在一线推动时遇到的细微变化或强烈信号。

11.9.2 刻意练习塑造感知能力系统

超强感知能力是企业发现并监控环境变化的能力。感知能力要求企业能察觉与自身相关的全数字化趋势和不断变化的竞争态势，并收集有关客户、合作伙伴、员工和公司实物资产（如建筑物、机器、车辆和 IT 系统）的重要见解。

得益于无处不在的网络连接、移动设备、体积小且价格低的传感器和数量激增的数据收集工具，企业可以比以往更加充分地了解

自己所处的环境。它们可以将传感器嵌入生产设备、设施和产品中来掌握运营情况。它们可以通过监听平台了解客户在社交网络上对其发表的评论，并借助有关移动设备使用情况的数据了解客户的位置。用于“挖掘”网络中的数据并“清洗”数据以供分析的工具可以收集大量信息，无论是关于竞争对手、宏观经济趋势的信息还是关于天气的信息，几乎都能收集。

建立自动化环境感知机制的前提是企业必须及时收集和处理外部环境的信息，从而根据形势的变化作出快速反应。自动化感知匹配机制主要表现为企业对环境变化的即时性反应。例如沃尔玛，一直以来比其他的折扣百货商店表现杰出，主要是因为前者有一套被称为“过站式”的物流管理技巧，可以快速对需求改变进行响应。这套系统整合各营业点的实时销售资料，反应在配销与采购上，可以减少缺货等情况，因而沃尔玛的客户满意度远高于同行业，最后反映在企业竞争力上。

第三方外部资源——专业的服务商也是我们感知环境的重要合作伙伴，如皮尤互联网社会研究中心、尼尔森消费数据研究。专业第三方机构有一定数据积累和行业中立性。专业的人做专业的事，但是第三方更多的是从面上分析，没办法深入产业及微观竞争层面，亦很难理解行业潜规则与游戏规则。但是实践中，你可以通过委托数据以及相关的调研分析，最终解读数据和把握趋势方向。

第 12 章

组建变革领导团队

12.1 为什么需要变革领导团队

动态能力的管理具有一定的时间性和持续性，也是企业穿越周期过程中必不可缺的一个环节。在我们感知环境以后，需要启动动态能力转型变革过程。在动态能力调整的过程中，我们面临的现实问题就是，谁对这件事情负责？又由谁来推动这样的变革转型落地呢？这就是七部曲中动态能力变革领导团队需要解决的问题。

动态能力变革领导团队就是要推动动态能力变革的产生，并保证最终完成。动态能力变革领导团队的成立不仅仅是一种仪式，更为重要的是有这样一个机构对于推动动态能力变革负有一定的权力、责任与义务。在组织经营过程中，如果只是号召某个转型或变革，但缺乏相关的团队机构，最终往往很难落地执行。

找不到人，找不到负责团队，则根本形不成变革力量。动态能力变革领导团队作为动态能力管理过程中的关键责任人或者启动者，需要对整个项目的完成度负主要责任。动态能力变革领导团队就是用来解决过程中出现的林林总总的问题，通过团队的力量凝聚协同解决。动态能力变革领导团队组建完成后可以有效地配置组织内的资源，积极推动动态能力变革过程。在原有的组织框架下面，还能够重新快速地组建一个针对特定议程的领导小组，它的任务就是来解决特定问题的。

实施动态能力变革的过程中，领导团队需要完成的任务主要有：

（1）传达让人信服的有关新未来的愿景（列出感性和理性的案例）。

（2）制定包括里程碑、时间表和业绩考评在内的变革节点。

（3）鼓励人们要适当地、有意义地参与到变革的前期、中期及后期（参与，参与，还是参与）。

（4）提供资源，清除阻碍，充当变革倡导者。

（5）通过变革效力提供变革的信息、方向和重点。

（6）根据业绩考评对工作又快又好的人作出奖励。

（7）为了支持变革，要调整、适应及加快变革的流程、策略和实践。

（8）建立问责机制，表明领导者的严肃态度。

（9）持续跟进，贯彻始终，保证对变革工作的一贯重视。

创建一个团队的目的是完成团队任务。因此，第一步就是明确任务，然后确定完成该任务所需的技能与人才。如果一开始没有清晰的任务界定和团队组成人员画像，团队最终成功的可能性就会很低。然而遗憾的是，在现实中，很少有团队领导遵循这些准则来建立团队。过往经验显示，拥有丰富的任务相关知识的团队的绩效会更好，在执行任务时也比其他团队更加高效。

12.2　横向与纵向模式组建领导团队

动态能力变革领导团队（以下简称“领导小组”）尽可能争取一把手或者关键领导层的坚定支持，接下来重要的合作部门就是人力资源部以及各个分支机构。人力资源部更多的是在人力资源的招聘、考核、激励等相关方面给予支持，更多动态能力变革还是在业务层面，这就需要每个部门都有自己的动态能力变革计划，为此需要每个部门、子分公司的人员参与到其中。

领导小组的组成可分为横向和纵向两个维度。横向就是将各个部门相关领导或者是关键决策者纳入动态能力变革领导小组，如财务部、人力资源部、市场部、销售部、产品研发部、生产部门、子分公司。横向领导团队是在传统组织框架体系下一种现实的选择，因为组织的议程与资源等都掌握在关键决策人手中。

纵向维度构建领导小组就要找出积极参与动态能力变革的先锋人士，去趟出一条路。碍于初期领导团队人数的限制，纵向团队组成更为重要的是吸纳有影响力的种子型员工。在《种子用户方法论》一书中给出了组织变革中第一拨员工画像（见图 12–1），结合动态能力变革话题，纵向领导团队成员画像是：在组织内有两年以上工作经历；拥有成长性思维；自身积极主动学习，更新核心能力以应对数据智能时代；拥有创新开拓精神，过往乐于拥抱新鲜事物。在满足上面条件的员工中，再按照其在组织内影响力的大小优先录用、吸收。

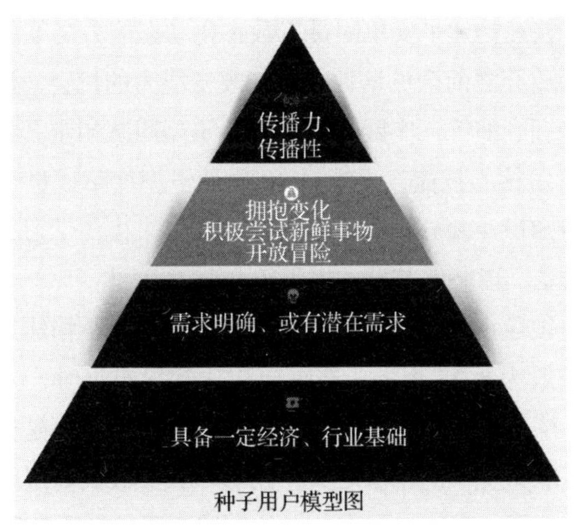

图 12–1　种子用户模型

资料来源：唐兴通，《种子用户方法论》。北京：机械工业出版社，2019。

有效地筛选出来的若干人员组成纵向层面领导小组，可为变革工作的开展保驾护航并提供支撑。

我曾帮助平安保险一起推动客户经理数字化能力变革项目。平安保险在新环境挑战下，迫切渴望面向未来的转型，迫切希望解决以下问题：

（1）数字营销能力创新（数字化获客、数字化客户关系维护能力）。

（2）智能时代新产品的推出能力。

（3）动态能力变革调整的文化与风气。

在选择数字化转型的抓手时，平安银行发现之前众多的战略不能落地，追究起来发现是员工的认知和面向智能时代的动态能力需要进行结构性改变，但是大部分员工习惯于按部就班，故需要改变员工技能以推动转型。为此，我给出的建议是，在平安保险市场销售人员中垂直筛选出40位种子型变革成员，找到那些积极拥抱互联网等新工具、积极尝试创新营销方式与拥抱线上线下销售理念的销售人员，快速构建平安集团员工数字化动态能力变革小组。

为此，放弃之前全员培训、赋能改变能力的机会，调整为通过一系列的培训、演练、实践，让垂直种子型团队初步具备面向未来的数字化营销核心技能，再通过40位种子型变革成员带动各分公司，集团内知识经验分享，带动更多的员工来模仿学习，最终完成动态能力变革，以坚实基础支撑组织变革。

对横向领导小组组建，一般就是按照部门和结构体系再加上高层领导，一般为8~12个人。在纵向构建领导小组时，人数上可以放开一些，毕竟他们更多的是扮演先锋试验角色，但是他们也是很重要的动态能力变革的星星之火，能够尽快吸收到高层的意思，也能够积极地获得一定的权限在各自的领域开展动态能力先行试验。

华为的变革并不是由某一个部门单独执行并完成的。从组织的横向上来看，在历次组织变革中，所有相关部门都以制度化的方式参与了变革过程；从纵向上来看，高管团队发起且掌控着变革。为此，华为有意识地通过制度化的形式确保高管团队能够全力支持并且全面参与每一项变革。

华为发起IPD和ISC变革项目，变革领导小组也随之成立，其定位是战略性地指导变革项目。小组组长为孙亚芳，她也同时担任华为董事长；任正非与来自IBM的专家一同担任变革领导小组的顾问。这样的安排在一定程度上可以使变革所建立的新制度脱离企业创始人的固有影响力，从而避免企业"穿新鞋、走老路"。变革领导小组的成员由来自公司各一级部门的一把手出任，把握变革的愿景，同时也控制变革的总体成果。变革领导小组负责阶段性、关键性的重大决策，从战略层面上确保变革朝着正确的方向演进。

变革领导小组的工作人员都是从业务线上抽调的专业干部。实际上，华为也有意识地利用变革领导小组来培养干部大局观、练就企业的未来领袖。项目组内部通常包含一个核心组和一个外围组：核心组成员是来自华为各业务线上的骨干员工，他们脱产、全职参与变革工作；外围组成员则在继续做好原岗位工作的同时，部分参与变革实施，这样，他们能够在参与变革的同时，从实践中了解业务正在发生的变化。

12.3 让变革领导团队高效运转

高效的动态能力变革小组的核心是要阐明清晰的愿景，并使成员团结一致地紧紧围绕这一愿景和战略努力工作并实现它。这意味着领导者应该对团队工作表现出热情、乐观和兴奋。高效变革还包括帮助团队成员彼此建立关系，鼓励他们相互欣赏，帮助他们学习如何建设性、创造性地面对差异与解决差异。成长与发展是每个人都渴望的强大动力，因此变革工作需要帮助团队成员协调他们的活动，不断改进工作和绩效，从而发展他们的能力。

动态能力变革领导团队的日常组织与管理也面临着比较大的挑战。尤其是在当今快速变化的竞争环境下，每个参与者除了手头主要工作任务以外，还需要兼顾动态能力变革管理项目。如果不能进行有效的管理，最终的结果就会大打折扣。

当今的团队建设需要更快一些，成员应该更具多样性（见图 12–2）。认识到这些现实情况，目前被广泛采纳的一种方法是精心策划一系列工作场所之外的集会。组织动态能力变革领导小组成员，怀着组建一支团队的共同目的到某个地方待 3~5 天。领导团队可以相互交谈、分析问题、爬山、玩游戏等。所有的活动都是以增进相互了解和信任为目的，为后边的工作打下一定的基础，达成共识，要不然的话沟通成本会很高。

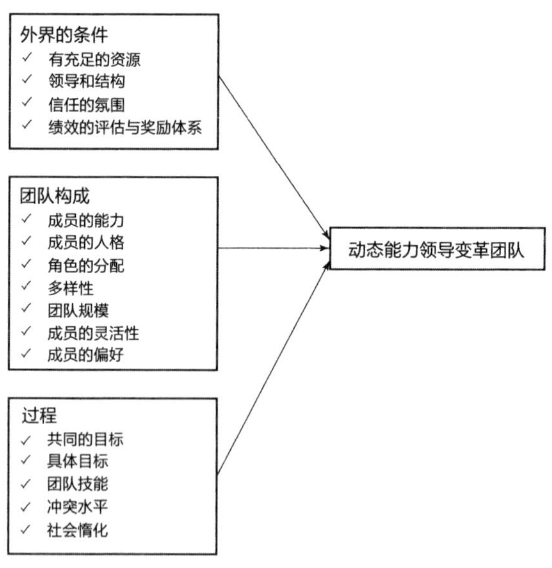

图 12–2　动态能力领导变革团队

由内部工作人员或是外聘顾问来进行规划，其中大部分时间用于鼓励领导成员就关于动态能力变革的想法和感受，以及所面临的机遇和挑战进行诚恳的讨论。

虽然说这样的领导团队是非正式组织，存在的时间有长有短，但很有必要关注及呵护。在团队构建初期，组成人员在互动过程中会迅速磨合，形成一个个独特的变革小组亚文化。

变革小组亚文化的基调有积极拥抱创新、面向未来、灵活，因为小组日常工作更多的是面对与解决各种不确定问题。虽然方向是确定的，但在执行过程中，有着各种阻力以及很多现实性的问题，推动创新和动态能力变革过程需要我们的团队具有这种拥抱变化的文化，采取灵活的方式去处理，而不是以传统稳定组织的管理方式与文化来应对。

在构建动态能力管理团队和小组的过程中，我们还需要关注的是如何平衡领导小组与现有组织的关系。冲突背后需要理解一个组织的两套逻辑：一个是稳定态的管理逻辑，另一个是动态能力变革，更多的是强调变化，就是一种创新的秩序。因为逻辑和主要矛盾的不同，现有组织管理追求的是维持稳定，通过秩序实现。但是动态能力管理变革更多强调的是创新具有一定的风险和不确定性，那么在考核或者是评估时需要有不同的对待方式。

在一线做咨询项目过程中还会发现一个问题，变革领导小组会下意识地凌驾于组织之上或者过于显摆。这样的行为与态度倾向确实会情不自禁地流露出来。我们在组建变革领导小组时要刻意化解领导变革小组与组织之间的冲突，这也是便于更好地推动变革转型工作。但在更大意义上，领导变革小组是激励的团队、思想的团队，而不是一个爱显摆、秀智商的团队。

第 13 章
新能力的方向与实现路径

13.1 从找能力落差开始

动态能力管理就是从企业能力 A 状态，通过刻意进化与训练走到企业能力 B 状态，以更好地创造顾客价值，周而复始，再从企业能力 B 状态走向企业能力 C 状态（见图 13-1）。在本书的叙述过程中，为了更好地抓住主要矛盾与关键能力，我们用特定状态下的核心能力集来代指所有能力。

图 13-1 能力转型变革图

从动态能力变革管理的角度来看，随着环境的变化，企业需要更新自己的核心能力；每个部门需要更新自己的核心能力；每个人也需要更新自己的核心能力。所有这些核心能力刻意进化的方向就显得尤为重要。

想要有效地确定未来的核心能力，人们需要回答以下几个问题：

（1）你到底做的是什么生意？

（2）未来竞争发展方向如何？游戏规则是什么？

（3）你要在那个时空下为顾客创造价值，盘点下自身的核心能力，缺口与落差在哪里？

这个落差与缺口就是核心能力刻意进化与训练的方向（见图13–2）。

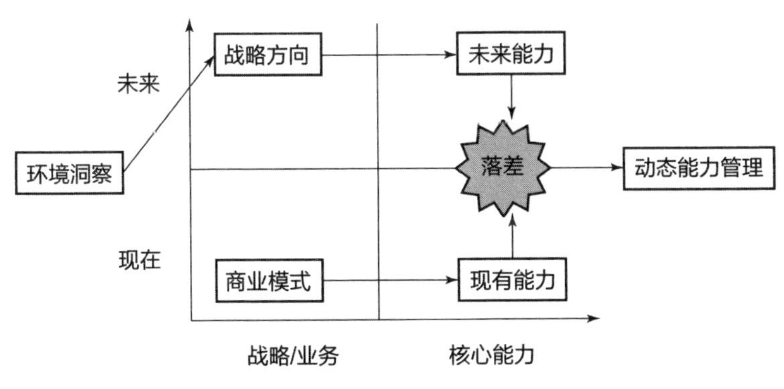

图 13–2 能力落差模型

提到核心能力的落差，让我想起三星集团的李健熙与华为的任正非在不同的时空背景下都感知到服务顾客能力的落差，不约而同投入巨资加强公司的工业设计与美学设计能力建设。当消费者对商品的美学要求越来越高，三星和华为等传统的以技术研发为中心的企业明显缺乏软性的美学核心能力。为此，他们从法国、意大利重金邀请相关的设计师构建核心团队，以推动组织核心能力的调整。这就是一个典型的核心能力的确定与调整的过程。

2010 年前后，阿里巴巴集团确定大数据战略，在盘点团队与核心能力的时候发现缺口比较大，领导团队下达大数据能力塑造规划，大数据人才招募无指标限制，积极地将市面上谈论大数据的人（涂子沛等）吸引到组织内，先都邀请加入组织，然后再进行优化调整。这为阿里巴巴集团的数据战略奠定了很好的先发优势，后面腾讯等巨头只好用高价从阿里巴巴挖人。

我特别想强调一点，动态能力变革方向的确定并不是自嗨的行为，也并不是自我设置挑战的过程，更为重要的是想持续为顾客创造价值，调整自己核心能力与环境保持匹配的一个习惯性行为。

13.2 数字化转型 = 战略 × 数字化能力

数字化转型、智能战略转型或者未来其他运营模式的转型，一旦面临转型，企业就非常焦虑，焦虑往往源于不确定性，源于自身的能力与时代的不匹配。在过往的咨询与项目经验中，我喜欢用简单的公式给出企业进化转型的框架。

一个企业想转型成功，它的业务公式是：数字化转型 = 战略 × 数字化能力。战略确定了转型的方向，数字化能力是保驾护航，最终能够按照既定的战略抵达或者是部分抵达，当然也不排除中间随着环境的变化进行战略方向的调整，但这一切的基础就是战略和核心能力之间的配合。动态能力管理的过程其实是将企业能力、战略方向动态匹配。

远见是战略判断的前提和假设，是战略前瞻性的基础。从未来看清现在的企业有战略，从现在顺着往前走的企业没战略。做事情前先想一下三年以后产业格局会怎么演化，“以终为始”才是战略认知能力。

如果说今天是这样，大家都这样，所以我也要这样，这就是最典型的没有战略。一窝蜂而上，什么流行就做什么，永远在跟风，永远在赶下一个潮流，这是典型的机会导向。

判断一个企业有没有战略认知能力，最简单的就是看这个企业的人在内部讨论的时候，会不会经常讲未来会怎么样，倒着推怎样才能推到这里。成功企业的基本思考方法也是倒着推，因为在方向都没有的情况下，所有的努力都是毫无意义的，能力和方向在一起才是作用力，战略更多的是告诉我们方向，给我们一个方向感。

企业家最难的是什么？“耐得住寂寞，禁得住诱惑。”其实看得越清楚，才越不为外界所惑，越能坚守自己的判断。

当你知道战略的大致方向时，你就知道了起点和终点。下一步要决定的就是战略的路径选择。直线走是不可能的，没有企业可以走直线。

战略很有意思的一点是，你要一直寻找动态平衡，找到一个“度”，“度”决定了企业发展的节奏。阿里巴巴曾鸣针对战略方面做过分享：阿里巴巴经过多年的发展，总结出了自己的战略发展节奏，即“逢单出击，逢双休养”。对一些企业来说，可能是“三年出击，三年休养”，这个节奏本身的周期不一样。当你快速膨胀之后，要有沉淀下来消化吸收的过程，要不然就像我们看到的一些企业，满世界圈地，最后一个浪打下来，像多米诺骨牌一样快速往回倒，连停的间隙都没有。节奏和度是非常关键的，在取势和夯实能力中要掌握动态平衡。

案例：字节跳动战略与核心能力确认

在PC时代，搜索引擎是互联网内容的制高点。百度收割所有的网站内容，终结了PC互联网的内容之争和流量之争，成为PC互联网的流量之王。在移动互联网的时代，百度的世界版图更新有点慢。

在数字内容的世界，网页内容已经不是全部。微信、头条都在建设自己体系内的内容生态。

作为信息战场的后来者，张一鸣认为世界由人流、物流、资金流、信息流组成，而他要成为这个世界信息流的集大成者。

字节跳动公司的业务战略，就是一横一纵（见图13-3）。横轴是信息流的各种品类。例如，图片是一种信息流，文本是另一

种，长视频、短视频、3 分钟视频、15 秒视频也是信息流的一个品类。纵轴是人群，如年龄、性别及以各种标签属性划分的人群。

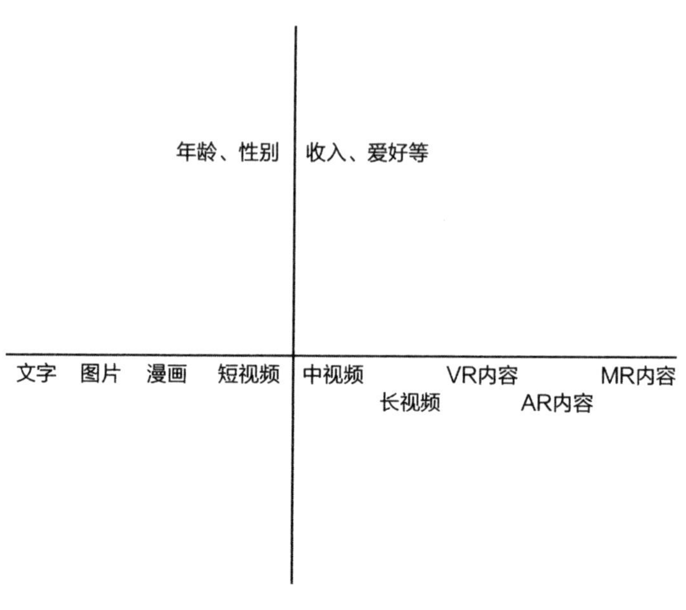

图 13-3　字节跳动产品业务战略矩阵

横轴和纵轴划分出了无穷多的格子，这就是字节跳动的战略版图，所有格子的空白处，字节跳动都在练兵，都在等待机会的信号，随时推出新品。

当 5G 与智能时代来临，字节跳动公司的战略方向是非常肯定的，就是要加强在智能时代中信息流的生产、分发及管理的产品化上下功夫。为此，核心能力聚焦在积极构建产品团队，介入到 AR/MR/VR 相关内容分发与管理，进一步延伸到这些技术所应用的教育（如瓜瓜龙）、医疗等相关行业的机会和产品，塑造团队，锻炼新内容核心能力，积极构建可持续的发展战略。这就是一个优美的战略与核心能力方向的匹配。

我是谁？就是需要充分认识自己，认识自己所具有的资源与核心能力。我要为什么样的顾客创造价值？这需要清晰地界定自己，认识自我，只有在认识自我的基础上，才能够具有更好的战略认知发展的方向。你需要盘点自己的资源，盘点自己的核心能力，也需要定义自己是一个什么样的物种，或者从事什么样的事业。犹如麦肯锡给券商不同数字化增长战略中，核心能力的努力方向也是有明显差异的（见图 13-4）。

券商选择不同的发展路径，能力建设方向也有所差异

		业务构成	资本实力	科技赋能	风控能力	人才能力
综合类	航母级投行	• 全业务线，包括复杂业务和创新业务 • 国际业务占比较高（>30%）	• 重资本，资本要求**最高**	• 全面转型和引领，自主开发，投入**最高**	• 业务复杂，风控要求**最高**	• 组织能力，**高度平台化**，对个人依赖度低
	本土全能投行	• 业务线较全 • 全国性布局，适当国际化	• 重资本，资本要求**较高**	• 全面转型，投入**较高**	• 风控要求**较高**	• 组织能力为主
专业类	零售财富券商	• 专注零售经纪业务和财富管理	• 轻资本，资本要求**较低**	• 有侧重投入，投入**中等**	• 风控要求**中等**	• 平台能力和明星投顾兼具
	精品投行	• 专注以并购重组为主的投行业务	• 轻资本，资本要求**较低**	• 需求较低，投入**最低**	• 风控要求**中等**	• 依赖明星银行家个人能力
	特色券商	• 深耕特定区域、行业或规模的零售/企业客户	• 轻资本，资本要求**较低**	• 有侧重投入，投入**中等**	• 风控要求**中等**	• 平台能力和个人兼具
	交易券商	• 专注销售交易做市业务	• 重资本，资本要求**较高**	• 有侧重投入，投入**中等**	• 风控要求**较高**	• 依赖明星团队能力

图 13-4 券商不同的能力建设方向

资料来源：麦肯锡分析。

企业动态核心能力是一个企业能够长期获得竞争优势的能力，是一个企业能够基业长青的关键因素。动态核心能力的形成是一个持续动态优化的过程，是把企业的各种要素进行选择和整合提炼的结果。产品能力是企业动态能力的最直接体现，而产品核心能力是由技术、组织核心能力决定的，技术核心能力又受制于制度。但制度无非是物化了的理念的存在形式，没有正确的认知就没有科学的制度，因此战略认知高于制度。**拥有正确的、不断创新的战略认知能力才是核心能力的方向盘。**

13.3 价值创造模式决定未来能力

价值链（value chain）将业务看作一系列活动，把投入转化为顾客所重视的产出。价值链分析（value chain analysis，VCA）有助于理解企业如何通过审查不同活动的价值贡献率来创造顾客价值。

价值链关注价值创造活动，是检验公司客户价值主张和商业模式运行情况的理想工具，它使我们能够深入了解公司的成本结构和提供顾客价值的能力。价值链分析可以让公司了解运营过程中，哪些环节可以创造价值，哪些环节不能创造价值。了解这些是非常重要的，因为只有公司创造的价值大于价值创造过程中消耗的成本，公司才能获得利润。

公司的价值链包括两大类活动：为顾客创造价值的基本活动；为促进和提高基本活动绩效所必需的支持活动。一个典型的价值链框架将公司内部活动分为两大类：基本活动（primary activities）和支持活动（support activities）。基本活动有时称为产品职能，指的是涉及产品生产、营销、运输和售后服务的活动；支持活动有时称为幕僚职能或管理支撑职能，通过提供基础设施等投入而从总体上支持运营，确保创造顾客价值的基础活动持续开展。

Adobe Systems Incorporated 公司（简称 Adobe）在历史沿革

中，不断通过"内生 + 外延"的方式，开发创新型产品以及补充新的产品线。2013 年，公司宣布向云服务转型，态度坚决，同时停止传统业务的销售，全面转向云端业务。Adobe 成为由软件模式向云服务转型最成功的公司之一。公司从传统软件业务向云服务转型，进一步向人工智能拓展的战略方向非常清晰。

软件模式向云服务转型，业绩实现持续增长。2013—2016 年，公司的营业收入从 40.6 亿美元增长至 58.5 亿美元，年均复合增长率为 13.0%；归母净利润从 2.9 亿美元增长至 11.7 亿美元，年均复合增长率为 59.1%。公司转型前由于软件更新换代周期较长、市场竞争激烈，营业收入呈现波动状态，鲜有重大突破。公司转型后，盈利模式从卖套装软件转变为订阅收费，业务模式从软件产品转变为云服务，业绩表现明显突破前期瓶颈，净利润持续快速增长。

找准定位，开辟细分市场。Adobe 选择的细分市场是营销云和办公云，它的营销云产品已经拥有非常广泛和高质量的客户，《财富》50 强企业中约有 2/3 在使用 Adobe 的数字营销解决方案，行业范围覆盖媒体、金融、汽车、资产管理和电信多个领域。办公云则依托 Adobe 在多年 PDF 中积累的客户资源和丰富经验，整合了此前收购的 Echosign 数字签名技术，构建起一个虚拟办公平台。

产品壁垒高，用户黏性强。Adobe 本身就是应用软件行业的领导者，已经拥有了一套十分完善的软件产品链，产品涵盖了图片处理、文档编辑和桌面出版等领域，是其他软件公司的产品很难替代的。Adobe 具有稳定的客户群体，在公司变产品为服务的过程中，将提供更加高质量的客户体验，因此这部分客户流失的可能性很小。

公司价值链的基础活动（见图 13-5）与支持活动因公司业务的具体情况而不同。例如，万豪等酒店运营商的基本活动包括选址、建设、预订以及酒店运营（入住和退房、维护和客房管理、餐饮和送餐服务、会议）；驱动成本和影响客户价值的主要支持活动包括雇用和培训酒店员工以及总体的行政管理。供应链管理对特斯拉汽车和空客公司来说至关重要，但抖音或高盛的价值链中没有这一活动。

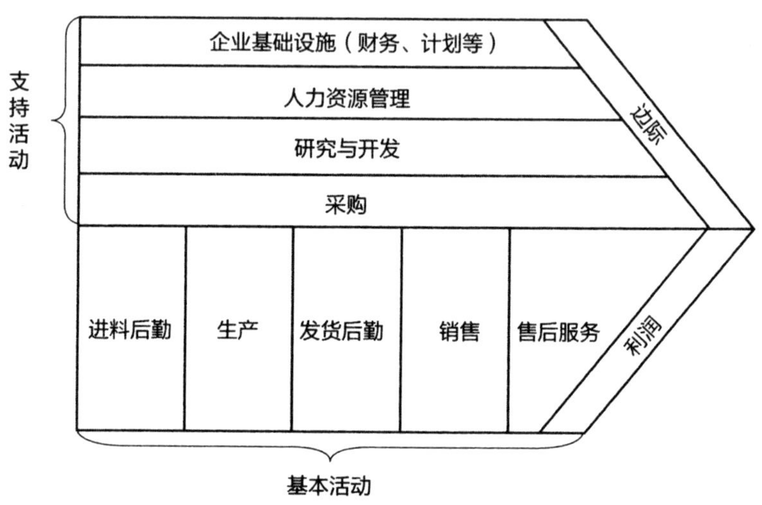

图 13-5　价值链分析

1. 比较竞争对手的价值链，寻找核心能力方向

通过对所从事的活动逐项进行分析，价值链分析有助于比较竞争对手是如何向客户传递价值的。即使是同一产业的竞争对手，所从事的活动也可能完全不同。

实践案例

通过价值链环节逐项分析，发现 ×× 公司所拥有或依赖的核心能力如下：

（1）技术研发：尽管A产品在市场上未获得较好的反应，但公司能够运用仿制A产品所获得的技术能力，自主开发具有特色的B系列产品。

（2）生产制造：取得了一定的制造经验，并且现有装配能力能够满足企业盈利要求。

（3）营销能力：尽管现有的营销网络不健全，但能够在一定程度上依靠公司业已形成的品牌优势和营销经验。

（4）企业文化：企业文化能够增强企业的凝聚力和在市场上的竞争力，推动企业快速发展，是企业所依赖的一项关键资源。

制约××公司转型的核心能力包括：

（1）产品设计：不论是仿制的A系列还是自主开发的B系列产品，均存在产品质量不稳定的问题，也是制约销售业绩提高的一个重要因素，并且增加了企业管理成本。

（2）采购与配套：采购成本较高，与供应商的讨价还价能力弱。

2. 通过标杆与最佳实践寻找核心能力方向

标杆分析法（benchmarking）就是通过开发数据来比较公司与主要竞争对手在每项活动上的成本，并找出哪些内部业务是成本优势或劣势的来源。

标杆分析法是评估公司价值链活动的成本和效益是否一致的工具。标杆分析法需要详细比较不同公司（产业内部和外部的）开展各种价值链活动的方式——如何购买原材料，如何管理存货，如何组装产品，将新产品投入市场的速度有多快，客户订单如何填写并发货，然后对不同公司在这些活动上的成本和效益进行比较。标杆分析法的目标是识别执行活动的最佳实践方法，并对之进行模仿。

最佳实践（best practice）**方法是一种开展活动或业务流程的方法，与其他方法相比，该方法始终能带来卓越绩效。**一种方法必须至少被一家企业采用，并证明其在降低成本、提高质量或性能、缩短时间要求、提高安全性或实现其他一些积极的运营效果方面始终更有效之后，才能成为真正的最佳实践方法。因此，最佳实践方法确定了在价值链活动中实现卓越运营的途径。丰田公司的管理者通过研究美国超市补充货架的方法，产生了零库存发货的理念；美国西南航空公司通过研究赛车赛道上工作人员的行为，从而压缩了航班在计划降落点的停航时间。据报道，世界500强公司中有超过80%的公司运用标杆分析法，在核心能力和其他重要的竞争要素方面与竞争对手进行比较。

13.4 未来核心能力清单列表

确定新核心能力方向，需要考虑众多因素，在一线执行过程中抓住以下三个因素即可，即北极星指标。

（1）顾客价值，关注点是持续创造顾客价值。

（2）聚焦于主赛道，清晰主业，以保持核心能力方向不偏离。尤其是在面临诱惑与机会点时应作出选择：究竟是不是我应该做的业务？我要不要为之改变核心能力？

（3）竞争的情况。要考虑到竞争者、市场竞争等的情况，毕竟核心能力是为了获取竞争优势，更好地创造顾客价值。

核心能力方向确认在充分考虑到上述三个因素后，要盘点自身的落差，接下来进行核心能力进化，这就是动态能力管理。当然核心能力进化的过程是一个动态的过程，拥抱不确定性，在大致方向清晰后，刻意练习向目标看齐。环境一直在变，核心能力的方向也需要动态精益。

盘点落差才能个性化确定各个企业核心能力的发展方向，见表13-1。每个行业以及行业中不同的企业所具有的核心能力各不相同，为了更有针对性地指导实践，需要对特定的问题展开分析。盘点核心能力方向很重要的一个路径就是拥有持续为顾客创造价值的心，预判趋势，然后盘点自身的落差，接下来积极锻炼核心能力以赢得未来。

表 13-1　企业能力落差盘点

	现状（As is）	理想状态（To be）
数据智能力		
敏捷力		
连接力		
符号与意义经营能力		
客户关系经营能力		
内容力		
知识经营力		
激励赋能力		

核心能力方向确认公式 = 行业处在________阶段，当下与未来创造顾客价值的主要矛盾是________，为满足顾客价值，公司核心能力的不足之处是________。

部门核心能力方向确认公式 = 竞争处在________阶段，当下与未来创造顾客价值的主要矛盾是________，为满足顾客价值，部门核心能力的不足之处是________。

员工个人发展的方向确定也类似，人工智能时代，岗位提出的新的要求是________，为应对变化，个人的核心能力需要在________方面加强学习训练（见图 13-6）。

我们需要针对公司层面以及部门层面给出核心能力的方向与操作。公司层面核心能力的方向，更多是从产业内的竞争公司的宏观层面给出通用核心能力支撑部分，这个地方的主要工具模型有价值链分析和智能时代 DAC 模型。夯实通用的核心能力方向以后，可以更为有效地支撑各个功能部门，以及子分公司在其特定环境下的核心能力的发展。

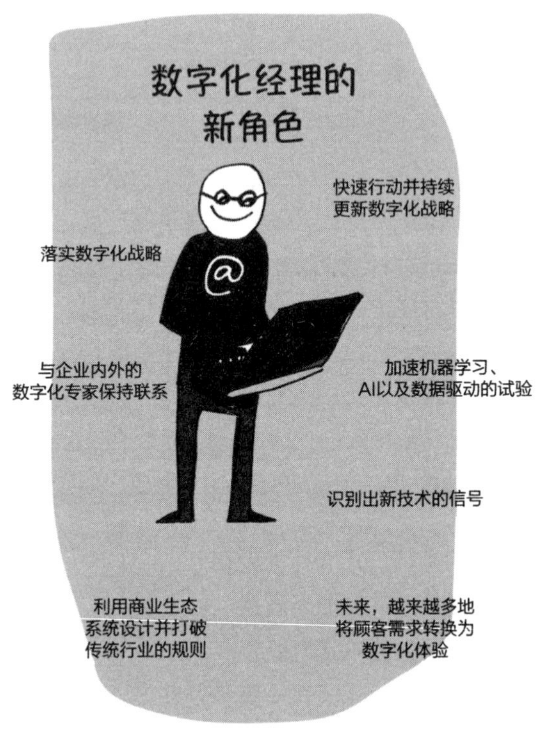

图 13-6　数字化经理能力要求

在部门层面核心能力方向的确定，需要考虑到部门在创造顾客价值链的过程中所创造的价值（直接创造价值还是作为支持性部门），结合环境的变化以及行业对动态能力的要求，给出核心能力的方向。在这个地方使用的工具模型是 VRIN（Valuable、Rare、Imperfectly Imitable、Non-Substitutable），当然更为挑战的是，我们要清晰地给出在特定功能层面，哪些核心能力正在变得越发重要，

哪些是未来的趋势，目前所在的部门能力是否欠缺，这就是部门核心能力进化的方向。

麦肯锡在分析嘉信理财数字化转型中，以能力与业务体系来剖析其关键点（见图 13–7）。你可以看到，嘉信理财在产品和收费模式上不断创新，在业内首次实现上百种基金一站式选购，同时突破产品收费模式，投资者购买基金时不收交易费。嘉信在数字化上创新，利用数字化手段完善线上产品、交易、服务平台，打造卓越的客户体验，从而有效抢占客户资源。它在服务体系上落实创新，打造“现代”财富管理服务体系，为多层次客户提供定制化服务组合，创造性地搭建了注册投资顾问服务平台。

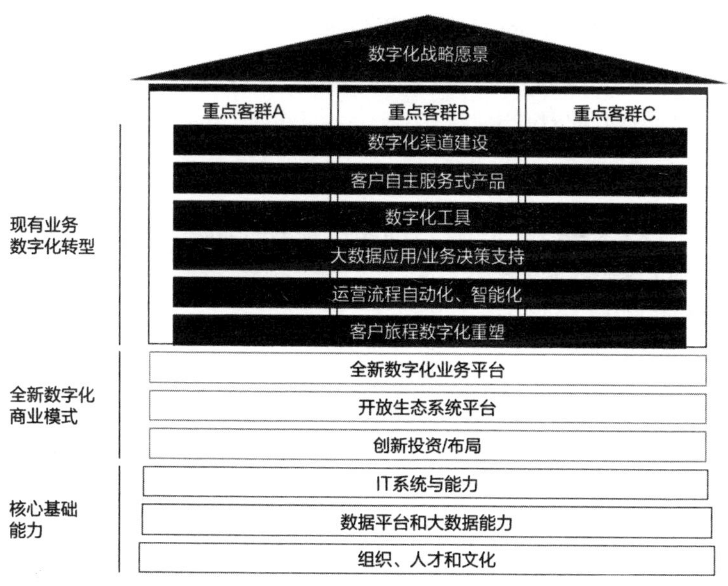

图 13–7　嘉信理财数字化转型能力拼图

资料来源：麦肯锡分析。

13.5 部门核心能力方向清单确认

对部门核心能力方向的确认，部门负责人以及相关的专业人士对行业的变化有自己的手感与判断，但是碍于利益、个人发展、组织文化等问题，常常只是放在心里。这时就需要每个部门清晰地给出这个阶段性创造顾客价值的主要矛盾，然后针对相关的核心能力作出 VRIN 评估。走向数据智能时代，每个部门核心能力与通用核心能力之间的结合也需要进行评估，能力清单聚焦在 DAC 能力。

通过接下来两张表格的填写（表 13–2 和表 13–3），我们可以很清晰地知晓每个部门自身的核心能力、发展方向与趋势。例如，产品部门根据竞争的现实情况填写下表，进行核心能力盘点，以更新自己的核心能力。

表 13–2　部门核心能力 VRIN 评估

	关键能力（示例）	有价值性	稀缺性	难以模仿性	不可替代性
产品部门核心能力	美学、设计能力				
	精益开发能力				
	理解用户能力				
	顾客关系管理能力				
	需求洞察能力				
	产品运营能力				
	研发能力				

将每个部门的核心能力进行整合就形成了公司核心能力 VRIN 方向清单，见表 13–3。

表 13-3　部门核心能力 VRIN 清单

	子能力（示例）	有价值性	稀缺性	难以模仿性	不可替代性
客户关系部门	理解用户能力，亚文化、价值观				
	顾客关系经营能力				
	需求管理能力				
产品部门	美学、设计能力				
	精益开发能力				
	产品运营能力				
市场销售部门	内容力				
	网络力				
	新供应链能力				
人力资源管理	知识经验管理能力				
	组织文化力				
	赋能协作力				

我们也可从八个核心能力的角度来评估每个功能部门的实际情况，进行整合就形成了公司能力清单与现实情况，见表 13-4。

表 13-4　功能部门未来核心能力诊断

	产品	市场	客户	组织
数据智能力				
敏捷力				
连接力				
符号与意义经营能力				
客户关系经营能力				
内容力				
知识经营力				
激励赋能力				
合计得分				

笔者咨询服务的某银行，市场部门评估数字化时代核心能力，如客户经理数字化获客与销售能力，在确定完核心能力与工作方向以后，协同技术部门从基础硬件的投入、人力资源的考核、客户经理的培训与学习等多个方面积极塑造核心能力。

为此，银行建立基于数据的线上线下一体化营销闭环。通过建立统一数据枢纽系统，整合行内外数据，提供包括数据分类集合、用户标签、流量监测、智能推荐引擎等底层功能。通过配置式和交互式的 CRM 系统，实现数据可视化和线索的智能分配，支持客户经理与客户的交互与营销，并形成数字化驱动的闭环营销和业务推动机制。

银行建立客户图谱和产业图谱，洞察行业客户，智能化生成商业机会和风险提示，提高营销精准度和风控能力。通过线上知识图谱平台，建立了智能营销和风控引擎平台，以提升销售能力。

这就是我们所看到的，一旦清晰地界定了每个部门以及相关的核心能力方向以后，我们在配置资源与执行过程中就会有章法，眼神也不会游离彷徨，手脚也不会无措。

13.6 塑造核心能力的五个路径

你要重新培养你必需的能力。这将会是一个艰难且代价巨大的过程，特别是必须在短时间内完成。

一旦确定了核心能力方向，接下来面临的问题就是实现路径的问题。在能力实现路径部分（见图 13–8），主要的问题是通过哪些路径以获得核心能力。

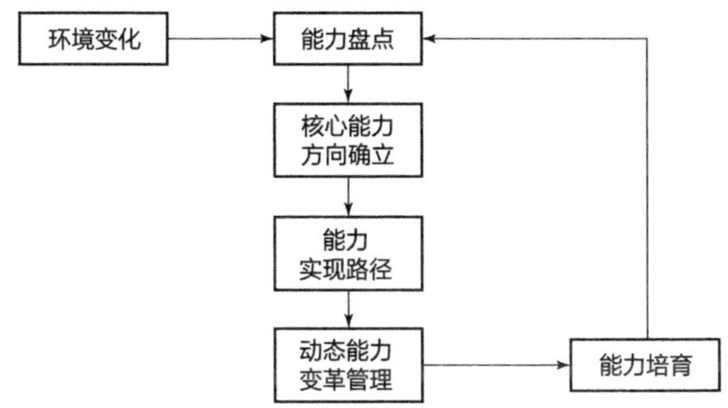

图 13-8 核心能力实现路径

关于核心能力的实现，常见的有五个基本路径（见图 13-9）：

- 通过培训、组织学习来提升当前员工的个人能力。
- 通过招募，将具备新核心能力的员工吸引到组织。
- 通过外包，购买第三方服务，在合作中学习核心能力。
- 通过兼并收购企业，吸收利用其核心能力。
- 通过淘汰、开除等行为开展组织能力新陈代谢。

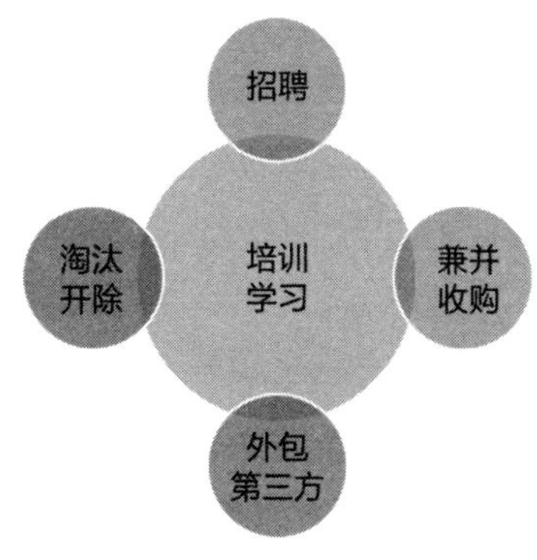

图 13-9 实现核心能力的五个基本路径

13.6.1 培训与学习

培训与学习是企业更新核心能力最重要的一个路径。想要在动态的环境下，及时更新组织核心能力，就需要培养学习型组织，要会学习而且知道学什么。企业持续竞争优势来源于企业不断学习。动态能力是企业能力的能力，而改变能力的能力背后就是培训学习（见图 13–10）。**企业之所以要改变自身的能力，是因为隐藏在能力背后的知识不再适应环境的变化。企业改变能力的过程就是企业追寻新知识的过程，改变能力的结果是企业建立了一套新的知识结构。**动态能力必须通过组织学习和知识创新把更新后的能力纳入一个有机的动态系统中去。

彼得·圣吉（Peter M.Senge）[1] 在《第五项修炼》一书中对“组织学习循环”进行的描述说明了学习—认知—信念之间的关系。我们学习新知识，就会更加自信，认知也会发生改变。新的认知和知识带来态度和信念上更深层次的变化，会用新的眼光审视这个世界。当基本信念发生了变化，进而就会使学习新技能成为必要，以更加全面地探索。

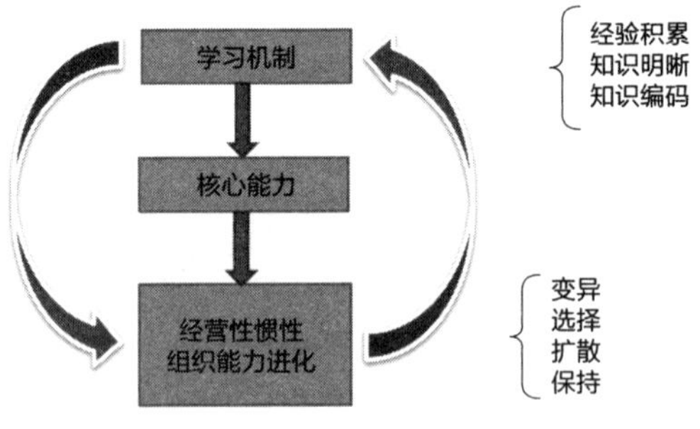

图 13–10 动态能力与学习

1 彼得·圣吉（Peter M.Senge）：美国麻省理工学院（MIT）斯隆管理学院资深教授，国际组织学习协会（SoL）创始人。著有畅销书《第五项修炼》，在组织学习领域很具影响力。

在过去的几年，我一直为中国的零售企业提供数字化转型与辅导服务，作为战略顾问去给出企业增长战略方向、创新的路径。在与高层达成战略方向确认以后，最终能不能落地，还要看组织的腰部力量及员工的核心能力。我会给出企业培训和学习主题内容框架与方向，并将相关主题专业的人士与服务公司的资源导入企业，再加上员工的刻意练习，常常能够快速构建新零售的核心能力，迅速获得快速增长。

实体店线上线下引流与业绩增长核心能力是在数字化时代将新品、促销等信息转化为可传播的内容（短视频、H5 等），精准地传递给每个实体店周围 3~5 公里内潜在的客户。在新零售咨询项目中，我会着力帮助企业塑造和训练核心能力，与竞争对手相比，差异很明显。零售企业实体店的服务和管理还需要将情感、温度、态度、文化与价值观注入日常与消费者的每一次接触中。类似这样的能力，较之前传统零售业来说都是新的能力，需要我们培训学习，从改变认知到尝试，到最后稳定成为新流程，成为持续的竞争优势。

在全国产品经理大会上演讲，针对产品经理人学习与迭代，我给出的观点是，互联网产品经理必须从之前的需求分析、流程管理等核心能力逐步走向基于社会人文学科的核心能力的产品竞争。产品经理必须学习社会人文学科中的优秀理论与知识，以此来做出更好的作品，运营更好的产品。

13.6.2 招聘新人才

环境在变化，组织为了持续地为顾客创造价值，就需要与时俱进地更新自己的核心能力。**变化加速度，但是碍于惯性的力量，组织内往往很难拥有与变化能力匹配的人才，这个时候最为有效的路径之一就是通过招募新的人才，将其知识与经验快速嫁接过来以更好地服务客户，从而创造竞争优势。**

贝壳找房作为链家数字化转型的一个重要战略，积极整合了线下的代理人以及相关的合作伙伴，并顺利在美国上市。贝壳找房在确定平台产业互联网以后，就从阿里巴巴、腾讯、百度、滴滴等互联网公司快速招募了五百多名产品、运营以及市场人员，将互联网的基因导入传统的房地产代理行业。

无独有偶，美国通用在推动数字化转型的时候，直接将工业互联网 Pridex 项目组放在硅谷，并通过猎头大量招募硅谷互联网人才近千人，飞快地搭建了新的核心能力，也将这样的能力反向输入到集团。

IBM 公司战略转型从硬件走向软件再到数字化咨询服务，为此，阶段性地大量招募相关数字化以及软件的人才，非常有力地保证了集团转型战略的实施。

社交媒体与内容营销成为酒店行业竞争的新核心能力。如万豪酒店集团既有的员工与流程并不适合数字化时代，为了抢占竞争的窗口期，它高薪挖来了有好莱坞背景的 David Beebe。David Beebe 曾经在迪士尼、Showtime 以及 DirectTV 等媒体供职。David Beebe 为万豪酒店集团组建了万豪酒店内容工作室（Marriott Content Studio），并着眼于提升用户的体验和忠诚度。David Beebe 快速构建工作室，组建了一个 100 人左右的团队，管理着万豪酒店在 Youtube、Snapchat、Instagram 以及 Meta 四个社交媒体上的官方平台，并策划和执行活动。

13.6.3 第三方

如何快速有效地实现组织核心能力的更新，在一线实践过程中非常有效的方式就是开放式创新，积极利用第三方的知识经验和成熟的流程体系。

积极利用第三方的帮助要有这样的基础前提：有能力的人才、知识或经验不可能属于组织本身；不必拘泥于形式，更多地服务于北极星指标创造顾客价值，积极利用第三方就是在有效地整合资源。

作为三一重工数字化转型的顾问，我多次给集团各个产业线的管理者做转型辅导，并帮助三一重工的市场部、产品部门做相关的培训和学习。通过标杆分析法，我将其他行业优秀的数字化案例与核心逻辑交付给三一重工，三一重工的员工积极学习，夯实数字化的核心能力，迅速成为重工行业的创新者。

三一重工与第三方的开放式创新尝到了很多甜头。三一重工与腾讯积极构建 5G 物联网时代新商业模式。腾讯率先为三一集团旗下 17 个事业部搭建一个通用的智慧服务中台，这也是重工业领域首个智慧服务中台。智慧服务中台拥有 5G 物联网体系、智能调度、智能客服助手等功能，并将搭载先进的智能知识库，让工作人员更快检索，大幅提升服务效率和准确性。

借助第三方的方式多种多样，但我们的核心是要吸收借鉴第三方的知识与经验，融会贯通，最终形成自己独特的核心竞争能力。在数字营销时代，很多企业的抖音、微信、微博的运营工作都是外包的，这些企业的高管根本没有理解到内容能力是组织战略性竞争能力。内容能力，每家企业都必须抓在自己手里。我经常给顾问的企业建议，在初期不熟悉的时候可以短期雇用广告公司来代替自己运营抖音、微信、微博等相关账户，通过与专业第三方机构的合作，跑通自己的内容选题、生产、编辑、发布的流程，并逐步构建自己的内容核心能力。

13.6.4 兼并收购

通过兼并收购创新公司来塑造核心能力的路径，收购的一个重要考量是被收购公司是否具备兼并方想要的新核心能力。兼并收购传统意义上需要花费大价钱，一般是大集团采取的策略。现实中变通的方式有很多，创始人个人投资产业上下游创业型公司、企业

内外孵化器、产业联盟等，其目的是感知环境变化，拥有敏锐的触感，不与时代脱轨。

为了获得新零售与数字化转型的战略成功，沃尔玛积极采用兼并和收购的策略，吸收和嫁接被并购公司的技术知识与流程，推动沃尔玛集团的数字化转型。

沃尔玛以30亿美元收购了Jet.com，随后以大约7000万美元收购了在线鞋装零售商ShoeBuy，又以5100万美元收购了户外服装和商品在线零售商Moosejaw。沃尔玛让Jet.com的创始人Marc Lore兼任Jet.com和沃尔玛电商团队的负责人。Lore随后对电商团队进行了改组，调整了沃尔玛的实体店及网店的采购业务，让线上采购团队独立于线下团队运营。

5G时代，VR/AR/MR等技术也将再度引发零售业营销运营的变革，为此，沃尔玛集团又发起收购的行动，收购了一家名叫Spatialand的小型虚拟现实初创公司。沃尔玛希望未来能够将VR技术整合进零售业中，以此来改变整个零售行业，通过网站和实体店提供不同的购物体验。

13.6.5 淘汰、开除

怎么把科技和业务有效结合，确保科技能够有效落地，帮助业务提升效率和体验，需要有新核心能力关键人才。同时还要妥善处理与“老功臣”的关系，即在现有的模式中业绩贡献大、同时掌握资源的人，如何让他们不抗拒、愿意主动拥抱数字化。很多企业的数字化转型就卡在了这里，而不是卡在人工智能等技术层面。

为了更好成长，有时候你不得不淘汰、开除或调整相关人员。在做过相关努力后，核心能力不能与企业主基调吻合的淘汰与开除是理性选择。人都是有情感的，舍不得、下不了手是人之常情。淘汰与开除或者从重要岗位上调离都是站在更好的变革管理角度，是为了提高组织的利益。图13-11所示是区别对待四种员工的方式，对核心能力与未来匹配度低，转型变革意愿弱的员工可以作劝退、淘汰安排。对不具备未来能力，但是积极参与转型变革的员工则需要加大培训，再教育力度。

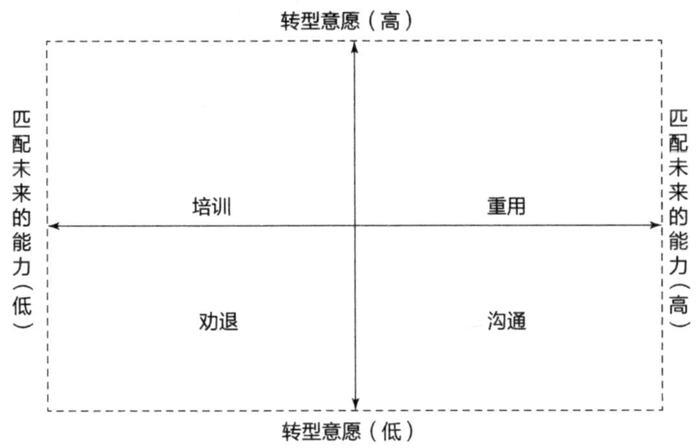

图 13-11 员工能力匹配未来能力诉求与转型意愿

对于淘汰与开除，需要提前制定游戏规则而不是间歇性地胡乱操作。例如，在平安集团，近 30 万名员工每个人都有一张个人三维图，三个维度分别为绩效排名、胜任程度及发展趋势：绩效排名和胜任程度可以让员工找到自己在集团公司中所处的位置，而发展趋势则表明了员工未来发展的可能性。

平安集团根据人才图将员工分为四种：绩效好、潜力高的将会重点加薪、重点培训；绩效低、潜力低的将会被重点考察，两年内没有改善就会被降级、调离岗位、开除；而对绩效高、潜力低和绩效低、潜力高的“异常区”员工，则需通过培训、轮岗等方式将其拉回正常区域。

第 14 章
沟通变革愿景

14.1　沟通不到位，变革会卡壳

沟通的目的是在发送者与接收者之间传递信息。这个信息首先被编码（转化为信号形式），然后通过某种媒介（渠道）传送至接收者，接收者再将收到的信号解码。这样，信息的意义就从一个人传给了另一个人。

沟通是组织的一个基本功能。在动态能力管理变革中，沟通的不同之处在于沟通的内容，是关于动态能力、新核心能力与变革方面的内容，而平时沟通的内容，是关于公司的规章制度、新闻信息等方面的沟通。动态能力变革沟通属于组织沟通的一部分，只不过常被用来解决阶段性问题。

在核心能力方向及实现路径确定后，需要完成核心能力的跃迁，即从心智改变、想变、学习，到养成新的核心能力。如何让员工从心智认知层面改变？这就需要组织内部的沟通能力。一个伟大的愿景，即便只为少数关键人物所理解和认同，也能发挥重大的作用。但是，只有当公司或任务所涉及的大多数人对变革的目标和方向有共同的理解时，愿景的真正力量才会得到释放。对未来的共同期待可以激发并协调人们推行变革的行动。

在动态能力管理七部曲中，这一步需要解决的问题就是将动态能力变革的意义、核心能力方向、核心能力训练的内容，有效

地与全体员工沟通。为什么不用传达而用沟通？传达更多是自上而下的，基本不考虑受众反馈，而组织沟通强调的是双向，沟通要求双方进行信息互动交流。在**动态能力变革中，沟通的目的是希望组织上下同气，能够对即将开展的动态能力变革工作认知、认同，到协作完成。有效沟通能够为动态能力的变革与管理塑造良好的环境。**

如果没有沟通，而只是强行下达战略转型命令，那会无形中增加转型变革的阻力。领导所掌握的信息与员工掌握的有差别，或者是对待未来的判断与竞争环境上有一些不同维度上的认知，这些都不利于转型变革。在面临变化和转型变革过程中，企业作为一个生命体，需要的是上下同欲，只有拧成一股绳才能够更为有效地获得竞争优势，有效地推动转型与变革，不然整个变革能量就消耗于沟通成本中。

14.2　达成共识的沟通

沟通过程可以分为发送者、编码、信息、渠道、解码、接收者、噪声和反馈。

发送者把自己的想法进行编码从而生成信息，故信息实际上是发送者进行编码后产生的一种物理产品。

动态能力变革管理的沟通相比于普通的组织沟通，还存在以下三个特点：第一，它是一种变革型的沟通。涉及变革型就意味着前瞻、风险、不确定性，接收者在信息认知、认同方面有一定的挑战。我们在编码解码以及传播的过程中就需要针对这一点进行特别处理。第二，动态能力管理变革需要全员参加，涉及每个人的未来日常工作与发展。第三，动态能力管理变革是一种行为性的塑造，沟通不能只停留在认知层面，还必须以行为的改变来作为最终考核的节点。也就是要加强沟通的效果性和强度性，也要注意转为实践性上的效果。

人们总是试图把各种印象和刺激纳入某个期望框架中，并且竭力抵制“改变想法”，也就是去感知自己并不期望感知的东西，或者不去感知自己期望感知的事情。当然，可以提醒人们注意，他们所感知的与他们所期望的其实是完全相反的。要做到这一点，我们首先必须了解他们期望感知到的东西是什么。

在沟通以前，我们必须知道接收者期望看到和听到的是什么，这样才能弄清对方的期望，以及能否利用这种期望进行沟通。如果符合接收者的期望、价值观和目的，沟通就会有很好的效果；如果相悖，沟通就会毫无效果。效果最好的沟通能导致“转变”，也就是性格、价值观、信念和期望的变化。不过这种情况是极为罕见的，是每一个人在心里都会强烈抵制的。

换句话说，沟通可能并不依赖于信息。事实上，最完美的沟通可能是“共同经历”，不需要任何逻辑。最重要的是感知而不是信息。

14.3　降低沟通成本，关注说服的效果

要想解决变革沟通的有效性，其中的关键抓手有编码、解码、传播与反馈等。在编码的过程中，我们要时刻惦记着编码动态能力变革内容的特殊性（挑战、新颖），立足点是重塑员工认知，带来新的趋势，也要化解员工内心深处的怀疑。

变革型沟通中编码过程的主要关注点如下：

- 简单化，直接明了，去掉专业术语和技术用语。
- 降低吸收难度，采用比喻、类比或事例。

- 降低感知风险，有效说服对方。

变革领导小组需要将核心能力转型变革的方向、变革的内容以及变革中可能需要得到大家帮助的点，改写成为各种形式。这些形式的目的是将我们的内容编码注入其中，如企业的内刊、微信公众号、视频会议、员工大会等。

在编码过程中，需要解决的是如何将相关复杂的问题浅显化地表达，让相关的员工更容易理解和吸收。一线执行过程中常常使用讲故事、画漫画、做视频、现身说法、标杆案例、参访学习、互动沙龙等方法。通过这样的一些努力，能更加真实地让小伙伴们感知到动态能力变革的紧迫性、必要性和可触达性。

在编码工作中，时刻不忘相关的紧迫性、必要性和可触达性，积极构建画面感、真实性，连接接收者的认同感。

每个公司都会形成自己特有的沟通风格。与很多公司不同，亚马逊的沟通有一个特点，那就是特别重视书面文字。亚马逊的编码是以文字为基础构建逻辑的。

以文字作为载体，亚马逊在对内和对外沟通时，使用的是备忘录、格言和股东信。

贝佐斯不允许员工在开会时使用 PPT 来做展示，任何想法都要写成备忘录。4 页纸的备忘录比 20 页的 PPT 难写，原因是备忘录的叙述结构迫使你有更好的思考，对什么东西更重要以及哪些东西是相关的有更好的理解。PPT 多少会以表象来掩饰想法，使得相对重要性不够突出，并且忽视了想法之间的关联性。

亚马逊备忘录要求从四个维度解读：要讨论的观点或者目标是什么；团队过去是怎么处理这个问题的；有什么不同的打算；亚马逊为什么应该重视这种做法，比如这样做对公司有什么好处。

提交备忘录可以避免会议中的常见现象：个别人主导整个会

议，而且大量想法只是临场发挥。提交备忘录**可以促使发言者提交一个经过深思熟虑的想法，然后激发大家的讨论。**

贝佐斯擅长利用格言来让整个公司目标一致，用言简意赅、容易记忆的短句，把自己关于亚马逊应该如何工作的想法表达出来。

流传比较广的口号、格言包括："每一天都是第一天"（It is always Day 1），"过程代替结果"（process as proxy），"高速决策"（high-velocity decision making）。通过格言来传递想法的好处是：它更容易被记住，而且，它会沉淀成集体的共同知识背景，不需要解释，大家马上就能理解。它也可以更好地鼓励员工去做公司希望大家做的事。

通过这种短句和格言，亚马逊成功地让自己的企业文化触达超过 60 万员工，让大家都知道公司提倡什么、反对什么。在对内沟通上，备忘录提高了讨论的效率和质量，格言帮助传递企业文化。在对外沟通上，由于贝佐斯本人和亚马逊的高管现在也很少接受采访，亚马逊最好的沟通工具就变成了一年一度的致股东信。贝佐斯的致股东信，已经像巴菲特一年一度的致股东信一样，成为很多人每年必读的读物。

贝佐斯的股东信有个突出的特征，就是从不回避问题和质疑，非常坦率地讲出自己的想法。他不会掩饰失败，反而会宣布，不管面对多少失败，都会继续尝试新业务。

14.4 饱和式立体化传播

在传播的过程中，需要考虑到传播的效果、传播的成本、传播的效率以及相关元素传播的频率。

14.4.1 重复重复，饱和式传播

再精雕细琢的信息，如果只宣布一次，也不会给听众留下多么深刻的印象。我们大脑中的信息众多，任何沟通都一定要和许多其他信息进行较量之后，才会引起大脑的注意。另外，只向公众宣布一次也无法解释所有问题。因此，信息的有效传递都依赖于再三重复。

所有成功的变革案例似乎都要经过成千上万次的沟通交流，才能帮助员工解决智力和情感方面的困惑。传播过程需要反复讲、重复讲、多次讲，这样才能达成饱和式信息传播的氛围。高层通过权力及影响力给大家宣讲，抓住新年贺词及相关的会议场景给大家解读即将推动的动态能力变革和创新。不仅高层领导要讲，中层干部也必须一起进行传播，也可以邀请外部专家、消费者共同参与动态能力变革，构建改革的大的氛围，为接下来的工作奠定良好的开局与群众基础。

14.4.2 三位一体，立体式传播

在沟通传播过程中，需要三位（即高层干部、中层干部、种子型员工）一体来做立体式传播。每个群体扮演的角色、解读的角度、发挥的功能都不一样，但都是为了积极有效地推动动态能力转型变革，以驱动大家积极拥抱与尝试。

高层干部更多解读企业发展竞争格局方向，要到达的愿景。每个部门的负责人解读的方向更多的是行业标杆、专业发展趋势，以此督促部属结合自己的能力和个人职业生涯发展，积极调整自身的核心能力。种子型变革员工更多是解读自己如何做，自己实践后所体会到的变革的红利和好处，或者是给大家分享动态能力转型变革过程中的技巧。

通过这样的三位一体，上、中、下沟通和传播，就能将转型和

变革内容更有效地传输和沟通。在与员工的沟通过程中，领导更多是解读立足于黄金圈法则中 Why 层面（见图 14-1）；中层干部更多是解读 What 层面；而种子变革员工更多是解读 How 层面。这就是动态能力沟通的三位一体策略。

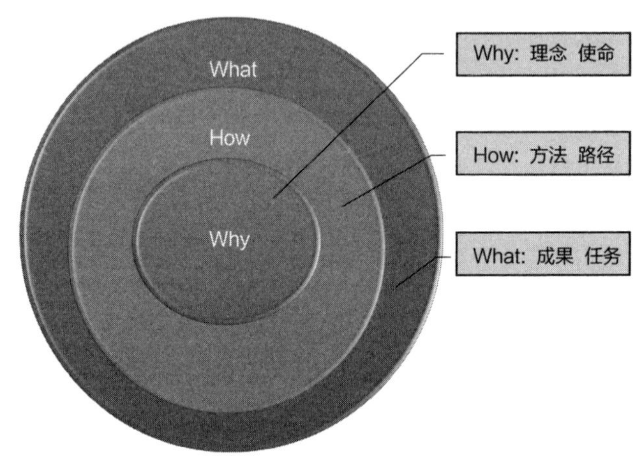

图 14-1 黄金圈法则

资料来源：西蒙·斯涅克，《从为什么开始》，苏西译。海天出版社，2011。

沟通的时候，一定要考虑到受众的情况。大部分受众在面临变革时都是拒绝和排斥的。那么如何才能更有效地处理呢？你可以号召和调动更多群众的参与。一个人只有付出了时间参与到项目中来，他对项目的呵护、关注和在工作中给予的配合，就会更加顺畅，这就是参与感。你可以邀请他们来谈一谈自己对未来核心能力方向的建议；部门在走向未来的过程中，哪些核心能力比较弱，也可以让他们推荐一些标杆案例等。

如果接收者对某个说服信息主题不感兴趣、知之甚少或者认知需求低，他们更有可能默认为与自己无关联而不介入。在这样的情况下，你应该使用情绪更加饱满的信息，并将你希望得到的结果与积极正面的形象联系起来。如果接收者对话题感兴趣、认知需求高或者信息传达的渠道较为丰富，沟通的时候采用理性的观点和证据会达到更好的效果。

在认识到解码问题的复杂性与个人能动性占主要比例的情况下，作为领导变革小组，可以采取一些行动来辅助解码，优化解码工作。解码的工作存在一定的困难，辅助解码或优化解码可以通过权力及影响力，也可以通过向接收者提出相关要求来推动解码。在一线的执行过程中，我经常安排被辅导的企业开展主题图书读书会、思想心得报告、知识竞赛、辩论赛等。不论员工的参与是自愿的还是被领导要求的，从结果的反馈来看，这些举措都能够帮助员工对动态能力有更深入的理解。

14.5 数字化沟通方式的创新应用

社交网络时代的来临，通过构建企业的员工内部社交平台展开讨论是符合时代背景的尝试。最为典型的就是匿名社区建设，在国内外有很多企业通过匿名社区建设，给员工提供一个线上社区平台进行交流，也能够为公司的经营与战略转型提供新鲜信息与情报。

字节跳动有员工匿名社区头条圈，员工可以匿名发言。随着字节跳动人员的快速扩张，头条圈出现了很多匿名的吐槽和宣泄帖。公司管理层就专门开会，讨论是否有必要把头条圈实名制，最后决定继续允许匿名。一旦实名就会导致发言者反复斟酌，正常情绪表达就会弱化，会导致大量信息衰减。没有障碍地让信息传递，也是一种坦诚。

华为内部网站——心声社区，是在互联网时代如何管理知识型劳动者的创新性探索。心声社区被华为员工称为“罗马广场”，它是员工思想、信息、声音的集散地。

心声社区在争议中获得管理层和员工的广泛认同，得益于华为高层确定的几个“不”：不扣帽子、不打棍子、不准打击报复。曾经有位地区主管想查询某篇匿名批评文章的作者的工号，心声社区负责人将此反映给任正非，任正非答：“把我的工号给他。”

心声社区也成了华为的“人才发现池”。任正非说：“我从员工的跟帖中看到的是将星在闪耀。”任正非经常关注心声社区上的代表性文章，尤其是后面的跟帖，有些代表性的、有见地的、有争论的跟帖汇编也会以总裁办的名义再次转发，以引起大家进一步的讨论。

当公司在推动转型变革的时候，员工更需要一个交流的空间让大家情绪得以宣泄，对变革不满与怀疑得以表达。这就是匿名社区的价值所在。

对任何一个转型和变革，大家内心总有一些不解、疑虑和情绪，匿名社区给了这样的机会使其表达出来，而不是留在心中。当员工表达出来，变革领导小组就有机会进行更加深入的沟通、更有针对性的沟通，这就是匿名社区在变革沟通中的独特价值。

14.6 讲故事，说标杆案例

沟通变革意愿的创新沟通模式，除了匿名社区沟通，在一线执行过程中，我经常用学习和宣传标杆案例来推动变革。尤其当组织刚刚完成动态能力方向确认后，变革充满不确定性，标杆案例可以更有效地沟通与说服员工。背后的逻辑是已经有人做出来，方向是可行的，我们也可以实现。

咨询项目中，我会常常拒绝企业只把眼光聚焦在本行业所谓的标杆案例上，当然我不排斥本行业，因为理解起来更容易。我们应该站在更高的维度，雷达扫描，不按照行业，而按照功能性与逻辑

来搜罗相关的全球跨行业标杆案例。

如果你在变革选择过程中，将战略定位为差异化的战略，即希望通过服务创造顾客价值，那么我们就可以在各个行业中寻找通过服务创造差异化价值的标杆案例，如丽思卡尔顿酒店、迪士尼乐园、新加坡航空、海底捞、链家地产等。

在转型与变革的沟通传播过程中，需要积极寻找跟企业有相似处境的能力变革标杆案例。通过榜样的力量，我们可以极大地鼓舞员工，认同这样的方向，积极临摹和尝试。

在为一家生活服务集团公司提供数字化转型战略意见的时候，如何通过数字化服务来创造新的竞争优势，以此来变革店长与店员的核心能力？有一个很重要的核心能力变革，就是从简单销售功能转化为专业知识顾问的角色。在搜罗标杆案例的过程中，我安排企业在内部积极宣讲孩子王，剖析传统婴幼儿产品的销售人员如何转化为育婴顾问，给店长和店员塑造标杆案例。通过将孩子王优秀店长与管理人员引进到组织内部交流，企业内部掀起一场学习标杆的潮流，为员工核心能力的数字化塑造部分打下坚实的基础。

在沟通企业需要重点加强人工智能、数字化决策等新核心能力时，同样需要搜罗不同行业的标杆案例，以此来推动动态能力变革的信心与愿景价值。

第 15 章

清除变革障碍

15.1　变革动力学与障碍物

动态能力管理的七部曲更多是从组织行为学的角度把企业视为一个有机体，从认知到行为，直至习惯养成的过程。

要清除障碍，我们首先要定义一下什么是障碍。障碍就是那些在组织动态能力转型变革过程中的阻力，这个阻力可能来自组织结构性、员工认知、制度流程、文化层面等。

清除障碍部分的意义和价值点是什么？**动态能力管理在走完了前面的环境洞察、组建变革领导团队、核心能力方向确认、沟通变革愿景，接下来就到了行动的阶段。**在行动的过程及后期都会出现阻力和障碍。如果说沟通变革阶段是促成共识并且已经打下了坚实的心理基础，那么接下来就是如何夯实行动的基础，在行动执行过程中，如何能够把事情给完成。如果不把这些障碍清除掉，那它们将严重影响变革参与人数和最终的结果。

清除障碍部分可以理解为力争减少阻力的过程。从物理学的角度，可以借用动力、阻力来理解（见图 15–1）。领导干部推动沟通和传播部分，达成的目的就是希望增加动力、降低阻力。正如之前所述，动态能力变革的动力主要来自领导层的忧患意识和环境中不确定因素的增加。

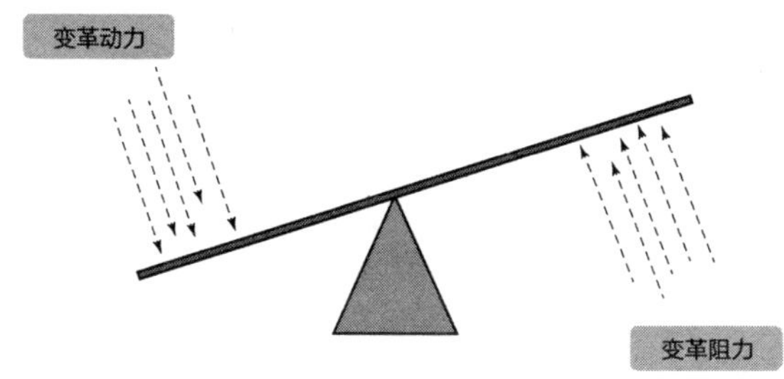

图 15-1　动态转型变革动力学

（1）领导层的忧患意识。在市场竞争非常激烈的环境下，企业面临着巨大的生存压力，其所处的环境也不断发生变化，许多企业由于故步自封，在短期内就从辉煌走向了衰退。对许多目前经营状况良好的组织来说，真正促使其进行组织变革的动力很多来自高层管理者的推动，高层管理者对组织变革的推动又来自他们对外部环境变化的感知和判断，感知和判断的结果又是由高层管理者的忧患意识决定的，因此，高层管理者对环境变化所抱有的忧患意识是组织进行变革的必要条件。

（2）环境中不确定因素的增加。组织系统是一个处于外在诸多因素包围中的开放系统，是社会大系统中的一个子系统。由于社会的政治、经济、文化等因素不断发生变化，环境对组织的要求和期望也不断变更，必然会导致原有组织内部的体系与环境的不相容，从而引起组织内部各分系统的变化。组织只有适应发展和变化的新环境，进行相应变革，才能维持其生存与发展。

清除障碍的目标就是清除动态变革管理过程中的障碍物，跑通流程，为动态能力变革保驾护航。

为此，可以通过以下方面进行：

- 学会忘却与放下。
- 克制惯性（组织、个人）。

- 反抗行业与企业自身的强势逻辑。
- 沟通一个容易理解的愿景。员工对目标建立了共识，就更易于采取行动来实现目标。
- 使部门流程与变革相匹配，不匹配的组织结构会阻碍人们采取行动。
- 提供员工所必需的培训。
- 使信息、人事制度和新愿景相协调。不协调的制度会阻碍人们采取所需的行动。
- 处理那些破坏变革的领导。没有什么比坏上司更能打击变革势头和力量。

15.2 强势惯性湮灭变革热情

变革的阻力不一定以标准化的形式表现出来，阻力可以是公开的或含蓄的，及时的或延后的。公开和及时的阻力最容易处理，如抱怨、消极怠工，或者是罢工威胁。处理含蓄和延后的变革阻力就比较困难：含蓄的阻力十分微妙也更难识别，可能表现为忠诚度的丧失，工作积极性下降，错误率、缺勤率的上升；延后的阻力可能是在几周、几个月甚至几年以后才出现，这会使变革与员工对变革反应之间的关联变得模糊。

接下来，我从个体、组织两个层面对变革阻力与障碍进行归纳。

15.2.1 个体层面

组织惯性最主要的来源就是普通员工。和决策者相比，普通员工往往认识不到组织变化的必要性、迫切性和潜在的收益。因此，他们会从心理上对新变化产生抵触情绪，除非管理者能够明确地让普通员工了解组织面临的危机以及变化可能会产生的潜在收益。企业普通员工更注重眼前的稳定性，如果管理者确信变化一定会带来好处，就应该向员工保证未来是确定的，否则员工参与变化的积极性就会受到影响。

（1）**员工的个性心理。**组织变革往往意味着不确定性，这会让大多数员工感到焦虑，对个人及企业未来的发展也充满了疑惑。员工对变革的态度与员工个人的个性特征有着密切的联系。那些敢于接受挑战、勇于创新、具有较强适应能力的员工通常更愿意接受变革；而那些安于现状、故步自封、追求稳定的员工对组织变革的容忍度就较低，对变革的抵触情绪较强烈。如果员工的这种抵制变革的情绪得不到领导的重视和纾解，就会进一步演变成抵制变革的行为。

（2）**个体认知差异。**组织中每个员工的思想觉悟及经历阅历各不相同，故对变革的认知也不尽相同。如果组织变革领导者没有对员工宣传变革之后将达到什么样的目标，员工就看不清组织发展的前景。对变革认识和理解得不深刻、不全面，就会导致员工抵制变革的行为。

（3）**经济利益的阻力。**个人害怕自己既得利益受到损失。变革意味着企业资源的重新配置、利益的重新分配以及岗位职责的重新安排，这也就预示着企业中的一部分员工、管理者的职位、权力、薪酬及其他个人利益会发生变化。员工担心变革后自己不能适应新的工作或者不能承担新的职责，这样就会影响他们的工作效率，进而影响自己的经济收入。

例如，企业要实现智能化、网络化，实现信息共享，组织自然要走向扁平化，原有的中层管理人员就要大幅度削减，在此背景下，对原有的信息垄断的留恋和对失去权力的心态会造就大批的反对者。

15.2.2 组织层面

组织变革也受组织惯性的影响。在一个相对稳定的环境中，组织惯性有助于强化企业的管理控制系统，使组织内部保持一致，能够有效地控制并协调组织成员的行为，这或许有助于企业取得成功。但是，环境是瞬息万变的，一旦组织面临变革，组织惯性将会迅速转变成组织变革的障碍，容易导致企业为应对环境变化而作出的反应迟钝或者失当。组织层面的惯性又分为组织结构惯性和文化惯性。

1. 组织结构惯性

随着组织的成长，它会发展出结构、流程和系统来应对日常工作的复杂度。由于这些结构和系统是相互连接的，想要实现创新变革（数字化转型）就变得困难，成本高且耗时长。结构的惯性可能成为抵抗变化的主力，因为它植根于组织的结构系统与正式流程的规模、复杂性与相互依赖。

通才组织和专才组织对环境变化所作出的反应也会有差异。组织专业化程度越高，它对专业化设备和人员的投入越大，时间也越长。组织掌握的信息资源更集中于某一方面。因此当环境发生变化时，组织在短时间内无法获取变革所需要的多方面信息，专业人员的工作内容和能力也使他们无法立即适应新的组织环境。

相对于专才组织而言，通才组织更能掌握多项信息资源。在环境变化中，由于组织内部结构之间的职能和任务多样化，它们可以互相协作从而比较迅速地接受新环境。**因此专才组织比通才组织的惯性更大。**

2. 文化惯性

组织的变化与成功会相应产生文化惯性，这种惯性更为明显与普遍。当组织变得成熟时，部分经验和观念都依附于对“如何做事”这一问题的默契之上。

在组织非正式的社交网络来自随时间而变迁的传奇时，大都会表现出这种默契。一个组织取得的成功越大，这种默契的制度性就越强，或者说越是根深蒂固。这进一步提高了文化的惯性和组织的自满。

在相对稳定的环境中，公司的文化对其成功而言是一种至关重要的元素。文化提供了一种机制，可以确保在没有复杂而严格的正规控制系统的环境下，公司可以有效地控制和协调人员。

一旦面临非连续性的变革，曾经孕育成功的组织文化，很快变成了阻挡变化的围墙。当然，惯性是组织历史上获得成功的决定性因素，但也会让组织被其历史遗产所绑架。

尽管结构惯性更容易被管理者察觉，但文化惯性对管理者而言是棘手的。很多组织文化的决定性因素可能会让组织处于劣势。

结构惯性更容易被察觉，而文化惯性总是隐隐约约的，且难以直接管控，所以它是管理者无法成功引入数字化转型、创新变革的关键原因之一。

许多企业家问我，微软这个“恐龙”为什么最近成为硅谷的主要玩家？你从表面看到的是微软云业务的指数级增长，但背后支撑微软完成这次有效转型的推动者纳德拉（Nadella）是从微软的文化下手，改变组织认知与行为——让微软忘记与克制自己的精英文化与秀智商的亚文化，从而走向开放共赢、拥抱生态链的新组织文化。

讲到这里，让我想起我曾婉言谢绝一家 Top 公司许以创新增长顾问的邀请：在某行业传统的领头羊，推动创新转型战略会议上，某总一上来就热情洋溢地给我讲了讲组织的现状，吹得像朵花。林林总总如政商关系硬核、全国每个县都有稳定经销商、拥有 N 多专利、拥有 N 个工厂、企业品牌知名度高等，但是没有增长、转型拖沓多年。

之所以婉言谢绝，是我在实地考察与走访后发现这个企业的文化坏掉了，生态环境恶劣。当时我留下“趋势大于优势”以期待点醒这个自傲的组织，但显然管理层还在做梦，还在假装努力。

组织变革的次数越多，组织在环境变化时越倾向于变革，组织对再次变革的反应速度也相对较快，从而使组织惯性相对较小。如果组织没有变革的成功经验，那么在环境发生变化时，组织需要花费一定时间去考虑变革策略且制定新规章和战略。**但是如果组织具备成功的变革经验，决策者就可以根据过去的经验迅速制定变革计划，组织内部员工也可以根据过往经验在短时间内接受新的变革。**组织在新环境中的适应能力越强，则死亡率越低，因为组织惯性相对弱化了。

15.3 从不想干到争着干

在一线执行过程中，我经常将动态能力变革中的障碍物归类为三座大山，它们是走向变革成功的路途上绕不开的。**三座大山分别是不想干、干不了、不会干**（见图 15–2）。不想干背后的阻力有对变革不确定性的怀疑，不清晰干了有什么用，干了会损害自身利益，惧怕变化；干不了主要涉及制度不支持、部门不配合、文化有约束、领导不支持；不会干主要源于不知道怎么干、没人教、不会做等。

清除障碍的主要工作就是解决这三座大山。

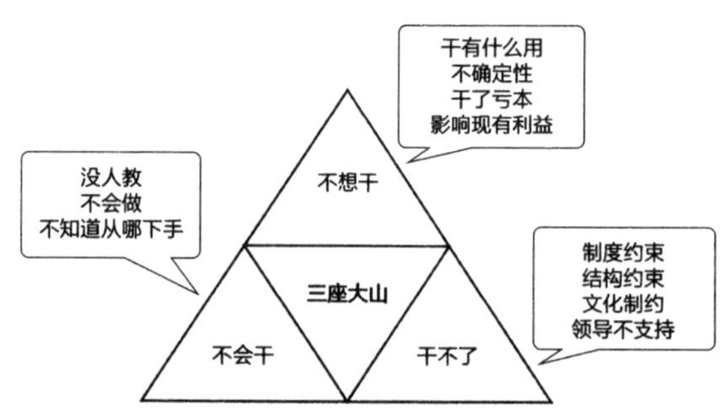

图 15–2 障碍动态能力变革的三座大山

清除不想干。不想干是动态能力变革过程中最难翻越的一座山，如果解决不好，那么接下来的一切努力都是白费。不想干的问题涉及面很广，就如一个人想改变自己的习惯，最后能不能顺利改变，最为重要的就是内心深处是不是想干。如果想干的想法不是那么坚定，那么接下来执行过程中遇到一些困难、一些痛苦，就会想要放弃。在不想干问题上，它不是一个阶段解决了就结束了，而是在整个变革过程中一直需要解决的障碍。

之前的所有步骤，都在不同程度地解决不想干的问题，如塑造紧迫感、组建变革领导团队、沟通变革愿景。但在一线执行过程中，执行层面上依然有许多现实问题有待解决。这也从侧面反映了动态能力变革七部曲是缺一不可的，最好是不要跳过或者随意弱化某些步骤，这样会为后边的变革埋下隐患。

解决不想干，愿景、使命、价值观驱动不可忘记。一个组织具有清晰的目标感、方向感和一个理想中的未来状态并且得到了广泛认同的时候，个人就能够同时在组织和社会中找到自己所扮演的角色，明确自己的定位，继而将自己视作一项有意义的事业的一分子。他们会感觉到自己存在的意义，从盲目服从指示的机器人变成一个从事着创造性的、有意义的工作的真正的人。当个人感到他们可以通过自己对组织的参与而让社会有所改善的时候，他们在工作中就可能更富有热情和活力，其工作成果也会起到彼此加强的作用。在这样的情况下，员工的能量被引导到了变革上，为成功打好了基础。个人利益常常不足以促使人们习惯常规的行为模式。数字化转型期，我们要积极宣传公司的愿景、使命和价值观，这样可以激励员工更为有效地、采用积极方式去构建与迭代自身的核心能力。

解决不想干，必须处理好利益问题。动态能力的变革可能会影响到现有的收入、工作时间、职称的变化等相关问题。每个员工都会根据自己所处的岗位和位置有着自己的一些考量，如果这些问题说不清道不明，解决不好，那就很难对转型与变革成功起到支持作用。

在变革的初期或者变革的过程中，需要对变革的行为有一定的补贴，或者采取积极的鼓励措施，待变革完成后可逐步取消。正如在共享打车软件推出的时候，为了更快地推动人群对这种创新方式的接受，共享打车行业通过补贴（类似 1 元钱打车）等持续性的投入和烧钱，最后快速推动共享打车创新在人群中扩散和接受。虽说核心能力变革没有办法像共享汽车一样简单粗暴，但是我们可以借鉴其核心逻辑，通过类似补贴或者让利，让更多的人参与其中，低风险尝试，然后逐渐培养成习惯，形成氛围，这是一个现实可行的路径。

在一线实践过程中，除了积极地让利于员工，也需要一定的规则与政策限制的综合运用。链家地产在推动数字化能力建设过程中，需要线下的经纪人将客户每次看房时的心态、语言以及所问的问题记录在内部数据采集系统上。通过这样的努力，链家地产内部系统就可以为后来撮合交易奠定更好的沟通基础，更理解房东卖房的意愿，也可以从客户所问的问题分析出房子是否好卖，报价是否偏高。在推动数据采集行为初期，组织数字化能力建设增加了额外工作，链家通过中介费分配体系方案建设，让每次看房进行数据登记成为房屋买卖结束以后利益分配时重要的支撑。所有曾经为这套房相关数据信息作出贡献的人，都有不同程度的利益回报。当然，如果不把数据采集登记到平台上去，也不会记录工作量。

核心能力变革成果的体现就是每个个体都拥有面向未来的核心能力。组织和领导是拿不走的，更多的受益者还是个人。当然，个人核心能力与这个时代保持匹配，组织的产出和战斗力顺其自然地水涨船高。

在推动数字化转型变革咨询中，与员工代表进行交流，我经常说的一句话是："利用组织资源和学习的平台，积极夯实自己面向未来的核心能力。这不仅仅是为了公司，更重要的受益者还是在座的各位。你具备了面向未来的核心能力，未来不论是继续在公司干，还是离开，都会因为你具备与这个时代保持匹配的核心能力而获得个人竞争优势。”

15.4 解决干不了的难题

干不了主要涉及的问题就是在转型变革过程中，相关的流程（如部门、制度、领导）所构建的障碍物，让那些想干事的人在推动变革时举步维艰。解决干不了这座大山，就是要跑通动态能力变革管理的全流程。

人力资源往往就是隐形障碍的关键。人力资源是这个问题重要的牵头人和参与方。人力资源表面看起来是积极推动组织发展、核心能力变革的重要推动力，但是碍于人力资源管理的核心逻辑和惯性，他们往往会成为转型变革中的隐形障碍。

虽然人力资源十分希望能够成为改革的催化剂，但是他们所在部门的许多职能实际上确实在帮助企业文化抵制变革，阻挠不合乎组织常规与规范的行为。人力资源的工作是规范化的过程，实质上限制了异常的行为。一些关乎员工的纪律、雇佣和晋升评估的政策常常向员工表明，如果某种行为曾经导致成功，这样的行为就会受到奖励。人力资源的活动基本上属于行政管理活动或者是反应型的活动。人力资源管理设计是根据既定的但本质上缺乏活力的程序来处理事务。人力资源管理人员大部分时间常常用于解答员工的疑问、参加经理现场会、解决员工中存在的问题等。单单应付日常的工作，就已经足够困难了。人力资源职位的性质和特点，与其说是引发变革，还不如说是维持现状。

在动态能力变革管理过程中，人力资源需要调整自己的认知，

尤其是在面向新部门和转型变革人员的招聘、薪酬设计、激励等方面。例如，大数据、人才智能、直播等人才招募，你需要网开一面，更新薪酬问题与相关的绩效标准。不宜只是站在公司组织内部的视角进行定岗、定级、考核，而要站在全行业的高度，因为组织动态能力调整非常迫切，大数据人才、人工智能算法工程师等在市场上都是抢手人才，当他们在选择就业岗位的时候是站在行业与发展的层面。如果这个障碍不清除，以后每个部门在相关的招聘、留人及评估过程中就很难做。人力资源部具备雌雄同体思维，一方面原有稳定的组织部门继续采用之前的规则；另一方面对变革的问题采用新方式对待。

一线执行过程中，你在考察人力资源制度之后，可以对照动态能力新方向评估以下方面：

- 员工绩效评估表格中有没有体现数字智能力，数字智能力是核心能力新方向。
- 大数据部门的薪酬是不是以做出有用的改变为依据，而更多的是以不犯错误为依据。
- 晋升是以相当主观的方式决定的，和数字化变革努力的关系十分有限。
- 招聘和雇用体系是多年前的旧体制，对数字化变革的支持力度极小。
- 确立以顾客为中心的核心能力体系，体现其在每个部门的绩效评估中的比例。
- 内容营销团队的评估是不是只按销售订单来评估？顾客终身价值是如何体现的？

如果以上的相关内容阻碍了动态能力变革，那么就有必要在各个体系上进行彻底性的改变。

在变革管理过程中，管理者往往会忽视财务部门在变革中的障碍问题。首先你要理解财务部门及人员的核心逻辑与风险控制，以评估者和监督者的角色来开展工作，这些惯性已深入从业者的基因。动态能力变革中充满动荡和不确定性，与传统意义上的财务管理及风控的逻辑就会有冲突，如互联网新产品的上市补贴和风险收益监督。作为一家央企转型顾问，我曾经抽出一天时间与财务部门及相关员工分享互联网时代商业逻辑与新财务思维，目的就是使财务人员更好地理解当下的商业规则，为接下来的数字化转型构建良好内部流程。采购大数据、人工智能等相关设备和服务的时候也是如此，如何合理地估价和进行有效的监督审计都是当下财务人员需要学习的，要刷新心智模式以更好地适应时代。

在部门间及流程层面的障碍，是干不了部分最难解决的一个闭环。清除障碍的主要目的是能够跑通流程，让各个部门之间的协同配合能够更为有效地变革。在之前谈到了智能时代核心能力的方向是 DAC 模型，以 A（敏捷力）为例，在数据智能时代，敏捷力将成为组织重要的核心能力支撑。那么我们如何构建敏捷力？一个很重要的维度是对用户反应的敏捷性。在塑造敏捷性核心能力过程中，它的障碍会在哪里？很显然是各个部门之间的协调与冲突。当用户启动了需求按钮（投诉、购买或其他），这个敏捷性需要涉及售后服务部、销售部、市场部、产品部门甚至财务部门等。每个部门都有它本身的惯性、利益的纠结、习惯性主要日程，但是当确定敏捷性作为考核指标，那么优先级排序、相关流程与部门的矛盾就成为很重要的障碍物。想要塑造敏捷能力，那么我们就需要打掉跨部门的墙，塑造新的响应流程，目的都是塑造、跑通新核心能力。

中国联通在确定数字化转型以后，将顾客满意度作为第一指标，服务顾客能力作为关键抓手。在这样的情况下，所有的部门必须围绕的核心指标就是顾客满意度，以顾客满意度存在的问题反向指导和优化每个组织和部门的日常流程与核心能力变革方向。在变革初期，很多部门的领导会以一些反常个例或者一些古怪的用户作为搪塞来进行佐证，使得验证顾客满意度的塑造方向不正确，这其实就是一种隐性的排斥变革。一旦确定顾客满意度为第一指标的新核心能力，就需要跑通企业内部流程。围绕新核心能力，在网络维修部门、线上的中台、售后、电话中心等都将以此来优化跨部门合作的流程与核心能力再造以解决问题。通过这样的努力，就很容易找到跨部门之间的障碍物以及阻碍新核心能力的流程环节。

理智的、深思熟虑的对话也可以使公司避免因动态能力变革管理陷入无休止的斗争。可是，人们往往对坦诚的对话感到为难，因为他们会有愧疚感。可事后反思，很多变革领导者又经常后悔，说他们在变革过程中没有尽早地正视那些阻碍变革的领导。当变革支持者看到这些人没有受到打压时，他们的积极性就会受挫。一旦员工的积极性受挫，他们就无法创造变革的短期胜利，而短期胜利是变革动力极其重要的来源。

15.5 从不会干到擅长

不会干是三座大山中相对容易解决的，因为问题明确，不存在之前复杂的思想认知问题与流程制度限制等问题。清除不会干的障碍是通过培训、赋能，积极地帮助员工更新核心能力，帮助他们解决在塑造过程中出现的各种操作与疑难问题。

当员工或者一部分员工已经认同变革与愿意跑通新核心能力的业务流程，这便是一个非常可喜的阶段性胜利。我们可不能让它卡壳在不会干的阶段，要告诉他们从哪里下手，以及如何训练自己的新核心能力等。在解决不会干的问题时，领导干部更多的是需要从内部和外部寻找资源。在内部去寻找那群种子型的员工，也就是最早一拨开展新核心能力探索的员工，这群人可能是私下提前学习了新知识、新技能。对种子型的员工，如果组织能持续将外界最新的知识与方法导入，给他们开开天窗，那将是激发创新、为变革奠定群众基础很好的方式。如果说内部种子型的员工稀少，或者没有能力担当起有效的辅导，就需要通过外界的资源，如咨询公司、专家、意见领袖、大学教授等。解决问题的方向是清晰的，直接以新核心能力落地实践为导向，开放合作形式。

我发现动态能力变革和风气流畅的企业，有类似的一些行为与操作：确定完新的核心能力，就积极搜罗全球相关咨询、培训与相关的专家。领导先参加行业内的公开课，如带着相关部门员工参加大数据、数据挖掘、数据分析、内容营销、智能推荐算法等主题课程。社会上提供类似产品与服务的有 CMO 俱乐部、人人都是产品经理、高维学堂等。在日常的组织发展规划中，按批次安排领导入学中欧国际商学院、长江商学院等新兴课程项目，如果有可能安排国外项目游学、科技峰会，以开启领导的认知，把握时代的脉搏。通过这样的努力能够理解到行业的动态，在过程中发现优秀的老师、服务机构，就请到组织内部。引进外界专业资源也可从两天一夜与三天两夜的实战训练营开始，让大家经历从认知到方法工具的掌握，再到练习复盘。在初期的培训项目完成以后，最好是能够组织相关的兴趣小组，在课程结束以后还继续保持相关的互动。培训完成以后，可以组织实践案例的复盘，再请教练和咨询公司来帮助纠正和调整。通过这样的一系列操作，就可以帮到那群想干但不会干的先锋员工。

有一个周六，我在广州的战略峰会上分享数字化转型过程中构建客户关系战略执行过程中的难点与方法。当时参加会议的一位华为的员工对这个话题非常感兴趣，会后就问我第二天中午可否安排其领导与我进行一次午餐。我对此感到很震惊，员工的级别不高，但可以指挥领导周末不休息，从深圳赶到广州与我吃一顿饭。当时我琢磨这一现象的背后：员工可以指挥领导吗？领导周末不休息吗？算加班吗？这是个人行为还是组织行为，抑或是习惯性主动行为？与之交流以后我才发现，这才是华为组织建设与变革的厉害之处。

在过去这几年，我一直帮助和辅导金融企业（如银行、保险、证券等）高层领导与客户经理积极塑造数字化时代与客户、维护客户与智能决策等能力。其中典型的客户有招商银行、中国建设银行等。在传统零售企业里面曾帮助海尔、美的、格力、周大福、苏宁、老板、方太、奈瑞儿、21cake 等企业塑造数字化新核心能力，包括实体店新零售、社群关系经营、大数据与 5G 应用能力。通过与这些企业员工的互动，我深刻地感受到，企业塑造新的核心能力必须从认知、方法论、实践、复盘、教练等综合下手，方可以带出队伍，形成气候。我们也要清醒地认识到外部的资源与帮助更多的是充当教练和辅导的角色，至于最终核心能力的养成与塑造，还要员工刻意练习与组织流程制度的督促。

小结：清除障碍这一步骤，它所达到的效果或者理想状态是组织内部逐步涌现更多的创新变革的新现象，员工开始动起来，积极尝试。这就是这个阶段想要达成的目标。

第 16 章
培育新能力

16.1 新能力养成

在完成感知环境变化、组建变革领导团队、确定新能力的方向与实现路径、沟通变革愿景、清除障碍以后，组织接着会积极尝试，想把事情干成。

在这个节骨眼上，员工心里已经很想去做，但最后能不能完成核心能力的调整，过程中势必会面临一些执行问题，所以**培育新能力**阶段需要正向激励，需要展示核心能力方向的正确性与可执行性，需要给予变革参与者以信心。

培育新能力要化解不确定性，鼓励员工从认知共识层面走向行动。在过程中让新核心能力上手简单、即时反馈、通过庆祝胜利等仪式以鼓励更多人参与；关注新能力塑造中的挫折，从挫折中复原。通过这样的努力，最终培育新核心能力，让对变革秉承等等看的人也能开始积极尝试，感受到变革的光与热，最终取得更大范围的胜利，带领企业走向未来。

- 用事实证明付出是值得的：短期胜利为短期投入提供了强大的支持。
- 为先行者提供鼓励：在付出努力之后，正面反馈可以提高士气、鼓舞人心。

- 帮助调整愿景与战略：短期胜利为领导团队提供实实在在的数据，为其观点的有效性提供证据。
- 使怀疑者与以自我为中心的变革抵制者不攻自破：绩效明显改善，使反对者很难再妨碍变革的进行。
- 赢得更多的支持：提供了有力的证据，使大家相信能力变革正在顺利推进。
- 增强变革推动力：将中立者转化为支持者，将不情愿的支持者转化为积极的支持者。

16.2 获得新能力的过程

在新能力培育过程中，要通过学习关于新能力的认知、方法论、操作的步骤或者标杆，临摹体会、及时纠偏、刻意练习到养成习惯。

新能力是用来解决问题的！

新能力体现在应用场景！

在特定场景中，你养成了用新标准、新工具、新方法、新动作来完成工作，长此以往，就会形成习惯，拥有肌肉记忆（见图16–1）。

这沉淀下来的就成了新能力。

新能力是为了创造顾客价值、刻意练习、养成习惯的最终结果。**为了更好地指导实践工作，我把新能力塑造的过程简化为刻意练习、最终养成习惯，从而形成肌肉记忆的过程。**

至于每个新能力的属性、认知方式等都有自己独特的要求，在这里就不展开叙述了，本章接下来的叙述更多是站在临摹学习、刻意练习、养成习惯的角度。

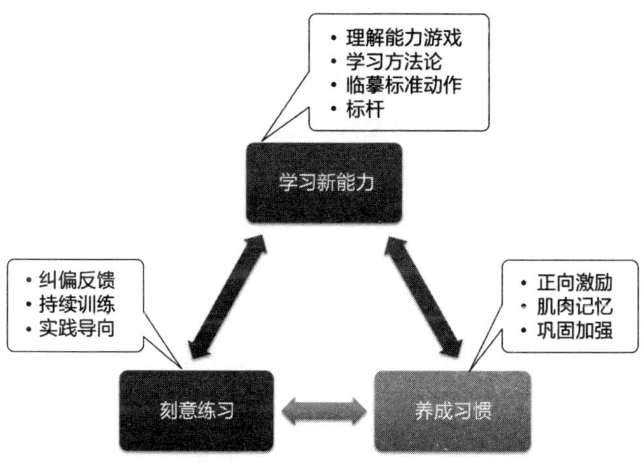

图 16-1　新能力养成过程

核心能力塑造的关键点在于刻意练习与养成习惯，其中刻意练习关注的是矫正与标杆或者方法论的差距，是努力按照标准进行调整的过程。养成习惯就是能够在特定场景下具备轻松解决问题的能力。

组织的核心能力都是由一个个个体所组成的。在个体核心能力夯实的基础上跑通流程制度，并最终为顾客创造价值，这就是组织的核心能力。组织的核心能力离不开个人能力的支持。只有拥有了一群具备核心能力的员工，才有机会塑造具有核心竞争能力的组织。如果具备未来核心能力的群体是松散的，那也不具备更高的生产效率以及为顾客创造价值的能力。

组织需要凝聚共识，需要形成一股劲。动态能力变革从宏观上讲是组织的核心能力刷新与迭代，但是落实到支撑动态能力变革的基础，是让我们的员工具备面向未来的新核心能力。员工具备新能力并有为顾客创造价值的流程制度和文化，形成合力后就成就了一个组织的未来核心能力。

16.3 培养个人新能力

要在面向智能时代的商业 DAC 模型下培育个人新核心能力。在人工智能时代，简单的重复性工作将被机器与算法替代，核心竞争能力转变为想象力、创意、共情力以及相关的智能应用能力。想赢得更好的未来，个人需要调整自己的核心能力，孩子的教育与能力也需要被重新定义。

为了更好地与人工智能时代共舞，虽无法苛求每个人都具备智能算法设计和处理的能力，但具备一定数据思维与算法的能力，能够用数据思维来作决策和应用到各个岗位中去已经成为通用技能。培育个人新能力的过程，我以个人数据思维能力培育为例来解读。

（1）培育新能力，刚开始一定要容易上手。本来学习新的技能就充满着不确定性与畏难情绪，这是人之常情。如果一上手就特别难，无形中会将更多的人阻挡在门外。可以看看《英语 ABC》《21 天搞定 Python 语言》等图书。

不追求上手的质量和速度，最主要的是先上手，动起来，在动起来后，就会有更多的可能性来培育新能力。在《控制习惯》《微习惯》等书中都有相关的描述。要把习惯缩小，小到不可思议为止，只有小到不可思议，才会让大脑认为它真的毫无威胁。你给自己设定的目标应当是小到不可思议的目标。

你会发现几乎任何初学能力都可以缩减为两分钟的版本：

- “数据思维能力”变成“记录写条朋友圈需要几分钟”。
- “具备阅读能力”变成“每天读一页”。
- “课后复习习惯”变成“打开我的课堂笔记”。
- “整理衣物”变成“折叠一双袜子”。
- “跑 3 公里”变成“每天跑步 10 米”。

这样做的思路是让你的能力在学习初期就尽可能容易地开始，见表 16-1。任何人都可以沉思一分钟、读一页书或者收好一件衣服。正如刚刚讨论的，这是一个强大的战略，因为一旦你开始做正确的事情，继续做下去就容易得多。

表 16-1 习惯难易度设置

极轻松	轻松	中等	困难	很困难
穿上跑鞋	步行 10 分钟	走 1 万步	跑 5000 米	跑马拉松
写一句话	写一段文字	写 1000 字	写篇 5000 字的文章	写一本书
打开笔记	学习 10 分钟	学习 3 个小时	学习成绩全部得 A	获得博士学位

（2）培育新能力，要克制惯性。你天天刷牙，有一天早上没刷牙，就会不舒服。引述一个有趣的段子：儿子天天吸手指头，爸爸为了改掉他这个习惯，一狠心，给他手指头上涂辣椒油。结果过了半年，他儿子只吃川菜。每个人都受习惯的影响，天然有“对抗新变化、维持现状”的倾向，想学好新能力，克制惯性是基础。对于培育新能力研究，有数据统计，高达 42% 的人在克制惯性阶段就放弃了，大多数人可能都没能坚持过一周，**习惯的反抗造成了学习新能力的夭折。**

在学习新能力的过程中，必须学会对抗老能力、老惯性。你在学习基于数据思维的新能力时，与之对应的老习惯、老技能就是靠感觉去模糊地作决策与实践。在训练新能力时需要刻意地进行克制，要学会忘记。在培育新能力的过程中做一个违规记录，一旦有采用过往思维与能力的冲动，就备注下来，长此以往，就能够有意识地避开惯性。

1830 年夏天，维克多·雨果面临着一个无法回避的最后期限。12 个月前，这位法国作家向他的出版商许诺要写完一本书。但是他一个字都没写，时间都用来寻求别的项目与招待宾客了，因而耽搁了这件事。雨果的出版商也无可奈何，只好又设定了新的截止日期，在自那以后的不到六个月的时间里，即 1831 年 2 月前必须完成那本书。

雨果制定了一个奇怪的计划来克服拖延惯性。他把自己所有的衣服归拢到一起，让助手把它们锁在一个大箱子里。除了一条大披肩，他没有任何衣服可穿。1830 年秋冬期间，由于没有适合外出的衣服，他一直待在书房里奋笔疾书。因此，《巴黎圣母院》于 1831 年 1 月 14 日提前两周交稿。

（3）**培育新能力从基本动作开始，临摹开始。**一个习惯的养成要按照标准动作来练习开始。当你在学习弹钢琴的时候，就需要将基本动作分解训练，按照乐谱不断练习。我们过往学习写字、跳舞等也是一样，都要从基本动作开始临摹、练习，到后面再发挥、创造。

当然很多人在学习新能力时，经常就卡在了这个地方。基本功不扎实，就追求短、平、快地达到效果，最后导致整个能力基础差，很难塑造能力。

本杰明·富兰克林（Benjamin Franklin）早年受的教育水平很有限，能够写出通顺的句子就已经很了不起了，但他又很想提高自己的写作能力。一次偶然的机会，他看到一本名叫《观察家》的杂志，发现杂志中的文章质量非常高，于是特别希望自己也能写出那样漂亮的文章。**他就去模仿这个杂志中文章的写作方式，最开始是去模仿它们的措辞。他想："如果我自己写这句话怎么写？我写的方式和他比较，他的好还是我的好？为什么人家的会更好？"**

在用词提升之后，他还是感觉文章不太对劲，于是就注意到，原来自己文章的谋篇布局和结构逻辑也不对，所以他又把《观察家》杂志上的文章段落打断，自己重新梳理。又想：“写文章先写什么，后写什么，作者为什么会有不同的顺序呢？”在他不断的揣摩和研究下，富兰克林终于成长为受人尊敬的作家。

（4）**培育新能力的关键在于刻意练习。**在《刻意练习》一书中，作者提出1万小时理论存在偏差，如果你没有即时反馈与纠偏，可能很难掌握能力，成为大师。新能力养成过程，最好能有专业的教练与辅导老师，或者是相关的工具来进行刻意练习。例如，在人工智能时代，英语发音的学习就可以通过人工智能语音的匹配，打出发音分数，进行纠偏和调整。通过刻意练习，就可以更好地训练英语的发音。

对于个人数据思维能力的刻意练习，你可以采购相关的书籍，购买相关的软件来刻意进行。也可以参加相关的俱乐部或者寻找学习的伙伴，大家参考交流，即时反馈，互相打气，这是一种更快的刻意练习的方式。如果有可能，最好找一位专业的教练与老师，通过陪伴和纠正，最终养成新能力。

（5）**培育新能力的即时奖励。**与非洲大草原上的其他动物一样，人类的祖先日复一日地设法应对严重的威胁，想办法找吃的，并躲避暴风雨。大脑重视即时满足是有道理的，活在当下是很重要的。在即时回报环境中生活了几万年之后，人类的大脑进化成偏爱快速回报而不是长期回报。在新能力培育过程中，我们也在追求即时奖励与回报。为此，当你上手并积极地练习新能力时，应给予奖励，如看一部电影、吃一顿美食等。

大脑当下即时奖励的倾向性意味着你不能依赖良好的愿望。当你制订计划，如减肥、写作或学一门外语，你实际上是在为未来制订计划。我们都希望未来的自己能够过上更好的生活。然而，你在新能力养成过程中却倾向于优先满足希望养尊处优、及时行乐的你。

一般来说，你从一项行动中越快享受到乐趣，你就越应该质疑它是否符合你的长远利益。大脑偏爱的逻辑是：重复有即时回报的行为，避免受即时惩罚的动作。

人们倾向于选择即时享乐的事，回避延迟满足的事。刻意练习新能力，意味着你愿意等待远期回报的到来，你将面临更少的竞争，通常会获得更大的回报。

1993年，加拿大阿伯茨福德的一家银行雇用了23岁的股票经纪人特伦特·迪尔施米德。与繁华的温哥华市相比，阿伯茨福德不过是偏僻的郊区。考虑到这种地理位置，以及迪尔施米德是个业务新手的事实，没人对他抱有多高的期望。但出人意料的是，他进步神速。究其原因是他有个培育能力的即时奖励体系。

迪尔施米德的一天始于办公桌上的两个罐子，其中一个装满了120个曲别针，另一个是空的。每天一到办公室，他就开始打推销电话。每拨通一次电话，他就从装满曲别针的罐子里拿出一个放到空罐子里，并如此往复。他告诉我："每天早上，我会从一个罐子里的120个曲别针开始，一直打电话，直到我把它们都转移到另一个罐子里。"

在18个月内，迪尔施米德给公司带来了500万美元的收益。他24岁时，年薪达到了7.5万美元。

这就是曲别针策略。借助于视觉量度，如移动曲别针、发夹或弹珠，你能清晰地看到自己的进步。这样做的结果是，它们强化着你的行为，并为任何活动增加一些即时满足感。即时奖励量度有多种形式，如食物日志、健身日志、打孔忠诚卡、软件下载进度条，甚至书籍中的页码等。

（6）培育新能力的肌肉记忆和习惯性的反应。培育当遇到某些特定场景的时候，你能做事情的能力。新能力不是花拳绣腿，新能力不是认知，也不是知识，而是能实践应用的真知。如果你在夯实自己智能数据时代的内容能力，那么你就可以开设自己的自媒体账号、短视频账号，或者为专栏投稿。有事没事写写书评、时事评论，在写工作邮件时刻意练习和训练，长此以往，内容能力将变成你个人的核心能力。

有目的的训练是一种不断改进的做法，积小胜为大胜，积跬步而致千里。训练中必须专注，不能心不在焉。我们常常只是在做，而并没有认真地去思考——就像福尔摩斯说的，你只是在看，而并没有观察。

（7）培育新能力要学会渡过高原期。当新能力已经慢慢成为你稳定的应景行为，这个时候存在一个很大的挑战，就是能不能进一步将新能力刷新。

熟能生巧，但是你练习的次数越多，它就变得越无聊，越像是机械地重复。一旦初学者尝到了一些甜头，对今后能有多少收获有了大致认识，我们的兴趣就开始减退。

培育新能力最大的威胁不是失败，而是倦怠。我们厌倦了，新能力练习不再让我们开心，这个结果是意料之中的。随着新能力变成日常举动，我们开始脱离固有的轨迹，转而去追求新奇的事物。也许这就是为什么我们会陷入一个永无止境的周期性循环，无论是数据思维能力、健身方式，还是饮食习惯，总是换来换去的。

不管有没有可变奖励，没有一种习惯会带给你无穷无尽的乐趣。在某个时刻，每个人在自我提升的旅程中都面临着同样的挑战：你必须与厌倦结缘。

培育新能力有一个时间维度，需要重复刻意练习，是长出来的过程。培育新能力是反人性的，你必须抵抗惯性，成长越大，惯性越大。

16.4 上手容易，尽快看到成效

早期的成果需要积累。我们从组织的层面来看需要如何去处理。

从个人新能力刷新和塑造的过程中，我们可以看到新能力塑造的难度及相关的关键点。在积累组织早期胜利的过程中，我们要站在宏观层面，有效激励整个企业和部门完成自己核心能力的跃迁。

组织核心能力的跃迁是一个过程，在积累早期胜利的阶段，我们可以抓住一些关键点来完成新能力的培育。

推动核心能力跃迁时，在相关新能力上，**我们要设置一系列更容易上手的体验与训练。上手容易降低了员工尝试的成本。**例如，在数据分析能力这一方面，我们可以使用工具自带功能画出饼形图、可视化辅导图，让员工更加鲜明直接地应用数据分析。从信息系统和技术开发的角度，让员工以更快的方式、更简便的方式参与到数字化工具与行动中，获得冲浪体验。

我在辅导零售企业构建面向未来、用数字化获客以及引流的新能力时，经常会让学员做几个容易看到成效的新能力实操。**让学员理解搜索引擎的逻辑以及今日头条、抖音、小红书等智能推荐算法，以更为有效地抢占流量。**我会让学员以自己名字加上出生地（县 + 乡镇 + 村）为名开设一个新浪博客，如余姚梁弄镇唐桥村李飞，一般第 2 天就可以通过关键词检索到自己的博客，通过训练让员工迅速理解标签、搜索引擎信息检索的核心逻辑。当学员按照这样的内容注册完以后，我就会给学员讲一讲 page rank 以及消费者在搜索引擎中的检索行为，那么就可以顺势推导出来，每一家实体店如何有效地将本地化、地标性的关键词和企业能提供的服务之间的连接，如文三路杭帮菜、西湖边茶馆、学院路书店、漕河泾游戏厅、体育西路按摩店等。通过类似的尝试，让员工看到成效，理解核心逻辑，让他们感觉新能力学起来也不是很难，那么接下来再批量地围绕消费者在线购买行为做相关内容营销与引流的能力训练就变得非常容易。

在抖音与今日头条等推荐算法的引擎部分，我会引导大家理解和上手出成效。我会谈如果你想理解一个人的行为、爱好及最近关注的问题，那么你只需要打开他的抖音账号、今日头条的账号，刷下系统给他推荐的视频和内容 200 条以后，你基本上就可以反向分析推断出账户拥有者的爱好与最近关注的行为。

为了让学员更加形象和生动地理解，我会让学员用一周的时间刻意跳出信息茧房，主动去检索平时自己不常看的主题，如野外生存或其他关键词，并对这些推荐的内容进行点赞和分享，以此来迷惑抖音与今日头条推荐算法，在坚持一周后，再反馈系统推荐的内容与标签。

在这个基础上，我会要求学员上传短视频等内容，写上地理位置、公司名字再加上特定主题词簇，通过这样的努力，很多人的内容就很有可能被推荐或者更容易发现自己的内容。我就是通过这样的标签和理解游戏规则的方式辅导企业数字智能力的培养，让组织能够迅速抓住关键路径。

看到成效在实践执行中的形式可因地制宜，目的是鼓舞团队。用事实证明付出是值得的：短期胜利为短期投入提供了强大的支持。

16.5 多巴胺与新能力激励

在《掌控习惯》一书中，作者詹姆斯·克利尔（James Clear）从多巴胺驱动的角度分析新习惯的养成与激励。每一种容易上瘾、容易形成习惯的行为（如吃垃圾食品、玩电子游戏、浏览社交媒体）都与较高浓度的多巴胺有关。在《习惯的力量》一书中，作者将习惯简单分为四步：提示、渴求、反应、奖励，循环往复。

从多巴胺角度看新能力激励（见图 16–2），**新的能力培育就是刻意练习加养成习惯，但是激励一直伴随整个过程。**在学一种新习惯（A）之前，多巴胺会在第一次体验到奖励时被释放出来。到了下一次（B），多巴胺浓度会在采取行动之前激增。每当发现提示时，这种多巴胺浓度的激增都会产生欲求和采取行动的渴望。一旦形成了习惯，多巴胺的浓度不会再在获得奖励时激增，因为你曾憧憬过奖励。然而，如果你看到了提示并期待得到奖励，但最终没有得到，那么多巴胺的浓度会因失望而降低（C）。当奖励姗姗来迟时，我们可以清楚地看到多巴胺反应的敏感性（D）。

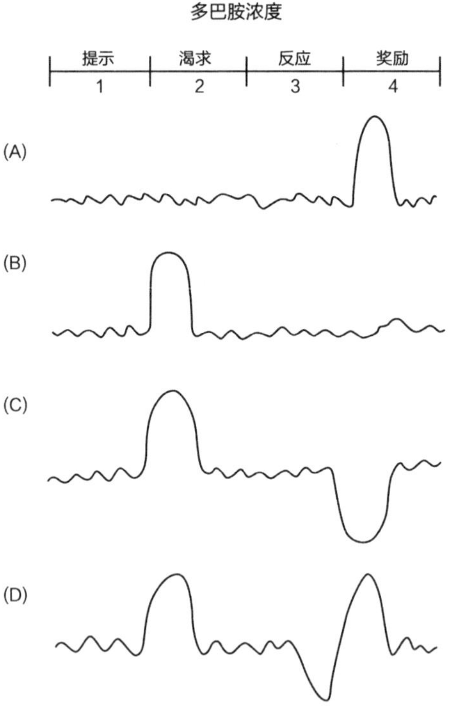

图 16–2　多巴胺浓度与激励

资料来源：詹姆斯·克利尔，《掌控习惯》。北京联合出版公司，2019。

不仅发生在你体验到快乐时，而且在你期待快乐时，都会分泌多巴胺。赌徒在下注之前，体内多巴胺的浓度会激增，赌赢了之后反倒不会上升。每当你预测一个机会会产生回报时，你体内的多巴胺浓度就会随着这种预期飙升。每当多巴胺浓度上升，你采取行动的动机也会随之增强。激发我们采取行动的原动力来自对奖励的期待之时，而非这种期待得以满足的那一刻。

在我咨询服务的数字化转型的案例中，企业积极培育营销创新能力，即直播短视频能力，积极推动在顾客交流与销售过程中的应用。现实情况是，企业内部的人员都没有玩过直播，也没有做过短视频。我将相关标杆案例以及如何去做的过程导入组织内部。在初期直播过程中，大家对销售的业绩心中没底，也不知道购买的情况。**在这样的情况下，变革领导团队就用个人小号以及号召身边其他朋友来支持购买。**虽说这种行为有一定的作假嫌疑，但在很多一线项目执行过程中，有时也是一种逼不得已的变通，但总体来说还在情理之中，并非刻意助长灌水、做假数据等行为。

通过放水支撑我们的种子型员工尝试，其实也在为他们接下来的分享提供机会，并没有让他们的能量浪费掉。通过种子型的用户，他们获得了核心能力的塑造，获得了用户对市场的反馈，那么我们就可以让他们来分享，给相关的兄弟部门培训，最终可以使组织内部形成一种很好的状态。

通过放水支撑我们的种子型员工尝试，直播团队有了积极性与信心，再对直播带货技能做复盘，后面每场直播销售业绩稳定在 100 万元以上，为数字化转型中全员学习新营销技能树立了好的标杆。

面向智能时代，我们需要号召全员聆听顾客的声音，加强内容能力的建设，构建敏捷反馈能力和智能数据思维。这样的新核心能力在塑造过程中，如果不进行积极的反馈，那么会面临很多问题。有员工做完以后因得不到反馈（正面反馈、负面反馈）而放弃，有些员工在做完以后并不知道做得正确与否，最后就在错误的方向和认知上愈行愈远。这就是即时反馈的价值和意义点所在。

当我们的员工积极地参与到塑造新能力的过程中，可能还存在一定的不完美和问题点，这时需要积极反馈。反馈的主基调以正向激励为主，当然也不避讳新能力塑造过程中的典型问题，只是在培育初期给予更多鼓励。

作为金融机构数字化核心能力转型项目，通过之前的咨询和沟通，确立了经营数字化客户关系将成为金融机构经营的新核心能力。更多员工在建立企业的客户微信群时，只是简单地将客户拉到群中，然后发布广告，导致了活跃度下降和客户反感。领导在这个时候没有及时地反馈和处理，最终就会导致动态能力塑造过程全盘皆输。

为此，在整个集团内部通过数据与相关的反馈，我们找到了一小批有心思的、真心拥抱数字化客户关系能力塑造的种子型员工，对他们的成功案例给出正向激励与表扬支持，如领导分批次找他们交流沟通，以鼓励他们放胆前行。

16.6　营造气氛，让仪式感满满

在**培育新能力**阶段，企业领导者的作用至关重要。企业领导者的一言一行都会对公司上下带来深刻的影响。企业领导者对培育新能力的兴趣和信心，对新能力的时间和精力的投入，都会影响员工的信念和表现。身为企业的领导者要以身作则，全力支持和推进新核心能力变革。

搭台唱戏、大张旗鼓表扬、营造气氛的工作就成了领导者的工作核心。不只是对参与者的行为进行正向激励，更为重要的是形成组织氛围，让大家知道新核心能力变革项目正在紧锣密鼓开展中，领导很重视，而不是默默无闻，没有声响。通过这样的操作让围观者、怀疑者积极向变革团队靠拢。

如何搭台唱戏？领导在初期要每周甚至每天给出即时反馈或者表扬的案例，每个月组织一次表彰复盘大会，在年底整理出新能力变革创新的 10 大标杆或典型案例，以此来积极塑造变革氛围。

有一句话说得非常好：在孩子的教育过程中你表扬什么，最后就会得到什么。在积累早期胜利成果的时候，即时反馈和正向激励也将收获我们希望得到的核心能力创新案例。

要善于通过标杆案例来激励和鼓舞组织。标杆不必限于组织内部，刚开始可以选择行业内或者是跨行业的标杆案例，以激发组织好胜心。在组织的内部，更为重要的是发现和利用好种子型的员工，给他们一定的资金、荣誉等，通过这种方式激发出他们更大的探索潜能。

招商银行打造数字化能力的时候，我们就积极调动内部全员贡献内容。通过内部系统就相关案例与内容积极地向总行编辑部投稿，如果被采用则有奖金，另外在组织 OA 系统上滚动表扬展示。通过激励参与，我们发现一些具备数字化能力的员工，后面都会被培养提干或者转岗。短视频内容创作新能力是未来金融客户经理必备的核心能力，在这样的基础上，员工需要积极尝试进行相关学习与训练，领导则选择表现好的作品在内部通报表扬。通过持续评比、反馈、训练，就可以积累早期胜利成果，让早期积极参与者更加有意愿将短视频能力坚持下去，也为周边的怀疑者塑造样板。

大张旗鼓地表扬还可以利用组织空间上的曝光与器物使用构建氛围。组织空间如网络空间、办公室、食堂或者车库等处，你都要体现出公司正在走向提倡的新核心能力。例如，我们积极号召大家走向数据思维智能力，那么公司的食堂、停车场、打卡考核工具，抑或是办公设备是否能够从侧面营造变革氛围。

它其实无形中是在进行一种积极表扬和塑造示范，通过这样的行为，大家感知到的正在进行的变革和创新过程是立体的和全方位的。在多次重复曝光和处理过程中，最终就会在潜意识中影响员工，形成良好的组织氛围。

16.7 善用挫折，从失败中复盘

培育新能力的过程并不是一帆风顺的，其实也并不应该是一帆风顺的。遇到挫折与失败是在所难免的，领导团队需要积极呵护组织塑造新能力的士气，并解决在培育过程中遇到的种种难题。

在一线执行过程中，当培育新能力遇到挫折时，更多体现在行动没有效果，或者相关的执行陷入单调重复的困境。变革领导团队就必须进行复盘，找到其原因，尽快地通过内外部资源解决执行过程中遇到的挫折与失败。

有一家传统的上市公司，高管读了几本大数据管理方面的书，听过几次鸡汤论坛，觉得很有必要构建一个数字化团队。为此，该公司通过猎头高薪招募圈内专家以推动新能力项目。在培育组织数据能力初期，有领导的短期支持，加上外面大数据风头很劲，总体来说很有成效。随着推动数据分析能力的深入及进入攻关阶段，需要更有深度的执行，将涉及全国各个子分公司、加盟和直营单位的数据整合与处理，更多部门的员工要积极学习使用数据分析的平台与工具。显而易见，组织内部的摩擦力巨大。**领导团队本来以为大数据分析能够挖掘出黄金，能够让自己的业绩倍增，但在能力培育投入和能力产出的过程中，数据团队拿出来的结果是在他们意料之中的，并没有那么惊喜。再加上培育数字化的能力，需要继续加大投入力度，整个变革领导团队表现出了犹豫的态度，并没有认真地帮助大数据团队来解决挫折，帮助突破。**最终变革领导团队前后用了 8000 多万元做了一个数字化实验，得到了一次能力培育失败的教训。这就是一个典型的失败案例，核心问题就在于当我们在培育新能力的过程中遇到挫折，遇到产出与预期不匹配的时候，是否能够坚定地推动核心能力的塑造。

不时增加难度，挫挫傲气。在一个组织学习和更新核心能力的时候，需要通过竞争来塑造新核心能力。可以时不时地调整难度，以锻炼组织的核心能力，当能力遇到挑战以后，大家可以更有效地去迭代，刷新自己的肌肉记忆。

团队觉得自己的新核心能力已经塑造完毕或者开始翘尾巴的时候，变革领导团队就需要时不时地给他们设置难度，给他们来一点教训，让他们保持适度的挑战感。当然这样的操作需要游刃有余，拿捏有度。

第 17 章
将能力动态化融入企业文化

17.1 反扑势力伺机以待

你可以找时间做个实验，如在看电视剧的时候。首先，你让自己的十指顺其自然地交叉，记住是哪一个拇指在最上方，这就是你习惯的方式。然后，刻意把双手的位置更换一下，原来放在最上面的拇指就转到了下面。这时，你就会感到手上不适应，然后开始试着让自己专心看电视剧。

一开始的时候，你一定会感到手上有些别扭，看视频也不容易专心，但你努力把注意力集中在电视剧上。10 分钟之后，请你再看一下你的手势。大部分人早就不自觉地恢复到了先前的、让你最舒服的姿势。

这个实验说明了什么？它说明了反扑的力量，同时也能说明任何变革的不易。这种下意识的反抗几乎完全是生理与心理上的，和变革所要达到的目标几乎没有关系。我们的头脑已经高度适应了原有模式，所以，新的东西会给它带来不适，它会下意识地产生排斥。变革在很大程度上是将我们带到了一个陌生的状态。不管它的愿景多么宏大，以及未来会让我们多么前程似锦，我们总是会以一种很警惕的状态来注意这种转变过程。

新能力形成是一种行为通过重复变得越来越自动化的过程。你重复得越多，你的大脑结构变化得也就越多，从而能更加高效地培育那项能力。你每重复一个动作，你就激活了一个与这个能力相关的特定神经回路。**这意味着，培育新能力的最关键步骤之一就是不断地重复。所有能力都遵循类似的演变轨迹，从刻意练习到行动自如，这一过程被称为自动性。自动性是指无须考虑每一个步骤而实施一种行为的能力，这种能力发生在下意识起作用的时候。**

如图 17–1 所示，在开始时（A 点），一个新能力需要极大的努力和专注才能完成。在重复多次后（B 点），它变得容易了一些，但是仍然需要有意为之。经过了足够的练习（C 点），新能力成自然，无须有意为之。超越这个界限，即新能力形成习惯之后，就可以不假思索地自动完成，由此形成了稳定的新能力习惯。

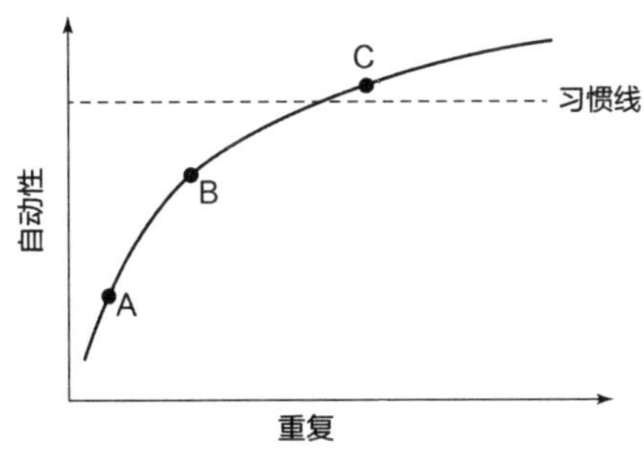

图 17–1　习惯重复与自动性

在一线做咨询和培训的过程中，很多企业往往会问，我们没有团队、没有流程、没有能力，如何能够快速生成数字化新能力？我特别喜欢讲之前介绍过的山东自媒体村李传帅如何培养普通农民成为内容工作者的流程与刻意练习，以此来对比他们的员工素质、制度流程，企业一般在听完后都能积极借鉴新能力培育的精髓，通过练习，抵抗反扑势力。

人们对变革的非理智的、政治性的抵制永远不会完全消失。即使在动态能力变革早期取得了一定程度的成功，我们也要积极理解

并管理好人的天性与组织的天性。我们固然可以把拒绝变革的成员晾在一边，但他们不但不会改变或离开，反而会一直等待卷土重来的机会。

动态能力管理塑造的过程，始终逃不了反扑力量的阻碍，前进路上就是在一直解决问题。

17.2 身份认同让能力变革持久

如何才能持续坚持练习与稳固新能力？之前我们讲得更多的是从工具和方法层面来练习及改变自己能力的过程，但是应该清醒地认识到，如果想要持续且坚定不移地走下去，最为重要的是信念与认知。**在理解信念与认知的问题上，借用西蒙·斯涅克提出的黄金圈法则（Why—How—What）——从为什么开始，然后是如何做，最后才是做什么，你可以将动态能力管理过程分为身份、过程、结果，以此来搞懂动态能力管理攻坚与反复的问题。**

能力培育有三层——改变结果、改变流程和改变身份。

第一层是改变结果。这个层次事关改变能力的结果，如数字智能力、敏捷力、连接力、减肥、出版书籍等。你设定的大多数目标都与这个层次的变化相关。

第二层是改变过程。这一层次涉及改变能力的习惯和体系，如每次开会时根据数据决策、定期走访顾客、定期到客服中心接线、时刻精益优化生产管理效率等。

第三层也是最深入的层次是改变身份。这个层次是改变你的认知与信仰，如组织的愿景、使命、价值观、组织心智模式、战略定位等。你持有的大多数信念、假设和偏见都与这个层次相关。

结果意味着你得到了什么，过程意味着你做了什么，身份则关系到你的信仰。动态能力管理所有层级的变化都各有用处。关键问题是改变的方向。

许多人开始改变他们的能力时，把注意力集中在他们想要达到的目标上。这会养成基于最终结果的能力。**要想持续抵抗反扑、抵抗放弃新能力这些不利行为，正确的做法是培养基于身份的能力。**借助这种方式，我们的着眼点是：我们是一家什么样的企业？我们希望成为什么样的人？

对基于结果的动态能力管理，重点是你想要达到的目标。对基于身份的动态能力管理，重点是你想成为谁（见图 17–2）。

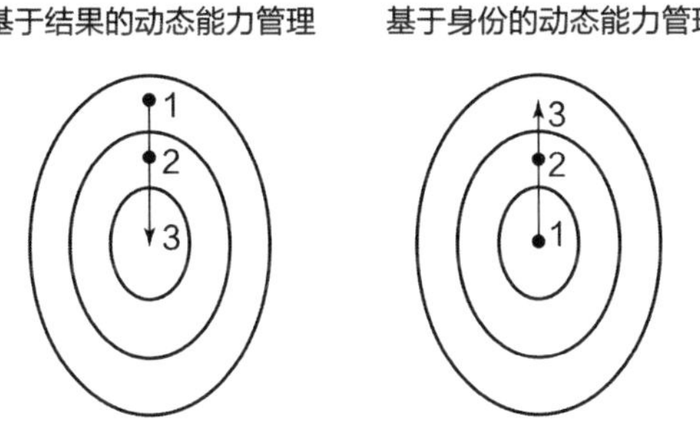

图 17–2 基于结果和基于身份的动态能力管理

想象一下两个人利用不同方式拒绝吸烟的情形。当有人让烟时，甲说："不用了，谢谢。我正在戒烟。"这听起来像是一个合理的回应，但它暗含的意思是，**这个人仍然相信自己是吸烟者，只是正努力让自己有所不同。**乙则一口回绝："不，谢谢。我不抽烟了。"这个回应稍有不同，它表明了这个人身份的转变。吸烟只是他们过去生活的一部分，而不是他们现在的生活——他们不再自认为是烟民。

每个行动体系的背后都有一套信仰体系。无论我们讨论的是个人、组织还是社会，都存在类似的模式。体系是由一整套信念和假设塑造的，它就是隐藏在能力背后的身份。

与身份不相符的行为不会持久。如果不改变支配着你以往行为的潜在信念，你很难改变你的能力。

真正的持续行为上的改变是身份的改变。你可能会出于某种动机而培育一种能力，但让你长期保持这种能力的唯一原因是它已经与你的身份融为一体。任何人都可以说服自己去一两次健身房，或者吃一两次健康食品，但是如果你不改变行为背后的信念，那就很难长期坚持下去。改变只是暂时的，除非它们成为你的一部分。

当它对你有利时，身份改变可能是自我提升的强大力量。然而，当它与你作对时，身份改变可能是某种诅咒。一旦你接纳了一个身份，你对它的忠诚度很容易影响到你改变的能力。许多人走过一生，不思不想，只是盲目地遵循与身份相关的规范。

- 我们不具备互联网基因。
- 我们做不了娱乐风格。
- 我们不擅长 AI 技术活。
- 我们营销能力不好。

年复一年，讲述同一个身份枷锁，你很容易滑入心理定式，并信以为真。随着时间的推移，你开始抵制某些行为，因为"那不是我"该做的。有种无形的内在压力迫使组织维护自我形象，并确保企业的行为方式符合惯性信条。我们一直千方百计地避免自相矛盾或内在冲突。

某种想法或行为与身份贴合得越紧密，就越难改变它。趋利（群体认同）或者维护你的自我形象（个人认同）会让你感觉心安理得，哪怕那是错误的。在任何层面，如个人、团队、社会，积极变革的最大障碍是身份冲突。理智上，你当然认为应该培养良好习惯，可当它们与你的身份冲突时，你将无法付诸行动。更多关于身份、习惯的研究内容，可以阅读《黄金圈法则》《掌控习惯》等书籍。

17.3 先僵化，后优化，再固化

在寻找巩固阶段的方法与经典企业案例的时候，我尝试从脑科学、行为习惯、组织行为学等多个角度来思考，但在可执行方面，简洁明了的方法并不常见。后来发现华为组织变革三部曲（即先僵化，后优化，再固化）很简练且可操作性强，为此我们作为参考来解读核心能力的变革过程。

没有落地的变革都只是纸上谈兵。在变革的每一个环节，华为都将变革的落地视为重中之重。选拔业务部门的管理者全面参与变革团队，是为了使变革更好地推行至各业务部门；建立全新的 IT 系统，也是为了给新制度的落地提供配套支持。**任正非在华为变革中始终坚持这样一种理念：循序渐进地推进变革的落地，遵循“先僵化，再优化，后固化，持续地推进管理变革”。**

核心能力的结构化改变，在确定方向后，需要循序渐进地推进动态能力管理，可以先僵化，按照基本动作来僵化，就如我们小时候学写字一样。往往有很多人刚刚学完基本功，没有练习几次就想优化或者创新，这样大概率是学不好的。回想下你在学习写字、弹钢琴、学太极拳等初期是不是也曾有类似的冲动。

“先僵化”看上去似乎有些奇怪，因为“僵化”似乎并不能让人产生正面联想。所谓的“僵化”有两层含义。一方面，它意味着组织“僵化”地接受顾问团队的建议、接受专业技能的要求。在重要变革（如产品开发流程、薪酬激励等）中，华为会邀请顶尖的外部专家与咨询公司帮助设计和指导变革项目。华为认为“僵化”能帮助华为打开组织学习的眼界，全面吸收外部专家顾问的先进经验，从而确保后续的知识获取。**任正非要求所有员工都聆听和遵循专家的意见，在学习先进经验上坚持“削足适履”的方针。**

另一方面，在组织内部，“先僵化”也意味着“僵化”地模仿变革成功部门的组织实践。变革先在试点部门、种子型员工中开展，当达到预期效果时，其他部门可以模仿该动态能力变革举措。所以，“僵化”地接受顾问公司的意见说明组织要去接受所有可能的改变，确保企业能够从外部咨询公司处学习到足够的经验，克服企业对变化的抗拒心理，全面地实现“去制度化”；“僵化”地学习试点部门、种子型员工的经验，还可以降低变革的成本，将工作重点转移至新系统的制度化上。

在一线数字化技能的咨询辅导阶段，我也常常使用“临摹”“模仿”“僵化”等方式来刻意练习。印证那句俗话——“熟读唐诗三百首，不会作诗也会吟”。例如，我会让企业市场部、销售部收集大V的标题，然后每天抄写一遍，三个月起——总结出数字化内容的游戏规则，按照流行先僵化下来。我会安排他们收集整理小红书、大众点评、京东上标杆企业对客户的回复，让他们模仿出一样的回复。刚开始许多人不理解，但是坚持一段时间后发现数字化的能力潜移默化地使他们有了创新手感。

在“僵化”之后，企业需要根据实际情况逐渐“优化”组织实践，通过吸收外部知识重新建立能力系统。实际上，这是一个在“去能力”和“再能力化”之间不断平衡的过程。在此过程中，组织需要整合外部专业知识和企业内部经验，依据实际情况不断改进和过滤。你应该鼓励企业高管与外部专家保持交流，走出去。这种持续交流能够促进内外知识的整合，形成开放式创新氛围，团队成员学到新技能与方式方法，为实现动态能力变革奠定基础。

固化指持续的动态能力是周期性的，而不是指变革没有尽头。如果不能建立制度化的体系来约束动态能力，它就会变得混乱并失去控制。新能力确立后需要标准化的“固化”。华为开发业务模板与变革模板，员工依照模板在短期内掌握变革要领，在领导者缺位时亦可以完成变革工作。在变革设计以外，华为在变革的落地中接入配套的IT流程体系。变革带来的每一项新制度、新的组织惯例都会最终落实到专门的IT系统上面。

自媒体创业公司一条，做一条好的视频很容易，但是如果每天要做一条，又要保持电影级品质，这是如何办到的？

一定要将能力与流程模块化、可复制。**很多人会把内容或者文化创业当成灵感的 idea，对不起，那是在做作品，不是在做产品。**

一条团队将视频能力作为自己核心能力，在没有大批专业团队及经验的情况下，通过以下方式从 0 到 1 来塑造新核心能力。

（1）旁白模板： 5 分钟的旁白，绝不超过 950 字，一定要讲到 10 个点，并且有逻辑，结尾再进行升华。

（2）视频模板： 1 分半钟时，受众会感到疲倦，就需要新的重点出来。特别好看的点不能放在后面，因为前面的 5 秒、10 秒没意思，受众就会退出。所有针对受众感受的特征，都要有精确到每一秒的设置。

（3）镜头动作模板化： 视频制作能力精细到进入特写要几个镜头，从进入拉到空间是几个镜头，单个器物出来是几个镜头，变焦是几个镜头，四个器物放在一起又是几个镜头。

（4）招新人、素人： 批量招徕专业视频内容制作者非常困难，一条直接招了一批大学生。他们是一张白纸，愿意跟着你干，核心能力具有可塑性。

作为一家可复制的内容创业公司，有市场和用户的定位，不能总是换新模板，玩新花样。通过刻意固化的新核心能力，一条将一百多位做内容的人管得整整齐齐，正能量又团结，迅速获取了视频内容能力，夯实了公司核心竞争力。

17.4　融入文化，持续穿越周期

金克木在《说通》一文中说：“中国有两种文化，一个可叫‘长城文化’，一个可叫‘运河文化’。‘长城文化’即隔绝、阻塞的文化；运河通连南北，是‘通’的文化。”对社会，对读书，金先生反对隔绝、阻塞的“长城文化”，倡导“通”的“运河文化”

文化指某一人群的行为规范和共同价值观。行为规范是普遍深入某个集体并持续多年的行动方式。文化之所以会持续多年，是因为人们倾向于按这个标准行动，并将它传授给新成员。符合要求的行为会受到奖励，而违反要求的行为将受到惩罚。

每个组织都有自己的文化，就如同人的性格一样，虽不可见但始终存在，它引导个人的发展方向，是人们行为的基础。就像性格影响着个体的行为一样，这些组织成员共享的假设（如信念和价值观）会影响到组织的观念和活动。例如，麦当劳绝不妥协地强调QSCV——质量、服务、卫生和价值，其无微不至的服务早已传为佳话；杜邦公司始终以安全为导向，事故率是整个化工行业平均水平的1/17，是整个制造业平均水平的1/68。

动态能力变革不应该停留在一次简单的变革过程，而应该变成一种习惯性的行为，上升以后就成为积极拥抱变革的文化。

如果新的变革实践和公司文化不兼容，它们就会让位于公司文化。即使是花了好几年的时间进行动态能力变革，而最终却可能没有形成生产力，往往因为新核心能力没有深深扎根于公司的行为规范和价值观中。

如何将动态能力的变革融入企业文化，甚至局部地改变企业文化？只有通过每一次的刷新升级与迭代，让企业的文化得以充盈与变化。尤其是在数据智能时代，整个社会都面临核心能力结构化的改变，势必会形成新文化、渴求新文化，并重塑传统企业文化。我们可以从以下几个角度来努力。

17.4.1 动态能力文化，领导带头

动态能力需要企业具备拥抱变化并积极创新的文化。变革最有效的模式是领导的带头行为。无论是有意识还是无意识，领导如何

在涉及动态能力的情况下行事，都会直接影响员工对他们所期望的价值观和信仰的看法，因此他们的行为决定了企业文化对待变革的态度。动员员工追求变革的任务始于组织中领导者的态度和行为的变化。

领导者的行为可以形成不同的拥抱变化的文化。

（1）创始人具有强烈的企业家精神，个性决定了文化。领导者不创新，组织不变化，动态能力将无从谈起。苹果或特斯拉等公司的价值观和信仰与其各自管理层的行为及特征密切相关。如果没有史蒂夫·乔布斯、埃隆·马斯克、贝佐斯，就不可能设想苹果、特斯拉、亚马逊公司的创新以及拥抱变化的文化。

（2）超越创始人形象并随着时间的推移而持久的文化。在这种情况下，拥抱变化已经成为公司 DNA 的一部分，已经制度化了。此时，与动态能力相关的是组织是否具有良好的学习氛围、持续精进的精神以及坚持为顾客创造价值的初心等文化，这需要领导者刻意引导，带头执行，并在组织中固化下来。领导者不读书，员工读书的人数与氛围就会下降。

17.4.2 人力资源体系构建心理安全

组织在竞争日益激烈的环境中运营。“获胜”的概念是一个重要的概念，被标记为“胜利者”通常是组织进步努力的方向。不幸的是，失败是创新变革的一个组成部分，因此动态能力变革需要创造心理安全，容忍特定的失败。核心能力变革过程中更重要的是关注想法而不是想法背后的个体。

人力资源系统有助于创造心理安全以实现核心能力变革。组织可以容许甚至庆祝失败，这是在奖励成功和容忍失败之间的平衡行为。在组织文化中创造足够的心理安全，以便组织能够在成功和失败之间跳转。

17.4.3 传播关于能力变革的故事和段子

具有深厚变革文化底蕴的企业，会热衷于收集、整理与传播支持变革的故事、趣闻和传说。阿里巴巴、海底捞公司讲述关于服务的故事，特斯拉、亚马逊讲述关于创新的故事，腾讯、百度和谷歌讲述关于产品的故事。这些故事对组织文化的形成有很重要的影响，因为组织中的成员都会记住这些故事，进而体会到其中所蕴藏的信仰和价值观。

微软CEO萨蒂亚·纳德拉在《刷新》中说，他认为CEO的主要职责是创造企业文化；CEO是首席执行官，但更是文化执行官。他本人会利用一切机会来探讨企业文化，而且，他绝对不希望微软同事把企业文化仅仅看成是“萨蒂亚的爱好”——也就是说，老板就好这一口，其他人接受就行了。他希望每个人都把企业文化当成自己的事情。

在萨蒂亚·纳德拉通过改变微软文化与互动方式来推动变革转型时，微软之前的企业文化是竞争和“晒智商”。每个人在开会之前都要用很长时间做准备，会议不是为了讨论问题，而是为了接受挑战。纳德拉积极推动非暴力沟通，强调组织的协同。

无所不学的求知欲。纳德拉激发微软的12.4万名员工要“无所不学”，而这家公司在过去的心态是著名的“无所不知”。纳德拉曾在一次活动中引用诗人艾略特的话来描述微软的目标：“你永远不应该停止探索，而在一切探索的尽头，你将抵达起点，对它拥有全新的认识。”在这种心态的影响下，微软也开始改变同外部的关系，走向开放。例如，微软跟过去视为竞争对手的公司建立合作关系。微软为苹果的iPad开发了Office办公软件。史蒂夫·鲍尔默曾经把Linux开源系统称为“癌症”，但在纳德拉出任CEO后，微软加入了Linux基金会。

成长型思维。纳德拉明确表示自己的管理世界观受到了斯坦福大学教授卡罗尔·德韦克提出的成长型思维的影响。那些拥有固定型思维的人，不愿意冒失败的风险，更愿意利用自己已经掌握的技能；拥有成长型思维的人，明白自己不可能每件事都成功，但很乐意学习新事物并接受失败。

纳德拉通过讲故事改变了微软的思维方式，从而刷新了微软。

17.4.4 组织英雄及仪式感在动态能力管理中的应用

一个企业的英雄人物是企业为了传播和贯彻自己的文化价值体系，从而为企业的员工树立可以直接效仿和学习的榜样。英雄人物是企业文化和人格化体现，更是企业形象的象征。优秀的企业都十分重视树立体现企业价值观的英雄模范人物，通过这些英雄人物向其他员工宣传提倡和鼓励的东西。每个人都有在群体中出人头地的愿望，如果你能够利用员工这个心理促进他们将强烈的愿望转化为具体的行为过程，它将成为企业创造文化的一个关键路径。在动态能力过程中要借助榜样的力量，使员工从英雄人物身上认识到自己也能成功刷新自己的能力。

我们要注重动态能力变革过程中仪式感的应用。一些组织基于富有想象力的新想法来庆祝失败的实验，还有组织鼓励那些冒险尝试却没有成功的个人。文化会被文化属性的新行为强化、改变。例如，海尔集团通过采用其创客、社群战略等精益制造行为改变其文化。

参考文献

[1] 达尔文 . 物种起源【M】. 周建人，叶笃庄，方宗熙，译 . 北京：商务印书馆，1995.

[2] 索尔·汉森 . 种子的胜利【M】. 杨婷婷，译 . 北京：中信出版集团，2017.

[3] 恩斯特·迈尔 . 生物学思想发展的历史【M】. 涂长晟，译 . 成都：四川教育出版社，2010.

[4] 尼克·莱恩 . 生命的跃升【M】. 张博然，译 . 北京：科学出版社，2016.

[5] 埃尔温·薛定谔 . 生命是什么？【M】. 张卜天，译 . 北京：商务印书馆，2014.

[6] 瓦茨拉夫·斯米尔 . 能量与文明【M】. 吴玲玲，译 . 北京：九州出版社，2021.

[7] 约翰 P. 科特 . 领导变革【M】. 徐中，译 . 北京：机械工业出版社，2014.

[8] 野中郁次郎，竹内弘高 . 创造知识的企业【M】. 李萌，高飞，译 . 北京：知识产权出版社，2006.

[9] 约翰·A. 皮尔斯二世，小理查德·B. 鲁滨逊 . 战略管理：制定、实施和控制【M】.8 版 . 王丹，史剑新，高玉环，译 . 北京：中国人民大学出版社，2005.

[10] 弗雷德·R. 戴维 . 战略管理【M】. 徐飞，译 . 北京：中国人民大学出版社，2012.

[11] 加里·哈默，C.K. 普拉哈拉德 . 竞争大未来【M】. 王振西，译 . 北京：昆仑出版社，1998.

[12] 凯斯·万·德·黑伊登 . 情境规划【M】. 邱昭良，译 . 北京：中国人民大学出版社，2007.

[13] 丹尼尔·A.雷恩.管理思想史【M】.6 版.孙健敏，译.北京：中国人民大学出版社，2009.
[14] E. M.罗杰斯.创新的扩散【M】.5 版.唐兴通，郑常青，张延臣，译.北京：电子工业出版社，2016.
[15] 张玥.兰州拉面凭什么能火遍中国？.南方周末【J】，2015（4）：34—40.
[16] 冯军旗.新化复印产业的生命史.中国市场【J】，2010（6）：89—94.
[17] NTT DATA 集团.图解物联网【M】.丁灵，译.北京：人民邮电出版社，2017.
[18] 大前研一.IOT 变现【M】.朱悦玮，译.北京：北京时代华文书局有限公司，2019.
[19] 迈克尔·波特，詹姆斯·贺普曼.物联网时代企业竞争战略.哈佛商业评论【J】，2018（4）：55—68.
[20] 鲍达民.大数据实用指南，哈佛商业评论【J】.2019（3）：157—168.
[21] 唐兴通.社会化媒体营销大趋势：策略与方法【M】.2 版.北京：清华大学出版社，2012.
[22] 唐兴通.引爆社群：移动互联网时代新 4C 法则【M】.2 版.北京：机械工业出版社，2017.
[23] 尼克·米尔顿.知识管理【M】.吴庆海，译.北京：人民邮电出版社，2018.
[24] 斯蒂芬·P.罗宾斯，玛丽·库尔特.管理学【M】.13 版.刘刚，程熙鎔，梁晗，译.北京：中国人民大学出版社，2017.
[25] 詹姆斯·克利尔.掌控习惯：如何养成好习惯并戒除坏习惯【M】.迩东晨，译.北京：北京联合出版公司，2019.
[26] 宁高宁：企业成长的 7 道分水岭 [EB/OL]https：//www.sohu.com/a/284549762_394375.
[27] 母婴行业观察：孩子王模式的成功 [EB/OL]https：//baijiahao.baidu.com/s?id=1609641521780306789&wfr=spider&for=pc.
[28] 西奥多·齐尼.迪士尼体验【M】.黄昌勇，周晓健，译.北京：北京大学出版社，2017.
[29] 曹忆蕾：亩产 10 万 +[EB/OL]https：//www.sohu.com/a/251496918_237556.

数字化转型系列

重|磅|上|市

本书作者系璞砺营销咨询公司（Publicis Sapient）的首席执行官，领导着一家有两万多名员工的公司，为世界 500 强企业转型提供数字化咨询。本书既帮助传统企业深刻理解数字化的本质，也为传统企业如何复制这些能力构建了一个 SPEED 模型：策略 (S)、产品 (P)、体验 (E)、工程 (E) 和数据 (D)。

ISBN：978-7-5043-8877-3
定价：69.00 元

即将出版

数字化领导力

世界领导力大师拉姆 · 查兰的最新著作。本书旨在阐述如何通过小项目带动企业进行数字化转型，通过小项目在短时间内收获可喜的量化成果，帮助企业从“数字小白”进阶为“高端玩家”。本书不仅会介绍多位优秀的数字化操盘手，还收录了他们的操盘案例。

即将出版

消费类企业数字化转型

阿杰伊 · 索霍尼（Ajay Sohoni）是可口可乐公司东盟和南太平洋运营部战略副总裁。他曾是可口可乐东盟区数字总监，电子商务公司 Lazada 的执行副总裁。本书介绍了对消费的本质认识，以及企业在数字化转型过程如何重建与消费者的关系，如何做好营销、供应链、金融等的数字化转型，是消费类的公司高管、企业经理和领导者、业务部门负责人的必读书。

扫码购书